AUFFLIEGENDE FINKEN

Girlitz

Bluthänfling

Erlenzeisig

Stieglitz

Grünfink

Bergfink

Buchfink

Kernbeißer

Gimpel

Peter H. Barthel · Paschalis Dougalis

Was fliegt denn da?

Der Klassiker

KOSMOS

4

Dieses Buch ist der Erinnerung an Menschen gewidmet,
die meine ornithologische Arbeit ermöglicht, beeinflusst
und geprägt haben – für manche ist es auch
die Einlösung eines Versprechens:

Mein Großvater *Karl Barthel* (1887-1966) versuchte
schon, mir die Unterschiede zwischen Kleiber und Baumläufer zu erklären, als ich noch im Kinderwagen lag,
mein Vater *Karl H. Barthel* (1916-1980)
förderte geduldig meine Studien,
mein Lehrer *Paul Feindt* (1905-1983) war nicht nur
ein bekannter Rallenforscher, sondern vor allem
ein großer ornithologischer Pädagoge,
Peter J. Grant (1943-1990) hinterließ ein Vermächtnis
als Begründer der modernen Bestimmungstechnik und
Förderer europäischer Zusammenarbeit,
Dietmar G.W. Königstedt (1947-1999) wollte mit seinem
umfassenden biologischen Wissen
einmal ein Buch wie dieses schreiben,
Erwin R. Scherner (1949-2002) prägte den kritischen
Umgang mit vogelkundlicher Literatur, und
Andreas J. Helbig (1957-2005) ist mit seinem weiten
Horizont sehr viel mehr zu verdanken als die von ihm
geschaffene moderne ornithologische Systematik,
der dieses Bestimmungsbuch erstmals folgt.

The birds they sang at the break of day
Start again I heard them say
Don't dwell on what has passed away
or what is yet to be.

The wars they will be fought again
The holy dove be caught again
bought and sold and bought again
the dove is never free.

Ring the bells that still can ring.
Forget your perfect offering.
There is a crack in everything.
That's how the light gets in.

Aus Leonard Cohen (1992) „Anthem"

WAS FLIEGT DENN DA?

Zeichnung des Sumpfläufers *Limicola falcinellus*
aus einer alten Ausgabe von „Was fliegt denn da?"
aus dem Jahr 1950

VORWORT

Wenn sich ein Buchtitel 70 Jahre gehalten und 30 Auflagen erlebt hat, darf man ihn mit Recht als „Klassiker" bezeichnen. „Was fliegt denn da?" wurde 1936 von Wilhelm Götz und Alois Kosch begründet und war das erste farbig illustrierte und mit 327 Arten zudem vollständige Taschenbuch über die Vögel Mitteleuropas. Es erlebte zahlreiche Auflagen, bis Heinrich Frieling 1950 eine Neubearbeitung vornahm, die sich fast vier weitere Jahrzehnte millionenfach bewährte.

Als ich vor mehr als 40 Jahren begann, mich intensiv mit Vögeln zu beschäftigen, war „Was fliegt denn da?" selbstverständlich mein erstes Bestimmungsbuch. Nach jahrelanger eifriger Benutzung zerfiel es in sämtliche Einzelteile, wurde durch modernere Vogelbücher ersetzt und geriet für mich in Vergessenheit. Als der Verlag 1996 meinte, es sei Zeit für eine komplette Neubearbeitung und mich mit dieser Aufgabe betraute, holte ich das zerfledderte Büchlein wieder aus dem Regal und war erstaunt, wie gut durchdacht es eigentlich war. So fiel die Entscheidung leicht, es zwar neu zu schreiben und die Illustration überarbeiten zu lassen, aber an der bewährten Konzeption festzuhalten. Zehn weitere Jahre blieb das aktualisierte Buch besonders für den Beginner eine vollständige Übersicht der mitteleuropäischen Vogelwelt.

Seitdem ist viel geschehen: Europa ist weiter zusammengewachsen, neben einer gemeinsamen Währung gibt es z.B. auch eine Europäische Vogelschutzrichtlinie, immer mehr für Vögel ohnehin nicht existierende Grenzen wurden geöffnet. Zudem haben genetische Untersuchungsmethoden zu massiven Umstellungen im System der Vögel geführt, wie auch die Bestimmungstechnik weiter verfeinert wurde. Gleichzeitig sind die Ansprüche der Benutzer an Aktualität, Vollständigkeit, europäischen Blickwinkel, Druckqualität und moderne Präsentation so gestiegen, dass auch ein „Klassiker" sich ihnen nicht länger entziehen konnte. Als wir vor gut zwei Jahren begannen, diese berechtigten Wünsche umzusetzen, ahnten wir allerdings anfangs noch nicht, dass ein völlig neues Buch entstehen würde, dessen einzige Gemeinsamkeit mit seinen Vorgängern der Titel ist …

Wirklich nur der Titel „Was fliegt denn da?" Was den bisherigen Erfolg dieses Bestimmungsbuchs ausmachte, war die Kombination mehrerer Faktoren: Es ist preiswert, klein und handlich genug,

um es jederzeit griffbereit bei sich zu führen, enthält dennoch alle für die Bestimmung nötigen Informationen und sämtliche Arten, und es ist auch für den Beginner geeignet, der durch die in größeren Büchern erfolgte Aufnahme weiterer, in Europa nicht zu sehender Arten nur verwirrt wird. Zudem erleichtert die übersichtliche Anordnung ähnlicher Arten auf den Farbtafeln das Vergleichen und Bestimmen, der kurze Text ist schnell erfassbar und sucht keine Antworten auf Fragen, die sich der Benutzer überhaupt nicht gestellt hat. Wir haben uns bemüht, diesem bisherigen Anspruch gerecht zu werden. Allerdings ist es kein reines „Anfängerbuch" mehr. Auch der Fortgeschrittene findet im Text und in den Details der neuen Tafeln hoffentlich viel Wissen komprimiert, das ihm als Gedächtnisstütze dienen soll, und wird ganz nebenbei mit der neuen Systematik vertraut gemacht.

Bei Paschalis Dougalis, der innerhalb von zwei Jahren die unglaubliche Leistung vollbracht hat, alle Vögel Europas nicht nur genau, sondern auch in ihrer Schönheit darzustellen, möchte ich mich auch an dieser Stelle ganz herzlich bedanken.

Für die arg strapazierte Geduld, die Investitionen und das große Vertrauen in dieses Buch bin ich dem Verlag sehr dankbar. Weit mehr als eine Erwähnung verdient der herausragende Naturbuch-Lektor Rainer Gerstle, der den Titel über Jahrzehnte gepflegt und nun mit der ihm eigenen, fast jungenhaften Begeisterung in eine neue Zukunft geführt hat, bevor er in den Ruhestand ging. Dieses Vogelbuch, unzählige andere Natur- und Bestimmungsbücher und ihre Autoren verdanken ihm, der inzwischen selbst ein „Klassiker" ist, unendlich viel – ich auch.

Zum Abschluss bleibt erneut der Wunsch, „Was fliegt denn da?" möge auch weiterhin vielen Benutzern helfen, mit unserer Vogelwelt vertraut zu werden. Doch je mehr man weiß, desto größer wird auch die Verantwortung für die gefiederten Mitbewohner unserer Erde, deren Weiterleben stärker denn je gefährdet ist. Schon der Kleine Prinz wusste es: „Du bist zeitlebens für das verantwortlich, was du dir vertraut gemacht hast".

Einbeck, im April 2006

Peter H. Barthel

EINFÜHRUNG

Mit der Benutzung dieses Buchs sind Sie Mitglied in der großen Gemeinschaft der Vogelbeobachter geworden. Herzlichen Glückwunsch und viel Freude dabei! Weltweit beschäftigen sich Millionen von Menschen in ihrer Freizeit mit Vögeln.

Das schöne an diesem Hobby ist, dass man es zu jeder Zeit, an nahezu jedem Ort und fast ohne Hilfsmittel ausüben kann. Am Anfang braucht man nicht viel mehr als Geduld, Neugierde, Lernbereitschaft, ein Fernglas und einen Notizblock sowie dieses Buch. Mit zunehmendem Wissen wächst oft der Wunsch, noch mehr über Vögel zu erfahren. Dafür gibt es dann weitere Gerätschaften und Bücher, auf die hier nur ganz kurz eingegangen werden soll. Auch dass die Vogelkunde, von den Fachleuten Ornithologie genannt, als Teilgebiet der Biologie eigentlich eine ernsthafte Wissenschaft ist, soll uns erst einmal nicht interessieren, denn vor jeder weiteren Betätigung muss erst einmal das Handwerk erlernt werden – und das ist nun einmal die Bestimmung der Arten. Uns geht es also hauptsächlich um die schnelle und sichere Beantwortung der im Titel dieses Buchs gestellten Frage „Was fliegt denn da?".

Dennoch müssen wir uns mit ein paar Grundlagen vertraut machen, um das Buch sinnvoll benutzen zu können und nicht allzu oft eine falsche Antwort zu bekommen. Die nachfolgenden Einführungsabschnitte sind absichtlich kurz gehalten, damit sie auch wirklich gelesen werden – und damit man später nicht allzu viel Gewicht zu tragen hat, wenn man das Buch in der Natur benutzt.

BEARBEITUNGSGEBIET

Dieses Buch behandelt sämtliche Arten, die als Brutvögel, Durchzügler oder seltene Gäste in Europa vorkommen. Im Osten reicht die durch Russland verlaufende Grenze des Bearbeitungsgebiets etwa entlang einer von der Kolahalbinsel über Moskau zum Schwarzen Meer verlaufenden Linie. Nicht eingeschlossen sind also der Ural, der Kaukasus und der asiatische Teil der Türkei (wohl aber die zur EU gehörende Insel Zypern). Ebenso ausgeklammert sind die in einigen anderen Bestimmungsbüchern enthaltenen, in Europa aber nie zu sehenden vielen Arten Nordafrikas und Vorderasiens, da sie den Umfang beträchtlich erhöht, besonders den europäischen Einsteiger aber nur verwirrt hätten, was auch für einige

extrem seltene Ausnahmeerscheinungen anderer Kontinente gilt.

Der Schwerpunkt der Textbearbeitung liegt in diesem Buch auf den deutschsprachigen Ländern. Auch Arten entfernter Regionen zwischen Island und der Ukraine, Mallorca und Estland werden aus diesem Blickwinkel und im Vergleich zu bekannteren mitteleuropäischen Vögeln beschrieben.

AUSRÜSTUNG

Der erste und wichtigste Grundsatz bei der Vogelbeobachtung lautet, dass man dabei weder die Tiere selbst, noch ihren Lebensraum stören oder gar gefährden darf. Um die Fluchtdistanz der Vögel nicht unterschreiten zu müssen und um dennoch Details ihres Aussehens erkennen zu können, ist daher die Benutzung eines Fernglases unerlässlich. Am gebräuchlichsten sind solche mit sechs- bis zehnfacher Vergrößerung. Beim Kauf eines neuen Fernglases sollte man darauf achten, dass es sich auch im Nahbereich scharfstellen lässt (z.B. zur Beobachtung am Futterhaus dicht vor dem Fenster), ein großes Sehfeld hat und optisch so gut verarbeitet ist, dass man auch bei längerer Benutzung keine Kopfschmerzen oder gar Augenschäden bekommt.

In einigen Regionen Europas werden viele Vogelarten noch immer das Opfer von Jägern und sind Menschen gegenüber daher unnatürlich scheu. Oft rasten sie auch in sehr großer Entfernung, z.B. auf dem Meer, im Watt oder auf größeren Binnengewässern. Ferner sind viele Arten überhaupt nur unter genauester Beachtung von Details der Struktur oder Farbverteilung unterscheidbar. Alle diese Gründe führen oft dazu, dass man bei der ausschließlichen Benutzung eines Fernglases an die Grenzen der Bestimmungsmöglichkeiten gelangt. Um sie zu überschreiten, verwenden viele heute zusätzlich ein Fernrohr mit dreißigfacher Vergrößerung, ein so genanntes Spektiv.

Unser zweites Hilfsmittel ist ein ganz normales Notizbuch, in das wir unsere Beobachtungen eintragen. Außer einer reinen Namensliste der Vogelarten und ihrer jeweiligen Anzahlen sollten wir auch Angaben zu Datum, Ort, Uhrzeit und Wetterlage notieren. Auch die festgestellten Details zum Aussehen, zu Verhaltensweisen oder zur Stimme prägen sich besser ein, wenn sie niedergeschrieben werden. Oft können wir einen Vogel nicht sofort bestimmen, und besonders in solchen Fällen helfen uns ausführliche Aufzeichnungen als Gedächtnisstütze, wenn wir später zu Hause in Ruhe im Buch nachlesen wollen. Nützlich sind auch Skizzen, zumal man durch das Zeichnen zum noch genaueren Hinschauen gezwungen wird. Ein sorgfältig geführtes vogelkundliches Tagebuch erlaubt es uns, nach einigen Jahren z.b. die durchschnittlichen Ankunftszeiten der Zugvögel für unseren Raum zu ermitteln oder wichtige Grundlagendaten über die Vogelwelt eines der vielen bedrohten Gebiete vor unserer Haustür an die zuständige Naturschutzbehörde zu übermitteln.

TOPOGRAPHIE

Um einen Vogel überhaupt beschreiben und bestimmen zu können, müssen wir die genauen Bezeichnungen seiner Körperteile kennen lernen. Sie sind hier an verschiedenen Beispielen dargestellt. Fast alle sind eindeutig und müssen nicht näher erläutert werden.

Beim Gefieder müssen wir lediglich noch zwischen dem *Großgefieder*, das von den aus Arm- und Handschwingen gebildeten *Schwungfedern* und den *Steuerfedern* besteht, und dem übrigen Gefieder unterscheiden, das zusammenfassend einfach *Kleingefieder* genannt wird. Die inneren Armschwingen werden auch *Schirmfedern* genannt, da sie oft anders geformt und gefärbt sind und beschirmend über den übrigen Flügelfedern liegen. Hier ist es oft ausschlaggebend, wie weit die Handschwingen über die Spitze der längsten Schirmfeder hinausragen. Die Spitzen der Großen und manchmal auch Mittleren Armdecken sind oft hell und heben sich als *Flügelbinden* ab. Dagegen wird ein Band, das von den Basen der Hand- oder Armschwingen gebildet wird, als *Flügelstreif* bezeichnet. Ein andersfarbiges Feld auf dem Armflügel wird *Spiegel* genannt.

Jede dieser Gefiederpartien kann eigene, kennzeichnende Färbungen oder Muster aufweisen. Besonders die Streifung am Kopf ruft, zusammen mit der Kopf- und Schnabelform, bei vielen Arten

Sperlingsvogel

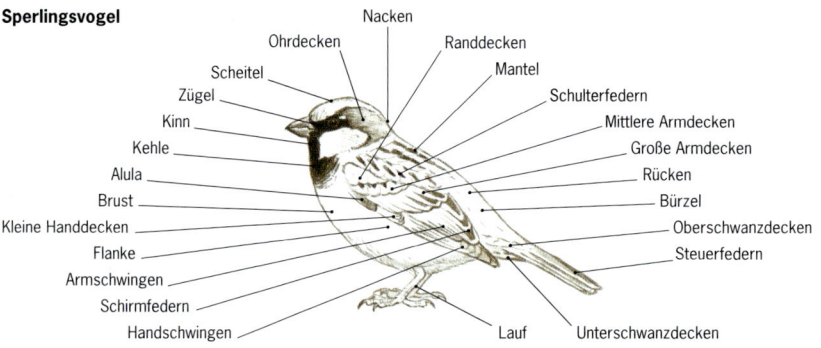

Watvogel

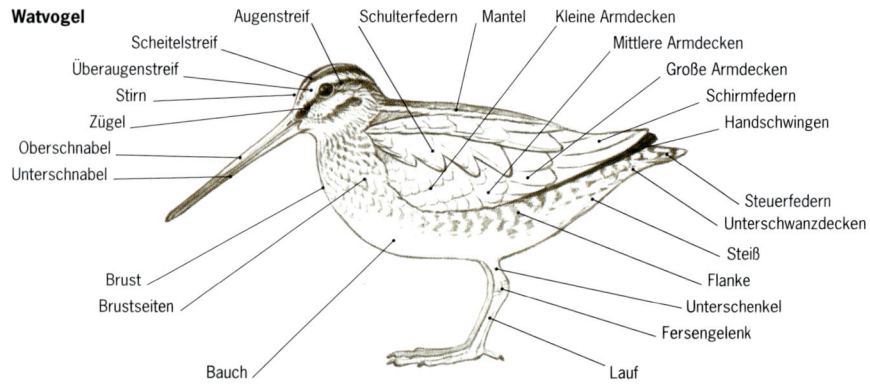

einen typischen „Gesichtsausdruck" hervor, den man sich unbedingt einprägen sollte, da er für die Bestimmung sehr hilfreich ist. Um das Auge herum befindet sich manchmal ein unbefiederter farbiger *Lidring* oder ein befiederter heller *Augenring*.

Auch bei den übrigen Körperteilen ist es selbstverständlich, dass wir auf ihre Farbe, Länge und Form achten. So kann der Schnabel länger oder kürzer als der Kopf oder der Lauf, gerade, aufwärts oder abwärts gebogen, dick oder dünn sein. Andere Körperproportionen, z.B. der Abstand zwischen Flügel- und Schwanzspitze oder der Überstand der Handschwingen über die Armschwingen, geben gerade bei einander sonst sehr ähnlichen Arten oft entscheidende Hinweise.

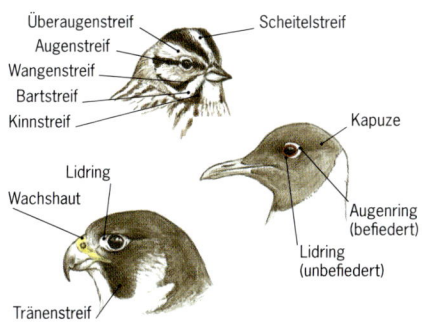

Schließlich liefert die Form des Schwanzes (keilförmig, gestaffelt, gerundet, gerade abgeschnitten, gekerbt, gegabelt, mit mittleren oder äußeren Schwanzspießen) wichtige Bestimmungsmerkmale. Ebenso ist die Form der Flügel und der Flügelspitze wichtig, z.B. brettartig mit vielen frei sichtbaren, gefingerten Handschwingen an der Spitze bei einem Adler oder insgesamt schlank

und spitz wie bei einem Falken. Auch die Flugweise, entweder geradlinig oder in tiefen Wellen oder Bögen, flatternd, mit angehobenen oder abgesenkten Flügeln segelnd, ist häufig sehr typisch.

DIE KLEIDER DER VÖGEL

Bei einigen Vogelarten lassen sich Männchen (Symbol: ♂), Weibchen (♀) und Jungvögel im Freiland praktisch nicht unterscheiden, während andere gerade den Beginner durch eine Vielzahl ganz verschiedener Kleider verwirren. Die Kenntnis der Bezeichnungen dieser Kleider ist Voraussetzung für die genaue Bestimmung. Federn nutzen sich relativ rasch ab, und da die Lebensfähigkeit eines Vogels von seinem intakten Gefieder abhängt, muss er dieses regelmäßig erneuern. Diesen Vorgang nennt man Mauser. Sie läuft bei jeder Art nach einem festen Schema ab, meist während und kurz nach der Brutzeit. Für viele der bei uns vorkommenden Arten gilt, dass sie ihr Großgefieder einmal jährlich erneuern, ihr Kleingefieder jedoch zweimal. So kommt es, dass vor der Brutzeit oft ein besonders farbenprächtiges Prachtkleid, danach dann ein weniger auffälliges Schlichtkleid angelegt wird. Sobald sie das Jugendkleid abgelegt haben, sehen manche Arten bereits wie die Altvögel aus, tragen also das Alterskleid (z.B. viele Singvögel), während andere mehrere Jahre benötigen, bis sie vollständig ausgefärbt sind (z.B. Möwen, Adler). Folgende Kleider werden grundsätzlich unterschieden:

Die ersten Federn eines Vogels sind die Dunenfedern. Nestflüchter tragen sie bereits, wenn sie aus dem Ei schlüpfen, bei Nesthockern entwickeln sie sich in den ersten Lebenstagen. Da man Küken in diesem Stadium normalerweise nicht sieht, wird das *Dunenkleid* hier nicht behandelt.

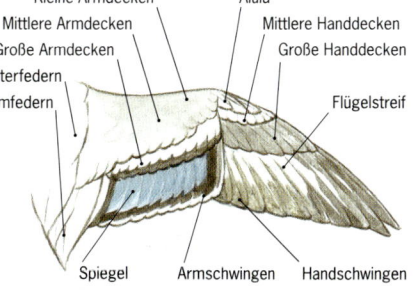

Das erste Gefieder, in dem ein Vogel fliegen kann, wird als *Jugendkleid* bezeichnet (Abk. JK). Obwohl vor allem Singvögel dieses Kleid schon nach recht kurzer Zeit ablegen, wird es von vielen größeren Arten noch mehrere Monate getragen, von Watvögeln z.B. während ihres Zugs ins Winterquartier.

Bei vielen Arten ist das folgende Kleid schon nicht mehr vom *Alterskleid* (AK) der Altvögel zu unterscheiden. Komplett ausgefärbte Vögel bezeichnet man auch als adult (ad.). Sofern das Gefieder der Altvögel sich im Sommer und Winter nicht unterscheidet, während des ganzen Jahres also mehr oder weniger gleich aussieht, handelt es sich beim Alterskleid um ein Jahreskleid.

Viele Arten tragen jedoch vor oder während der Brutzeit ein besonders auffälliges Gefieder, das *Prachtkleid* (PK), sonst das meist eher unscheinbare *Schlichtkleid* (SK), wobei die Bezeichnung Prachtkleid selbstverständlich auch für die manchmal (aber keineswegs immer!) etwas schlichter gefärbten Weibchen benutzt wird.

Bei manchen Arten, z.B. Möwen und Adlern, dauert es jedoch mehrere Jahre, bis sie ausgefärbt sind. Vögel, die nicht mehr das Jugendkleid, aber auch noch nicht das endgültige Alterskleid tragen, kann man etwas ungenau als unausgefärbt oder immatur (immat.) bezeichnen. Heute wählt man jedoch präzisere Begriffe, denn anhand typischer Färbungsmuster lassen sich Alter oder Kleid meist noch genauer festlegen. Das dem Jugendkleid im Spätsommer oder Herbst des ersten Kalenderjahres folgende Gefieder ist das *erste Winterkleid* (1. W), dem im Sommerhalbjahr des zweiten Kalenderjahres das *erste Sommerkleid* (1. S) folgt. Die sich bei Arten mit sehr langer Entwicklungszeit anschließenden Kleider heißen entsprechend *zweites Winterkleid, zweites Sommerkleid* (ab Frühjahr des dritten Kalenderjahres) usw. Die hintere Umschlagklappe zeigt einige Beispiele.

Erwähnt sei, dass einige Vogelarten als Anpassung an bestimmte geographische Regionen *Unterarten* ausgebildet haben, die sich manchmal an ihrer etwas unterschiedlichen Färbung im Freiland erkennen lassen und daher hier auch behandelt sind. Daneben gibt es Arten, deren Färbung grundsätzlich sehr abwechslungsreich ist (z.B. Mäusebussard, Kampfläufer) und solche, die nebeneinander in einer hellen und dunklen Form oder *Morphe* vorkommen (z.B. Raubmöwen, Zwergadler). Auch solche Variationen sind illustriert.

VOGELSTIMMEN

Je länger man sich mit der Vogelbeobachtung beschäftigt, desto größere Bedeutung gewinnt die Kenntnis der Lautäußerungen. Oft hört man einen Vogel lange bevor man ihn sieht. Bei Rallen, Eulen, aber auch im Laubdach des Waldes lebenden Singvögeln bekommt man häufig ausschließlich die Stimme zu hören. Die Rufe und Gesänge der meisten Vogelarten sind sehr charakteristisch und einprägsam. Daher sind sie in diesem Buch nicht nur im Bestimmungstext umschrieben, sondern für die mitteleuropäischen Arten auch in einem besonderen Abschnitt ab Seite 166 nach Lebensräumen und Jahreszeiten in Bestimmungstabellen ausführlich dargestellt.

LEBENSWEISE UND FORTPFLANZUNG

In einem vorwiegend der sicheren Vogelbestimmung dienenden Buch ist es natürlich nicht möglich und auch nicht sinnvoll, bei jeder Art auf alle Aspekte ihres Lebens, auf interessante Verhaltensweisen, Zugwege und Winterquartiere oder gar auf die Brutbiologie einzugehen. Einige Fakten dazu sind in der Übersicht der Ordnungen und Familien ab S. 11 zusammengestellt, da sie bei nahe verwandten Arten meist ähnlich oder identisch sind. Im Anhang sind einige Buchtitel aufgeführt, die solche interessanten Aspekte des Vogellebens ausführlich behandeln.

GRENZEN DIESES BUCHS

Außereuropäische Vogelarten werden in zunehmendem Umfang in Gefangenschaft gehalten – und entkommen gelegentlich. Bei Entenvögel, Falken, Papageien oder Ammern erkennt man zumeist wenigstens die Familienzugehörigkeit, bei anderen nicht einmal diese. Natürlich sind sie alle in keinem europäischen Buch behandelt.

Doch auch in Europa gibt es einige Artengruppen, an denen selbst erfahrene Beobachter verzweifeln: Großfalken, weibliche Weihen, manche Adler, einige Großmöwen und einzelne Rohrsänger- und Spötterarten. Hier helfen auch andere Bücher kaum, denn meist ist sehr umfangreiche Spezialliteratur in Fachzeitschriften erforderlich.

Das ist jedoch kein Grund zur Verzweiflung: Mit diesem Buch kann man, wenn man sich nur etwas Mühe gibt, nahezu jeden Vogel, dem man normalerweise in Europa begegnet, auf Anhieb nach Art, Alter und Geschlecht sicher bestimmen!

DIE ORDNUNGEN UND FAMILIEN DER VÖGEL EUROPAS

Da Vögel die einzige lebende Tiergruppe mit Federn sind, werden sie allen anderen Lebewesen als eine eigene Klasse gegenübergestellt. Weltweit umfasst diese Klasse der Vögel über 10 000 Arten, von denen in Europa aber nur gut 500 regelmäßig vorkommen. In diese Vielfalt etwas Überschaubarkeit zu bringen, ist die Aufgabe der Systematik. Sie hilft damit gleichzeitig dem Vogelbeobachter, denn hier werden die Arten in einem natürlichen System nach ihrer Verwandtschaft und damit gleichzeitig nach ihrer Ähnlichkeit angeordnet. Wenn man Vögel bestimmen möchte, ist es also sinnvoll, sich auch etwas mit ihrer Systematik zu beschäftigen.

Wenn wir uns die Frage „Was fliegt denn da?" stellen, möchten wir als Antwort den Namen einer Vogelart bekommen. Die **Art** ist in der Biologie die wichtigste Einheit, etwa so wie das Element in der Chemie. Man bezeichnet damit eine Gruppe von Populationen, die von Populationen anderer Arten so weit isoliert ist, dass sie nicht mit ihnen zu einer einzigen Art verschmelzen. Es gibt zwischen Arten also zur genetischen Trennung führende Fortpflanzungsbarrieren, die durch Unterschiede z.B. in der Färbung, Stimme oder im Verhalten bedingt sind und von denen wir Menschen einige auch erkennen können. Dies hilft uns dabei, die Arten zu unterscheiden, was das Anliegen dieses Buches ist.

Sehr nah miteinander verwandte Vogelarten werden zu **Gattungen** zusammengefasst. Dies schlägt sich manchmal im deutschen Namen nieder, z.B. in der Endung -möve oder -meise, immer aber in der grundsätzlich kursiv geschriebenen wissenschaftlichen Bezeichnung. Diese besteht nämlich aus dem zuerst genannten und dann identischen Gattungsnamen, z.B. *Larus* für die Möwen, und dem daran angehängten eigentlichen Artnamen, z.B. *ridibundus* für die Lach- und *argentatus* für die Silbermöwe. Eng verwandte Gattungen gehören zur selben **Familie**, z.B. die Schnäpper, Rotschwänze, Erdsänger und Steinschmätzer zu den Schnäpperverwandten.

Verwandte Familien wiederum lassen sich schließlich zu **Ordnungen** zusammenfassen, z.B. die Racken, Eisvögel und Spinte zu den Rackenvögeln. Selbstverständlich richtet sich auch die Reihenfolge der Ordnungen im so entstandenen Gesamtsystem wieder nach dem Verwandtschaftsgrad. Das Ziel der Systematik, einen die Entwicklungsgeschichte und Verwandtschaftsbeziehungen der Vögel möglichst genau widerspiegelnden Stammbaum zu entwerfen, ist allerdings noch nicht ganz erreicht, denn neue Untersuchungsmethoden der Genetik erlauben zunehmend tiefere Einblicke.

Darüber hinaus tragen die von einigen Vogelarten ausgebildeten geographischen **Unterarten** (z.B. beim Blaukehlchen) eine zusätzliche dritte Bezeichnung, die an den wissenschaftlichen Gattungs- und Artnamen angehängt wird (z.B. *Luscinia svecica cyanecula*). Sofern sie im Freiland für den Vogelbeobachter unterscheidbar sind, werden sie in diesem Buch auch behandelt. Übrigens wurden einige hier als Arten dargestellte Vögel früher als Unterarten betrachtet, bis sich zeigte, dass sie genetisch voneinander getrennt sind.

Die Anordnung der Vogelordnungen und Familien in diesem Buch folgt der modernen Systematik, unterscheidet sich also von der Reihenfolge in älteren Büchern stellenweise deutlich. Aus Gründen der besseren Vergleichbarkeit wurde im Bestimmungsteil nur gelegentlich davon abgewichen. Die nachfolgende Übersicht der 26 Ordnungen und 73 Familien entspricht jedoch der neuen Systematik. In ihr sind Angaben zu Gemeinsamkeiten, Besonderheiten, zur Lebensweise und Fortpflanzung und zu allgemeinen Kennzeichen enthalten, die somit in den Bestimmungstexten entfallen konnten, aber zusammen mit ihnen benutzt werden sollten. Einige Zeichnungen von typischen Vertretern der jeweiligen Familien sollen bei der ersten Einordnung eines beobachteten Vogels helfen. Für jede Familie ist angegeben, auf welchen Seiten die ihr zugehörigen Arten im Bestimmungsteil behandelt sind. Eine Kurzübersicht zur raschen Benutzung findet sich auch auf den inneren Umschlagseiten.

Das Blaukehlchen im System der Vögel	
Klasse	Vögel
Ordnung	Sperlingsvögel
Unterordnung	Singvögel
Familie	Schnäpperverwandte
Gattung	*Luscinia*
Art	Blaukehlchen, *Luscinia svecica*
Unterart	„Weißsterniges Blaukehlchen" *L. svecica cyanecula*

Am Beginn des Systems der Vögel Europas gibt es eine Aufspaltung in zwei grundsätzlich verschiedene Gruppen, nämlich die nah miteinander verwandten Enten- und Hühnervögel (Galloanserae) auf der einen und sämtliche anderen Vogelordnungen (Neoaves) auf der anderen Seite. Inzwischen werden diese beiden Ordnungen, abweichend von früheren Darstellungen, daher an den Beginn systematischer Übersichten gestellt.

ENTENVÖGEL

Entenvögel sind mehr oder weniger an Gewässer gebunden und tragen daher zwischen den Vorderzehen Schwimmhäute. Die Küken schlüpfen in einem dichten Dunengefieder und sind Nestflüchter. Die meisten Arten sind außerhalb der Brutzeit gesellig und treten in manchmal sehr großen, gemischten oder artreinen Trupps auf. Viele Entenvögel besuchen Mitteleuropa nur als Durchzügler oder Wintergäste aus Skandinavien und Sibirien. Obwohl bei uns alle Arten zur selben Familie gehören (**Entenverwandte** Anatidae), lassen sich dennoch auf Anhieb einige Gruppen und Gattungen durch ihr typisches Erscheinungsbild deutlich voneinander abgrenzen.

Schwäne fallen durch ihre Größe und das bei den europäischen Arten weiße Gefieder sofort auf. Die großen Nester aus Pflanzenstängeln stehen an Binnengewässern und enthalten 2-10 Eier. Die Geschlechter sind gleich gefärbt, die Jungvögel tragen längere Zeit ein braungraues Gefieder und bleiben den Winter über bei ihren lebenslang verpaarten Eltern. S. 32

Höckerschwan

Gänse sind mittelgroß bis groß und außerhalb der Brutzeit meist in großen Trupps anzutreffen. Ziehend bilden sie imposante Keil- oder Linienformationen. Die Geschlechter sind gleich gefärbt, gehen meist eine lebenslange Ehe ein und zeitigen 3-8 Eier. Die Familien halten auch im Winter noch zusammen, was die Bestimmung der noch nicht ausgefärbten Jungvögel häufig erleichtert. Zwar sind bei einigen Arten Schnabel und Beine entweder orange oder rosa gefärbt, doch ist dieser Unterschied im Freiland oft kaum erkennbar. Zur schwierigen Bestimmung der grauen Arten ist das Färbungsmuster auf Kopf und Schnabel zu beachten, bei den eher am Meer erscheinenden schwarzweißen Gänsen die Weißverteilung am schwarzen Kopf. Durch die in einigen Ländern noch erlaubte Jagd sind sie meist sehr scheu. S. 32-35

Graugans

Gründelenten ernähren sich von Pflanzenteilen, die sie entweder von der Wasseroberfläche aufnehmen, an Land weidend oder aber gründelnd („Köpfchen in das Wasser, Schwänzchen in die Höh'") vom Gewässergrund abfressen. Sie lösen sich mit einem einzigen Flügelschlag von der Wasseroberfläche. Im Gegensatz zu den bunten Männchen sind die Weibchen eher einfarbig braun, so dass bei ihrer Be-

Stockente

stimmung besonders auf den farbigen Flügelspiegel und die Gestalt zu achten ist. Jungvögel sind anfangs wie Weibchen gefärbt, ebenso die alten Männchen im Schlichtkleid während des Sommers, behalten aber ihre oft bunten Schnabelmuster (vgl. Darstellung am Beispiel der Stockente auf der hinteren inneren Umschlagseite). S. 36, Flugbilder S. 42

Tauchenten ernähren sich zusätzlich von Kleintieren, die sie tauchend aus dem Wasser holen. Ihr Schwanz ist meist nicht sichtbar, das „Heck" also abfallend. Zum Auffliegen müssen sie meist Anlauf nehmen. Bei der Bestimmung der Weibchen und Jungvögel sind oft die Flügelfärbung und das unauffällige Kopfmuster wichtig. S. 38, Flugbilder S. 42

Reiherente

Meeresenten, von denen die Eiderenten die bekanntesten sind, tauchen ebenfalls alle, besonders gerne nach Muscheln. Ihre Nester befinden sich meist in der Ufervegetation, bei der Schellente aber in Baumhöhlen, und werden mit vielen Daunenfedern aus dem Bauchgefieder des Weibchens ausgepolstert. S. 38-41, Flugbilder S. 43

Säger tragen an ihren schlanken Schnäbeln feine Sägezähnchen, damit sie ihre Hauptbeute, die glitschigen Fische, besser festhalten können. Gänse- und Zwergsäger sind Höhlenbrüter. S. 40, Flugbilder S. 43

Gänsesäger

Gefangenschaftsflüchtlinge treten oft auf, denn nahezu jede Entenvogelart der Erde wird in Europa gehalten und gezüchtet. Selbstverständlich sind diese exotischen Arten nicht in einem Buch über die Vögel Europas enthalten.

Hybriden kommen bei Entenvögeln nicht nur häufig in Gefangenschaft, sondern oft auch im Freiland vor. Nicht immer zeigen sie eindeutige Merkmale der Elternarten und sind dann kaum bestimmbar.

HÜHNERVÖGEL

Hühnervögel leben meist am Boden, wo sie sich vorwiegend pflanzlich ernähren, und sind mit plumpem Körper und runden Flügeln keine besonders guten Flieger. Die Küken sind Nestflüchter. Mit Ausnahme der in Afrika überwinternden Wachtel handelt es sich um ausgeprägte Standvögel. Für die Bestimmung besonders der oft unscheinbarer gefärbten Weibchen liefern Form und Farbe des Schwanzes wichtige Kriterien. Grob lassen sich zwei Gruppen unterscheiden, die aber nicht mehr als eigenständige Familien geführt werden:

Raufußhühner besitzen befiederte Läufe und Zehen, legen 6-12 Eier in Bodennester und zeigen eine auffallende Balz. Sie bewohnen ungestörte Wälder, Moore oder Gebirge und sind bei uns allgemein recht selten. **Glattfußhühner** zeichnen sich durch ihre unbefiederten Läufe und Zehen aus und bewohnen vorwiegend offenes Gelände. Oft sind sie in kleinen Gruppen oder Familienverbänden anzutreffen. Beim Auffliegen entsteht ein burrendes Flügelgeräusch. Die Gelege können 15 und mehr Eier enthalten. S. 44

Jagdfasan

Rosaflamingo

FLAMINGOS

Flamingos, einzige Familie ihrer Ordnung, sind unverkennbar durch ihr rosa Gefieder und den hohen, gekrümmten, mit Lamellen besetzten Schnabel, mit dem sie kopfüber das Flachwasser nach Kleinstlebewesen durchseihen. Sie brüten in großen Kolonien auf kegelförmigen Schlammnestern. Im Flug wirken sie durch den langen, ausgestreckten Hals und die langen Beine wie brennende Bleistifte. Neben der einzigen europäischen Art entfliegen regelmäßig exotische Flamingos aus Gefangenschaft. S. 50

Haubentaucher

LAPPENTAUCHER

Auch diese Ordnung besteht aus nur einer Familie und ist mit Schwimmlappen an den Zehen der am Körperende ansetzenden Beine perfekt an das Leben auf und unter Wasser angepasst. Aus abgestorbenen Pflanzenteilen werden 2-7 Eier enthaltende Schwimmnester gebaut, die Küken mit typischer Kopf- und Halsstreifung werden von den Eltern oft im Rückengefieder transportiert. Halsfärbung, Kopfmuster, Schnabelform und die im Prachtkleid abstehenden Ohrbüschel sind für die Bestimmung wichtig, Männchen und Weibchen sind identisch gefärbt. Lappentaucher sind nicht etwa die nächsten Verwandten der Seetaucher, sondern der Flamingos, obwohl man nach dem äußeren Eindruck das Gegenteil vermuten würde. S. 46

Prachttaucher

SEETAUCHER

Die Ordnung der Seetaucher wird von nur wenigen Arten innerhalb einer Familie gebildet. Es handelt sich um recht urtümlich wirkende Brutvögel an Binnenseen der nördlichen Nordhalbkugel, die den Winter hauptsächlich auf dem Meer verbringen, besonders zur Zugzeit aber auch auf mitteleuropäischen Binnengewässern erscheinen. Die mit Schwimmhäuten versehenen Füße setzen weit hinten am stromlinienförmigen Körper an, zum Fischfang tauchen die Vögel sanft ins Wasser ein. Die Nester der an Land sehr unbeholfenen Seetaucher stehen direkt am Ufer und enthalten meist 2 Eier. Die Geschlechter lassen sich nicht unterscheiden. Bei der Bestimmung ist besonders auf die Kopf- und Halsfärbung, Schnabelform und -haltung zu achten. S. 46

Wellenläufer

RÖHRENNASEN

Röhrennasen sind reine Hochseevögel, gekennzeichnet durch der Salzausscheidung dienende Röhren auf den Nasenlöchern, und kommen nur an Küsten, um in oft großen Kolonien ihr einziges Ei auszubrüten. Weder die Geschlechter, noch Jung- und Altvögel lassen sich im Freiland unterscheiden. Auf der Südhalbkugel sind die Albatrosse die bekannteste Familie.

Sturmschwalben sind klein, dunkel, haben einen flatternden Flug und brüten auch in Höhlen. S. 48

Sturmvögel, zu denen auch die Sturmtaucher zählen, sind größer, sehr möwenähnlich und gleiten auf steifen Schwingen über die Wellen. S. 48

Eissturmvogel

PELIKANVÖGEL

Pelikane schaufeln Fische mit ihrem großen Kehlsack regelrecht aus dem Wasser, oft bei gemeinsamer Treibjagd. Sämtliche Zehen sind bei ihnen durch Schwimmhäute verbunden, der Hals wird im Flug eingezogen. Die großen Nester werden in Kolonien in südost-europäischen Schilfgebieten angelegt, die Jungvögel sind Nesthocker. S. 50

Rosapelikan

KORMORANVÖGEL

Auch bei den Arten dieser Ordnung sind alle vier Zehen durch Schwimmhäute miteinander verbunden, die Jungvögel sind Nesthocker und die Ausbildung des Alterskleids dauert oft mehrere Jahre.

Tölpel kommen nur am Meer vor und stürzen sich aus der Luft kopfüber ins Wasser. Neben gemessenen Flügelschlägen sind Gleit- und Segelflug zu beobachten. Sie brüten in meist großen Kolonien an und auf steilen Felsen des Nordatlantiks. S. 50

Basstölpel

Kormorane haben einen Haken an der Schnabelspitze, stehen oft mit zum Trocknen ausgebreiteten Flügeln am Gewässer und tauchen aus dem Schwimmen heraus. Ihr Flug erinnert an Gänse. Die Brutkolonien befinden sich auf Bäumen oder an Klippen im Binnenland wie an den Küsten. S. 50

Kormoran

IBISSE

Ibisse fliegen mit ausgestrecktem, langem Hals und sind Koloniebrüter. Die Geschlechter sind gleich gefärbt, Jungvögel ähneln den Altvögeln bereits sehr. Beim Löffler ist die Schnabelspitze verbreitert, und mit pendelnden Kopfbewegungen durchsieht er das Flachwasser nach Kleinlebewesen. Die anderen Arten stochern mit ihren abwärts gebogenen Schnäbeln im Boden. S. 52

Löffler

REIHER

Reiher fliegen mit zwischen die Schultern eingezogenem Hals und rudernden Schlägen der durchgebogenen, runden Flügel. Sie jagen meist lauernd und stoßen mit ihren dolchartigen Schnäbeln blitzartig nach Mäusen, Insekten, Fischen, Amphibien und anderer Beute. Die meisten Arten brüten in Kolonien auf Bäumen oder im Schilf, lediglich die Dommeln brüten einzeln. Viele Arten bilden während der Balz verlängerte Schmuckfedern aus und zeigen dann auch auf Schnabel und Beinen veränderte Farben. Die Geschlechter sind gleich gefärbt (Ausnahme Zwergdommel), auch die Jungvögel ähneln den Altvögeln bereits sehr (Ausnahme Nachtreiher). S. 52-55

Graureiher

Weißstorch

Fischadler

Steinadler

Mäusebussard

Sperber

STORCHENVÖGEL

Störche sind durch ihre langen Beine, die roten Schnäbel und ihr schwarzweißes Gefieder unverwechselbar. Alle Kleider sind nahezu identisch. Sie segeln viel unter Ausnutzung von Aufwinden, auch während des Zugs in ungeordneten Trupps, und halten den Hals im Flug immer ausgestreckt. Ihre gewaltigen Nester werden über lange Zeit benutzt. S. 54

GREIFVÖGEL

Greifvögel sind mit Hakenschnabel und scharfen Krallen ausgestattete Fleischfresser und schlagen ihre Beute am Boden oder in der Luft. Bei den meisten Arten sind die Geschlechter gleich gefärbt, die Weibchen jedoch größer. Sie legen 1-6 Eier in Nester am Boden, auf Felsen oder in Bäumen, die Jungvögel sind Nesthocker. Bei Greifvögeln hängen die Dichte ihres Vorkommens sowie die Zahl der pro Jahr gelegten Eier stark von der Häufigkeit ihrer Beutetiere ab, zu einer „Übervermehrung" kann es also nicht kommen. Mit einer Ausnahme gehören alle Arten zur selben Familie.

Fischadler werden von den Habichtartigen als eigene Familie abgetrennt, mit nur einer fast weltweit an Binnengewässern und Küsten verbreiteten Art. Sie stehen oft rüttelnd über Gewässern, um stoßtauchend Fische zu erbeuten. S. 56

Habichtverwandte sind eine sehr vielgestaltige Familie, die von den kleinen Sperbern über die schlanken Weihen, die rundflügeligen Bussarde und die hauptsächlich Aas fressenden Geier bis hin zu den großen Adlern reicht. Meist ist es sehr viel schwieriger, stehende als fliegende Vögel zu bestimmen. Die Silhouette mit kennzeichnender Flügel- und Schwanzform sowie die Flugweise geben meist eindeutige Hinweise zumindest auf die grobe Zugehörigkeit. So haben Adler und Geier stark gefingerte Flügelspitzen, Weihen lange und Milane gegabelte Schwänze, Schlangenadler, Raußfuß- und Mäusebussarde stehen oft rüttelnd in der Luft, Weihen segeln auf V-förmig angehobenen Flügeln niedrig über den Boden und Sperber schießen blitzschnell aus der Deckung hervor. Jugend- und Alterskleid unterscheiden sich oft, größere Arten benötigen mehrere Jahre, bis ihr Gefieder komplett ausgefärbt ist (vgl. Darstellung der Kleiderfolge am Beispiel des Steinadlers auf der hinteren inneren Umschlagseite). Daher ist die Bestimmung einiger Greifvogelarten sehr schwierig, erfordert Erfahrung und oft spezielle Literatur. S. 56-61, Flugbilder S. 62-64

FALKEN

Falken ähneln in ihrer Lebensweise zwar den Greifvögeln, doch werden sie von diesen als eigene Ordnung abgetrennt. Sie sind klein bis mittelgroß, ernähren sich von Wirbeltieren oder Insekten und sind an ihren spitzen, leicht gewinkelten Flügeln, auf denen sie hohe Geschwindigkeiten erreichen können, leicht erkennbar. Sie bauen keine eigenen Nester, sondern legen ihre 3-7 Eier auf Felsvorsprünge oder in alte Nester anderer Arten. Weibchen sind deutlich größer als Männchen und bei den kleineren Arten unscheinbarer gefärbt. S. 66, Flugbilder S. 65

Turmfalke

KRANICHVÖGEL

Von dieser Ordnung kommen bei uns drei Familien vor, die sich in Größe, Aussehen und Lebensraumansprüchen deutlich unterscheiden. Alle sind relativ langbeinig, halten sich ausschließlich am Boden auf, wo sie auch brüten, und ihre Küken sind Nestflüchter. Während der Mauser führt das gleichzeitige Abwerfen der Schwungfedern bei vielen Arten zu vorübergehender Flugunfähigkeit.

Kraniche sind durch Größe, graue Färbung, buschiges „Hinterende", kurze Schnäbel, lange Beine, trompetende Rufe und den langen, im Flug ausgestreckten Hals gut von Reihern und Störchen unterscheidbar. Die Paare gehen eine lebenslange Ehe ein, führen im Frühjahr Balztänze mit Luftsprüngen auf und bebrüten in einem großen Bodennest in Sumpfgebieten 2 Eier. Sie ziehen in eindrucksvollen Trupps in V-Formation mit trompetenden Rufen. S. 68

Kranich

Trappen sind dagegen Bewohner von eher trockenem, steppenartigem Gelände. Die Großtrappe ist der schwerste flugfähige Vogel Europas. Die viel größeren Männchen zeigen eine imposante Balz, bei der sie durch Sträuben des Gefieders zu einer weißen Kugel werden. Die Geschlechter gehen keinerlei Paarbindung ein. S. 68

Großtrappe

Rallen sind staren- bis taubengroße Bewohner von Feuchtgebieten, wobei z.B. Blässhühner eher entenartig auf der freien Wasserfläche schwimmen und tauchen, die Sumpfhühner in dichter Ufervegetation verborgen bleiben und der Wachtelkönig mehr hühnerähnlich in hohem Gras lebt. Viele Arten sind zudem überwiegend nachts aktiv, so dass die Kenntnis ihrer Lautäußerungen oft die einzige Möglichkeit ist, ihre Anwesenheit überhaupt festzustellen. S. 68-71

Wasserralle

WAT-, ALKEN UND MÖWENVÖGEL

Diese sehr große Ordnung besteht aus Familien und Arten, die überwiegend an Meere, Küsten, Binnengewässer, Feuchtwiesen oder Schlammflächen gebunden sind und im sehr unterschiedlichen Schnabelbau besondere Anpassungen an den Nahrungserwerb im jeweiligen Lebensraum entwickelt haben. Auch in den Fortpflanzungssystemen haben sich die verschiedensten Varianten herausgebildet. Gemeinsamkeiten bestehen neben einigen anatomischen Übereinstimmungen u.a. darin, dass ihre Gelegegröße mit 1-4 Eiern gering ist, Männchen und Weibchen meist gleich gefärbt sind, dafür aber die Jugend- und Schlichtkleider

Triel

Austernfischer

Säbelschnäbler

Kiebitz

Alpenstrandläufer

stark abweichen. Viele Arten sind Fernzieher und überqueren teilweise drei Kontinente.

Grob kann man die Angehörigen dieser Ordnung in zwei Gruppen einteilen. Die ersten fünf Familien lassen sich als Watvögel zusammenfassen und werden auch Limikolen genannt. Sie benötigen außerhalb der Brutzeit, die viele von ihnen in Feuchtgebieten und Tundren im Norden Eurasiens verbringen, nahrungsreiche Schlickflächen, wo sie sich von Würmern, Insektenlarven und anderen Kleinlebewesen ernähren. Große Schwärme sind an den Küsten, besonders im Wattenmeer, zu beobachten, im Binnenland rasten sie an schlammigen Ufern sowie gerne an Klärteichen und Rieselfeldern. Fast alle Arten legen vier Eier in eine Bodenmulde, einige halten sich nicht einmal zwei Monate pro Jahr in ihrem Brutgebiet auf und befinden sich den Rest des Jahres auf Wanderschaft. Bei den meisten ziehen die Altvögel mehrere Wochen vor den Jungvögeln ab.

Komplizierter und vielfältiger wird es bei der von den folgenden sechs Familien gebildeten engeren Verwandtschaft der Möwen. Den Laufhühnchen sieht man nicht einmal an, dass sie dazugehören, Brachschwalbenverwandte bevorzugen trockene Lebensräume, Raubmöwen ernähren sich parasitisch, bei Alken denkt man eher an die mit ihnen überhaupt nicht verwandten Pinguine, und lediglich bei den Seeschwalben und den Möwen selbst glaubt man auf Anhieb, dass sie mit den anderen Familien gemeinsam in die Unterordnung der Möwenvögel gehören.

Triele sind bei uns nur durch eine Art vertreten, die von den anderen Watvögeln durch die Bevorzugung von trockenem, steppenartigem Gelände, die überwiegend nächtliche Aktivität und nur zwei Eier abweicht. S. 70

Austernfischer sind gut taubengroß und bei uns nur durch eine charakteristisch gefärbte Art besonders an den Küsten vertreten. Im Gegensatz zu den meisten anderen Limikolen legen sie nur drei Eier und füttern ihre Jungvögel, bis diese flügge sind. S. 70

Säbelschnäblerverwandte, zu denen auch der Stelzenläufer gehört, kommen hauptsächlich an Salzwasser vor und wirken mit ihrem schwarzweißen Gefieder und den langen Beinen sehr elegant. S. 70

Regenpfeiferverwandte, in die auch die etwas größeren Kiebitze eingeschlossen sind, sind rundlich gebaut, tragen relativ kurze, weniger als kopflange, gerade Schnäbel und haben nur mittellange Beine. Während des pickenden Nahrungserwerbs laufen sie wie auf Rädern über offenes Gelände und Strände. Oft gibt das Flügelmuster entscheidende Hinweise auf die Artzugehörigkeit. S. 72-75, Flugbilder S. 80-81

Schnepfenverwandte sind wiederum eine große und vielgestaltige Familie, innerhalb derer sich jedoch einige Gattungen gut abgrenzen lassen. Die Strandläufer *Calidris* sind sperlings- bis amselgroß, haben eher kurze bis mittellange Beine und meist gut kopflange, oft abwärts gebogene Schnäbel. Die eigentlichen Schnepfen sind durch ihre tarnfarbige Oberseite, kurze Beine und extrem lange, gerade Schnäbel gekennzeichnet, die großen Schnepfen *Limosa* und die Brachvögel dagegen durch lange Beine, letztere zusätzlich durch die Abwärtsbiegung der großen Schnäbel. Für die mittelgroßen Wasserläufer *Tringa* sind die hohen, oft bunten Beine, die langen Schnäbel und das häufige Körperwippen charakteristisch. Die Wassertreter *Phalaropus*, bei denen die Weibchen farbenprächtiger als die Männchen sind, schwimmen auf der freien Wasserfläche und picken mit ihren feinen Schnäbeln von dort Insekten auf. Innerhalb der Schnepfenvögel gibt es Arten, die eine „normale" Paarbindung für eine Brutsaison eingehen, z.b. Uferschnepfen, aber auch solche, bei denen sich ein Weibchen mit mehreren Männchen verpaart (viele Strandläufer), nur die Männchen brüten (Wassertreter), Männchen und Weibchen überhaupt keine engere Bindung eingehen (Kampfläufer). Die Küken in ihrem tarnfarbigen Dunenkleid sind Nestflüchter, suchen sofort selbst nach Nahrung und werden von den Altvögeln lediglich bewacht. Die Bestimmung aller Watvögel ist für den Beginner oft verwirrend, da Pracht-, Jugend- und Schlichtkleider unterschieden werden müssen (vgl. Darstellung der Kleiderfolge am Beispiel des Alpenstrandläufers auf der hinteren inneren Umschlagseite), viele Arten einander ohnehin sehr ähneln und die Beobachtungsentfernungen häufig groß sind. Meist liefern Beinlänge und -farbe, Schnabelform und Musterung auf Flügeln und Schwanz im Flug neben den kennzeichnenden Rufen wichtige Merkmale. S. 74-85, Flugbilder S. 80-81

Laufhühnchen sehen zwar völlig anders aus und bewohnen trockene, niedrig und dicht bewachsene Lebensräume, gehören aber zur näheren Verwandtschaft der Möwen. In Europa gibt es nur eine Art, die extrem selten in Spanien brütet. Ausgerechnet dort sind die Geschlechterrollen vertauscht und die Weibchen balzen. S. 70

Brachschwalbenverwandte bewohnen Steppen, der hochbeinige Rennvogel sogar Wüsten. Die eigentlichen Brachschwalben erinnern durch ihre kurzen Beine und Schnäbel, die gegabelten Schwänze und die Spezialisierung auf den Fang von Insekten im Flug an Seeschwalben. S. 86

Raubmöwen sind braune Möwenvögel Nordeuropas, die sich darauf spezialisiert haben, andere Möwen im Flug zu verfolgen, bis diese die Nahrung fallenlassen oder auswürgen. Sofern es sich nicht um Vögel im Prachtkleid mit verlängerten mittleren Steuerfedern handelt, ist die sichere Bestimmung oft nur für Spezialisten möglich. Zwei Arten kommen in einer hellen und einer dunklen Morphe vor. Anders als bei Möwen sind die Weibchen größer als die Männ-

Bekassine

Rotschenkel

Laufhühnchen

Rotflügel-Brachschwalbe

Schmarotzerraubmöwe

Trottellumme

Lachmöwe

Flussseeschwalbe

Spießflughuhn

chen. Raubmöwen brüten oft in lockeren Kolonien und legen nur zwei Eier. S. 86

Alke sind Vögel des offenen Meeres, die nur zum Brüten an die Küsten kommen. Durch ihre schwarzweiße Färbung und die Körperhaltung erinnern sie etwas an Pinguine. Mit Ausnahme der Gryllteiste (zwei Eier, oft einzeln brütend) bewohnen sie in oft riesigen Kolonien die Vogelfelsen Nordeuropas und legen nur ein Ei, teilweise auf schmale Felsbänder. In Mitteleuropa brüten sie nur auf Helgoland. Anhand der Schnabelform sind sie auch im Schlichtkleid gut unterscheidbar. S. 88

Möwen sind elegante, überwiegend weiß und grau gefärbte Flugkünstler, deren Erscheinungsbild jedermann bekannt ist. Da sie fast ausschließlich am Wasser vorkommen, tragen sie Schwimmhäute zwischen den Zehen. Die meisten Arten brüten in oft großen Kolonien am Meer, einige aber auch im Binnenland. Sie legen 2-3 Eier in Bodennester (z.B. Dreizehenmöwen aber an Klippen), die im Dunenkleid schlüpfenden Küken sind keine Nestflüchter, sondern bleiben dort lange Zeit sitzen und werden gefüttert. Männchen sind meist deutlich größer als Weibchen. In Anpassung an das zunehmende Nahrungsangebot (z.B. Fischereiabfälle, Mülldeponien) haben einige Arten zugenommen und ihre Verbreitungsgebiete erweitert. Bis das Alterskleid angelegt wird, vergehen bei den kleinen Arten fast zwei, bei den großen bis zu fünf Jahre (vgl. Darstellung der Kleiderfolge auf der hinteren inneren Umschlagseite). Vorher ist die Bestimmung in vielen Fällen auch für Experten sehr kompliziert und macht oft die Benutzung von sehr ausführlicher Spezialliteratur erforderlich. Das gilt besonders für die Arten der Silber-Heringsmöwen-Gruppe. S. 90-97

Seeschwalben unterscheiden sich von den Möwen durch ihre schlankeren Flügel, kleineren Körper, spitzen Schnäbel und meist deutlich gegabelten Schwänze. Die weißen Arten kommen hauptsächlich an Küsten vor, brüten meist in Kolonien, wo sie 1-3 Eier in Bodenmulden legen, und ernähren sich von Fischen und anderen kleinen Wassertieren, die sie aus dem Flug heraus stoßtauchend erbeuten. Dagegen kommen die drei im Prachtkleid schwärzlichen so genannten Sumpfseeschwalben (S. 100) an Binnengewässern vor, legen ihre schwankenden Nester in der Schwimmblattzone an und picken Kleinlebewesen im niedrigen Suchflug von der Wasseroberfläche auf. Die Bestimmung von Seeschwalben wird oft erleichtert, wenn man die Schnabelfarbe erkennen kann. S. 98-101

FLUGHÜHNER

Flughühner sind etwa rebhuhngroße Bewohner von Trockengebieten und Wüsten, die auf langen, spitzen Flügeln morgens und abends über große Entfernungen zu Wasserstellen fliegen und dort wie Tauben saugend trinken. Männchen können im speziell dafür strukturierten Bauchgefieder sogar Wasser für die nestflüchtenden Küken transportieren. S. 100

TAUBEN

An ihren kleinen Köpfen, kurzen Schnäbeln und Beinen und kräftigen Körpern sind Tauben leicht erkennbar, ferner an ihren dumpf gurrenden Lautäußerungen. Sie legen zwei weiße Eier in ein frei stehendes, liederlich gebautes Nest, die Küken sind Nesthocker, nur die Hohltaube brütet in Baumhöhlen. Am Halsring lassen sich die Arten gut unterscheiden (fehlt aber im Jugendkleid), außerdem am Grundton des Gefieders und den Flügelbinden. Eine Besonderheit der Tauben ist ihre Fähigkeit, saugend zu trinken und die Küken mit einer selbst produzierten „Kropfmilch" zu füttern. S. 102

Ringeltaube

PAPAGEIEN

Eigentlich handelt es sich bei Papageien um Vögel der Südhalbkugel, doch haben entflogene Arten in mehreren Städten Europas wachsende Kolonien gegründet. Sie bevorzugen Parks, wo sie ihre 3-6 Eier in Höhlen ausbrüten. Die drei abgebildeten Papageien sind am häufigsten, doch gibt es lokal auch Brutansiedlungen mehrerer weiterer Arten. S. 110

Halsbandsittich

KUCKUCKE

In der Gestalt erinnern Kuckucke besonders im Flug an kleine Falken. Sie legen ihre Eier in Nester vieler anderer Vogelarten (der Häherkuckuck fast nur in Elsternester). Weitere Besonderheiten sind zwei nach vorne und zwei nach hinten weisende Zehen und im Nahrungsspektrum der hohe Anteil behaarter Raupen, die von anderen Vögeln gemieden werden. S. 108

Kuckuck

EULEN

Als hauptsächlich in der Dunkelheit aktive Beutegreifer bleiben Eulen dem Vogelbeobachter meist verborgen. An ihren großen, runden, bis zu 270° drehbaren Köpfen mit den nach vorne gerichteten Augen sind sie jedoch leicht kenntlich. Während der Sperlingskauz nur so groß wie ein Star ist, übertrifft der Uhu sogar noch den Mäusebussard. Entsprechend schwankt die Größe der Beutetiere von Insekten und Regenwürmern über Mäuse und Vögel bis hin zu Jungfüchsen. Die Nahrung wird hauptsächlich über das sehr gute Gehör geortet, wobei der Gesichtsschleier als Schallreflektor dient. Nester werden nicht gebaut, die fast runden, rein weißen Eier werden bei den meisten Arten in Höhlen, bei einigen in alte Krähennester (Waldohreule) oder auf den Boden (Sumpfohreule) gelegt; ihre Anzahl richtet sich stark nach dem verfügbaren Nahrungsangebot. Die

Uhu

Schleiereule

Ziegenmelker

Mauersegler

Blauracke

Eisvogel

Jungvögel verlassen das Nest lange bevor sie die Flugfähigkeit erreichen in einem zweiten Dunenkleid. Da man öfter auf diese so genannten „Ästlinge" trifft, sind sie hier ebenfalls abgebildet. Man sollte sich dann schnell entfernen, da die Altvögel mitunter sehr aggressiv werden können. Im Freiland sind (außer bei der Schneeeule) keine Alters- oder Geschlechtsunterschiede sichtbar. Größe, Augenfarbe oder das Vorhandensein von Federohren sind zwar wichtige Merkmale, nützlicher ist jedoch die Kenntnis der meist dumpf klingenden Lautäußerungen. Aufgrund anatomischer Besonderheiten werden die **Schleiereulen** von den übrigen Arten als eigene Familie abgetrennt. S. 104-107

SCHWALMVÖGEL

Nachtschwalben sind bei uns die einzige Familie dieser Ordnung, vertreten durch die lang gestreckten, rindenfarbigen, falkenartig schmalflügeligen Ziegenmelker. Mit ihren extrem breiten, bei voller Öffnung an der Basis wie ein Käscher geformten Schnäbeln fangen sie nachts über offenem Gelände Insekten. Die zwei braun gefleckten Eier werden auf den nackten Boden gelegt. S. 108

SEGLER

Segler als pfeilschnelle Flieger auf sichelförmigen Flügeln sind nicht etwa mit den Schwalben, sondern mit den Kolibris verwandt. Die 2-3 weißen Eier werden in Höhlen oder Spalten gelegt, die Jungvögel sind Nesthocker, die Geschlechter gleich gefärbt. Segler verbringen fast ihr ganzes Leben in der Luft, schlafen und paaren sich dort sogar, können aber kaum laufen und sich mit ihren vier nach vorne gerichteten Zehen nur hängend festklammern. S. 108

RACKENVÖGEL

In diese bunte Ordnung gehören die auf drei hauptsächlich im Süden verbreitete Familien aufgeteilten „fliegenden Edelsteine" unserer Vogelwelt. Sie legen alle 4-8 weiße Eier in (teilweise selbst gegrabene) Höhlen, die Küken sind Nesthocker, die Weibchen wie die Männchen gefärbt. Bis auf den Eisvogel sind alle Arten Wärme liebende Zugvögel.

Racken sind dohlengroß, brüten in Baumhöhlen und jagen von einer Warte aus Insekten und kleine Wirbeltiere am Boden. Bei der Flugbalz lässt das Männchen die blauen Flügel leuchten. S. 110

Eisvögel graben zur Brut eine bis zu 1 m lange Röhre in Steilwände. Um die Verluste in strengen Wintern auszugleichen, können sie bis zu drei Bruten im Jahr durchführen. Sie ernähren sich von Kleinfischen und anderen Wassertieren, die sie mit dem dolchartigen Schnabel stoßtauchend erbeuten. S. 110

Spinte sind im südlichen Mitteleuropa durch den farbenprächtigen Bienenfresser mit verlängerten mittleren Steuerfedern vertreten. Wie der Eisvogel legt er Brutröhren an, bildet allerdings meist Kolonien und ernährt sich von im Flug erbeuteten Insekten. S. 110

HOPF- UND HORNVÖGEL

Wiedehopfe gehören mit den Familien der Hornvögel und Baumhopfe in eine Ordnung. Sie brüten in Baumhöhlen, Erd- oder Mauerlöchern. Zur Feindabwehr können sie während der Brutzeit ein übel riechendes Sekret absondern. Mit dem gebogenen Schnabel stochern sie auch nach Engerlingen. S. 110

Bienenfresser

Wiedehopf

SPECHTVÖGEL

Spechte haben, um Insekten und deren Larven aus morschem Holz zu klauben, kräftige Meißelschnäbel, weit herausschnellende Zungen, steife Stützschwänze und derbe Klammerfüße mit zwei nach vorne und zwei nach hinten weisenden Zehen entwickelt. Sie legen 4-8 weiße Eier in selbst gezimmerte Baumhöhlen, die Küken sind Nesthocker. Bei der Balz „trommeln" sie auch, indem sie in rascher Folge auf das Holz schlagen. Kennzeichnend ist der Wellenflug. Eine Ausnahme innerhalb der Spechte bildet der Wendehals, der als einziger Specht zieht, nie trommelt und seine Nisthöhle nicht selber schlägt. Bei der Bestimmung von Spechten ist auf die Lage und Ausdehnung roter Kopfflecken und weißer Bereiche auf der Oberseite zu achten, Jungvögel sowie die Geschlechter lassen sich meist unterscheiden. S. 112-115

Buntspecht

SPERLINGSVÖGEL

Mit über 6000 Arten stellen die Sperlingsvögel mehr als die Hälfte der Vogelarten der Erde und sind die mit Abstand größte Vogelordnung mit den meisten Familien, allein in Europa 30. Von den zwei Unterordnungen der Sperlingsvögel kommt in Europa nur eine vor, nämlich diejenige der Singvögel. Daher wird – nicht ganz korrekt – die gesamte Ordnung manchmal als „Singvögel" bezeichnet. Innerhalb dieser Singvögel gibt es zwei ganz unterschiedliche Gruppen. Die Pirole, Würger und Krähenverwandten bilden nämlich eine eigene Überfamilie, die sich unabhängig von allen anderen Sperlingsvogel-Familien entwickelt hat und daher nach neuem Wissensstand an den Beginn gestellt wird.

Innerhalb der enormen Vielfalt bei den Sperlingsvögeln haben sich die verschiedensten Lebensformen ausgebildet: von den vier Gramm leichten Goldhähnchen zum 1,7 Kilogramm schweren Kolkraben, von den einzelgängerischen Schwirlen über die sozialen Schwanzmeisen zu den Schwärme bildenden Staren, von der schluchzenden Nachtigall zur krächzenden Saatkrähe, vom Blattläuse jagenden Laubsänger zum Kirschkerne knackenden Kernbeißer, von der am Bachgrund laufenden Wasseramsel über den kopfüber Stämme hinab laufenden Kleiber zur hoch im

Himmel jagenden Mehlschwalbe. Dennoch haben sie viele Gemeinsamkeiten, die eine klare Abgrenzung von allen anderen Ordnungen erlauben: Von den vier Zehen sind drei nach vorne und eine nach hinten gerichtet und bilden einen Klammerfuß, fast alle Arten bauen Nester, die Küken schlüpfen blind und nackt, sind Nesthocker und werden von den Eltern lange gefüttert. Schließlich haben alle Singvögel einen hoch entwickelten Stimmapparat, mit dem sie melodische, artkennzeichnende, oft auch mit Imitationen durchsetzte Gesänge hervorbringen können. Fast alle Arten sind an Landlebensräume gebunden, die meisten besiedeln höhere Vegetation, Büsche und Bäume.

Innerhalb der Singvögel zeigen die verschiedenen Familien charakteristische Eigenheiten, die eine rasche Zuordnung ermöglichen und mit denen man sich daher vertraut machen sollte. Manche Familien sind sehr klein und bei uns nur durch wenige Arten vertreten (z.B. Zaunkönige, Braunellen), andere wiederum so groß, dass man hier sogar noch deutliche Unterschiede zwischen den Gattungen definieren kann (z.B. bei den Schnäpperverwandten). Beim ersten Bestimmungsansatz hilft meist ein Blick auf den Schnabel (hoher Körner- oder dünner Insektenfresserschnabel), den Körperbau (kräftig oder schlank, eher behäbige oder flinke Bewegungsweise) und die Schwanzform (z.B. gerundet, gerade abgeschnitten oder gekerbt), dann auf Farbverteilung und auffallende Abzeichen, gleichzeitig aber die Wahrnehmung jeder Lautäußerung.

Pirole weben ihr hängendes Nest in eine waagerechte Astgabel. Die drosselgroßen Vögel leben von Früchten und Wirbellosen, darunter besonders viele auch behaarte Raupen. Trotz der leuchtenden Farben sind sie selten zu beobachten, da sie in den Baumkronen versteckt bleiben. S. 116

Würger erinnern durch Hakenschnabel und langen Schwanz an kleine Falken, bewohnen offenes Gelände, wo sie von Warten aus Wirbellose und kleine Wirbeltiere jagen, spießen ihre Beute manchmal auf Dornen, zeigen einen ausgeprägten Wellenflug und legen ihre Nester in dichtem Gebüsch an. S. 116

Krähenverwandte gehören zu den am höchsten entwickelten und intelligentesten Vögeln. Obwohl sie die größten Singvögel sind, geben sie eher raue als melodische Töne von sich. Viele der tauben- bis bussardgroßen Arten sind schwarz oder kaum gemustert, der Eichelhäher ist aber sehr bunt. Die Geschlechter sind identisch gefärbt. Alle haben kräftige Füße und derbe Schnäbel und fressen fast alles. Die meist aus Reisig gebauten Nester enthalten 3-7 auf blaugrünem Grund gefleckte Eier. Die Arten dieser

Pirol

Neuntöter

Kolkrabe

besonders erfolgreichen Vogelfamilie verteilen sich auf alle Lebensräume, vom Hochgebirge bis in die Innenstädte, einige sind sehr gesellig. S. 116-119

Beutelmeisen leben in Baumgruppen an Gewässern und bauen an Wollsocken erinnernde Hängenester. Im Gegensatz zu den verwandten Meisen verlassen sie uns im Winter. S. 122

Beutelmeise

Meisen sind ganzjährig zu sehen, turnen auf der Suche nach Samen und Insekten geschickt durch das Gezweig und besuchen gern Futterhäuser. Diese echten Meisen sind im Gegensatz zu den anderen, auch „Meisen" genannten Familien Höhlenbrüter, die ihre Moosnester mit bis zu 16 weißen, rötlich gepunkteten Eiern gerne in Nistkästen anlegen. Nur Hauben- und besonders Weidenmeisen schlagen sich ihre Höhlen auch selbst in morsches Holz. Im Winter schließen sich Meisen gerne zu gemischten Trupps zusammen. S. 120

Kohlmeise

Lerchen leben in offenem Gelände hauptsächlich am Boden und sind unscheinbar braun gefärbt. Sie ernähren sich von Samen, Pflanzenteilen und Wirbellosen. Die Männchen singen im Flug. 3-5 braun gefleckte Eier werden in ein Bodennest gelegt. Von den manchmal ähnlich aussehenden Piepern sind sie durch robusteren Körperbau, breitere Flügel und kräftigere Schnäbel unterschieden. S. 124

Feldlerche

Schwalben werden meist beim eleganten Insektenfang in der Luft beobachtet, besitzen schmale Flügel und mehr oder weniger gegabelte Schwänze. Jede Art hat ihre typische Nistweise, teilweise in Kolonien. Vor dem Wegzug sind oft große Trupps auf Leitungsdrähten und Schwärme von Rauch- und Uferschwalben über Schlafplätzen im Schilf zu beobachten. S. 122

Rauchschwalbe

Bartmeisen sind bei uns nur in ausgedehnten Schilfgebieten durch die gesellige, langschwänzige Bartmeise vertreten, deren manchmal hohe Winterverluste durch drei Jahresbruten ausgeglichen werden können. S. 122

Bartmeise

Schwanzmeisen leben ganzjährig gesellig in unterholzreichen Wäldern und Gebüsch, sind durch den kleinen Körper mit langem Schwanz unverkennbar und bauen kugelige, mit Flechten getarnte Nester aus Moos und Spinnweben. S. 122

Schwanzmeise

Buschsänger sind in Europa nur durch den sich im Süden in feuchten Dickichten versteckenden Seidensänger vertreten, der im Gegensatz zu fast allen anderen Arten nur zehn statt zwölf Steuerfedern besitzt. S. 130

Seidensänger

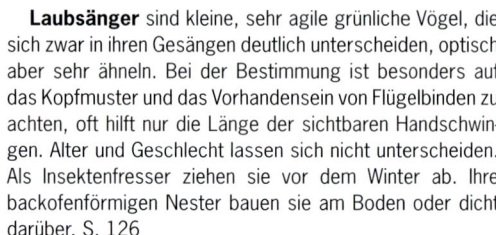

Zilpzalp

Laubsänger sind kleine, sehr agile grünliche Vögel, die sich zwar in ihren Gesängen deutlich unterscheiden, optisch aber sehr ähneln. Bei der Bestimmung ist besonders auf das Kopfmuster und das Vorhandensein von Flügelbinden zu achten, oft hilft nur die Länge der sichtbaren Handschwingen. Alter und Geschlecht lassen sich nicht unterscheiden. Als Insektenfresser ziehen sie vor dem Winter ab. Ihre backofenförmigen Nester bauen sie am Boden oder dicht darüber. S. 126

Feldschwirl

Grassänger zeichnen sich durch ihre im Gegensatz zu Rohrsängern breiten, gerundeten Schwänze mit langen Unterschwanzdecken und ihre oft insektenartigen Gesänge aus. In Europa sind sie nur durch die unscheinbar bräunlichen, oft versteckt in dichter Vegetation lebenden Schwirle vertreten. S. 128

Teichrohrsänger

Rohrsängerverwandte umfassen Rohrsänger und Spötter. Rohrsänger lassen sich in oberseits gestreifte und ungestreifte Arten trennen, bewohnen Röhricht und andere Pflanzen an Gewässerrändern, bauen kunstvolle Napfnester, die zwischen senkrechten Halmen aufgehängt werden, und singen überwiegend sehr rau (S. 128-131). Einige Spötter sind für ihre hervorragenden Imitationen anderer Vogelstimmen bekannt, bewohnen Gebüsch und Bäume und fallen durch ihre Kopfform mit langem Schnabel und spitzem Scheitel auf. Anders als Rohrsänger haben sie eine breitere Schnabelbasis und kürzere Unterschwanzdecken sowie oft helle Schwanzkanten (S. 132). Bei beiden Gattungen sind zur sicheren Bestimmung wirkliche Feinheiten der Gefiederfärbung und der Struktur zu beachten – sofern sie nicht ihre typischen Gesänge hören lassen. S. 128-133

Zistensänger

Halmsänger leben hauptsächlich in Afrika und sind in Europa nur durch den Zistensänger vertreten, der offenes Grasland in Südeuropa bewohnt. S. 128

Mönchsgrasmücke

Grasmücken bewohnen Wald und Gebüsch, wo sie ihre kunstvoll gebauten Napfnester anlegen, sind hauptsächlich Insektenfresser, vor dem Wegzug im Herbst aber oft an Beerensträuchern zu sehen. Im Gegensatz zu den vorherigen fünf Familien sind die Geschlechter bei den bunteren Grasmücken meist verschieden gefärbt. Sie haben oft schöne plaudernde, zwitschernde oder flötende Gesänge. S. 134-137

Wintergoldhähnchen

Goldhähnchen sind unsere kleinsten Vögel. Sie sind sehr agil und legen ihre kugeligen Nester aus Moos und Flechten in Wipfeln von Nadelbäumen an. Ihre Stimmen sind so hoch, dass ältere Menschen sie oft nicht mehr hören. S. 138

Seidenschwänze ernähren sich im Sommer nach Schnäpperart hauptsächlich von Insekten, im Winter dagegen von oft bereits vergorenen Beeren, wobei ihre einzigartig vergrößerte Leber beim schnellen Alkoholabbau hilft. Eine weitere Besonderheit sind die roten Siegellackplättchen an den Armschwingen. S. 140

Mauerläufer suchen an Gebirgsfelsen kletternd mit ihrem abwärts gebogenen Schnabel nach Wirbellosen. Die Familie besteht nur aus dieser einzigen bis Ostasien vorkommenden Art. S. 138

Kleiber wirken durch ihre kurzen Schwänze etwas untersetzt. Sie können mit dem Kopf nach unten an Baumstämmen laufen und bauen ihr Nest aus Rindenstückchen in Höhlen, deren Einflugloch mit Lehm auf die eigene Taillenweite verkleinert wird. S. 138

Baumläufer, meisenartige, braun gestreifte Vögel, klettern wie kleine Spechte an Baumstämmen und suchen mit dem gebogenen Schnabel in Rindenspalten nach Wirbellosen. Ihre Nester legen sie hinter abstehender Baumrinde an. S. 138

Zaunkönige lassen sich an der geringen Größe und dem meist gestelzten Schwanz leicht erkennen. Die einzige bei uns vorkommende Art baut ihr kugelförmiges Nest aus alten Blättern mit 4-8 rostfarben gesprenkelten Eiern meist in Bodennähe in dichtem Unterholz. Alle weiteren 82 Arten dieser Familie leben in Amerika. S. 140

Stare unterscheiden sich sofort von den ähnlichen Drosseln durch ihre Kurzschwänzigkeit, die trippelnde statt hüpfende Fortbewegung und ihren sehr abwechslungsreichen, plaudernden, mit Pfiffen und Imitationen durchsetzten Gesang. Sie legen ihre 4-6 weißen Eier in Höhlen und ernähren sich von Wirbellosen, Beeren und Früchten. Besonders außerhalb der Brutzeit treten sie in großen Schwärmen auf, die gemeinsam in Schilf oder Bäumen übernachten. S. 140

Wasseramseln kommen bei uns nur in einer Art vor, deren Silhouette an einen riesigen Zaunkönig erinnert. Sie wohnen an Fließgewässern, wo sie von kleinen Wassertieren leben, legen 4-6 weiße Eier in backofenförmige Moosnester am Ufer und können als einzige Singvögel tauchen. S. 140

Drosseln bilden wiederum eine große Familie von mittelgroßen Arten, die alle recht hochbeinig und großäugig sind, meist am Boden hüpfend nach Wirbellosen suchen, aber auch Beeren und Früchte zu sich nehmen. Die offenen, napf-

Seidenschwanz

Mauerläufer

Kleiber

Waldbaumläufer

Zaunkönig

Star

Wasseramsel

Amsel

Trauerschnäpper

Rotkehlchen

förmigen Halmnester mit 3-8 farbig gemusterten Eiern stehen in Büschen oder Bäumen, das Jugendkleid ist deutlich gefleckt. Bei den meisten Arten lassen sich die Geschlechter nicht unterscheiden. Typisch für Drosseln sind ihre meist lauten und wohltönenden Gesänge. S. 142

Schnäpperverwandte sind eine große, auf die Alte Welt beschränkte Familie und umfassen äußerlich recht verschieden wirkende Gattungen wie den Heckensänger, die Schnäpper, Steinmerlen, Wiesenschmätzer, Erdsänger, Rotschwänze und Steinschmätzer. Die meisten von ihnen sind eher klein, stehen sehr aufrecht und haben sich darauf spezialisiert, von einer Warte aus erspähte Insekten im Flug oder am Boden zu erbeuten. Besonders ausgeprägt ist dies bei den Schnäppern, die in Höhlen oder Halbhöhlen brüten. Einige besonders schön singende Arten, zu denen Nachtigall, Blau- und Rotkehlchen gehören, werden häufig zusammenfassend als Erdsänger bezeichnet, da sie sich meist in Bodennähe in dichter Vegetation aufhalten und dort auch brüten. Die beiden Rotschwänze fallen allein schon durch die Färbung ihrer Steuerfedern auf und sind ebenfalls Höhlen- bzw. Halbhöhlenbrüter. Eine einheitliche Gruppe bilden auch die Steinschmätzer mit ihren weißen Bürzeln, die offenes Gelände bevorzugen. S. 144-149

Braunellen sind so unscheinbar, dass sie leicht für Sperlinge gehalten werden, haben aber feinere Schnäbel. Die 3-6 türkisblauen Eier werden in ein Moosnest in Bodennähe gelegt. Sie sind, im Gegensatz zu fast allen anderen Vogelfamilien, in ihrem Vorkommen auf Eurasien beschränkt. Die meisten Arten leben im Gebirge, die Heckenbraunelle auch im Flachland. S. 150

Sperlinge tragen die kräftigen Schnäbel von Körnerfressern, sind eher unscheinbar gefärbt und fallen auch nicht durch besondere Stimmbegabung auf. Sie legen 3-7 gefleckte Eier in etwas liederlich gebaute Nester in Nischen, einige Arten auch in Nistkästen. Weidensperlinge bauen oft freistehende Nester in regelrechten Kolonien, auch als „Untermieter" in große Storchennester. Meist trifft man die Vögel in Gruppen an, besonders in offener Landschaft mit vielen Grassamen. S. 150

Heckenbraunelle

Haussperling

Wiesenpieper

Stelzenverwandte umfassen die Pieper und Stelzen, sind schlanke, lang gestreckte, hochbeinige Insektenfresser, die oft mit dem langen Schwanz wippen, einen ausgeprägten Wellenflug zeigen und offenes Gelände bevorzugen. Bei den schwer bestimmbaren, unscheinbar braunen Piepern sind die Geschlechter gleich gefärbt. Die meist in Wassernähe anzutreffenden Stelzen sind extrem langschwänzig und auffallend gemustert, ihre Kleider gut unterscheidbar.

Bei beiden Gattungen stehen die Nester mit 4-7 Eiern am Boden, bei Bach- und Gebirgsstelze auch höher in Halbhöhlen. Die verschiedenen Formen der Schafstelzen werden in diesem Buch dem modernen biologischen Artbegriff folgend als eigenständige Arten behandelt, oft aber auch als Unterarten betrachtet. S. 152-155

Bachstelze

Finken zeigen den kegelförmigen Körnerfresserschnabel in den verschiedensten Variationen, winzig beim Girlitz, kurz beim Gimpel, lang beim Stieglitz, gewaltig beim Kernbeißer und gekreuzt bei Kreuzschnäbeln, jeweils in Anpassung an die besondere Art des Nahrungserwerbs. Von Ödland über Gärten bis in Wälder kommen sie überall vor, wo es die entsprechenden Sämereien gibt. Bei den meisten Arten lassen sich die Geschlechter unterscheiden, oft tragen die Männchen trillernde Gesänge vor, teilweise im Flug. Die offenen Halmnester mit 3-6 gefleckten Eiern stehen in Büschen oder Bäumen. Bei der Bestimmung im Flug liefern Flügel- und Schwanzmuster eindeutige Merkmale (s. vordere innere Umschlagseite). Die meisten Arten sind auch im Winter bei uns zu beobachten, teilweise auch am Futterhaus. Der Fichtenkreuzschnabel brütet als einziger heimischer Vogel sogar im Winter. S. 156-161

Buchfink

Ammernverwandte ernähren sich gleichfalls vorwiegend von Sämereien, haben also Körnerfresserschnäbel, bewohnen aber fast ausschließlich offenes Gelände, wo sie ihre 3-6 mit Schnörkeln verzierten Eier in Bodennestern verstecken. Weibchen sind meist brauner als die oft von erhöhten Warten aus etwas melancholisch oder monoton singenden Männchen, die sich allein anhand der Kopf- und Brustfärbung auf Anhieb unterscheiden lassen. S. 162

Goldammer

HINWEISE ZUM BESTIMMUNGSTEIL

FARBTAFELN

Sieht man einen zunächst unbekannten Vogel, wird man meist versuchen, allein durch Blättern in den Farbtafeln eine Abbildung zu entdecken, die ihm am ähnlichsten sieht. Wenn man sich zuvor mit den allgemeinen Merkmalen der Ordnungen und Familien vertraut gemacht hat (ab S. 11) oder bereits etwas Erfahrung in der Vogelbestimmung besitzt, kann man etwas gezielter suchen. Dann kann auch die Übersicht der Familien auf den inneren Umschlagklappen (vorne für die Nicht-Sperlingsvögel, hinten für die Sperlingsvögel), jeweils unterlegt mit den über jeder Textseite stehenden Farbbalken, beim schnellen Auffinden helfen.

Die Arten sind in systematischer Reihenfolge behandelt, doch wurden in einigen Fällen zwar nicht näher verwandte, aber einander dennoch ähnelnde Familien oder Arten nebeneinander gestellt, um eine bessere Vergleichbarkeit zu ermöglichen.

Die Tafeln zeigen die Vögel in den bei uns am häufigsten zu sehenden Kleidern. Sofern sich Geschlechts- oder Altersunterschiede erkennen lassen, sind diese dargestellt und genauer bezeichnet. Dabei wurden folgende Abkürzungen benutzt:

♂	Männchen
♀	Weibchen
PK	Prachtkleid
SK	Schlichtkleid
AK	Alterskleid
JK	Jugendkleid
1. W	erstes Winterkleid
1. S	erstes Sommerkleid
2. W	zweites Winterkleid usw.

Ausführliche Erläuterungen zu den verschiedenen Kleidern der Vögel finden sich auf S. 9-10. Dieselben Abkürzungen wurden natürlich auch im Textteil benutzt. Sofern an einer Zeichnung keine Alters-, Kleider- oder Geschlechtsangabe steht, ist eine genauere Unterscheidung im Freiland auch nicht möglich. Ebenso sind diese Angaben entfallen, wenn sie selbstverständlich sind, also z.B. beim Alterskleid, wenn daneben ein als solches auch bezeichnetes Jugendkleid abgebildet ist.

Bei vielen Arten wurde zudem versucht, im **Hintergrund** den für die Bestimmung oft hilfreichen typischen Lebensraum anzudeuten.

Hinweisstriche machen auf unbedingt zu beachtende Merkmale im Vergleich zu ähnlichen Arten aufmerksam und erleichtern es, die wichtigsten Kennzeichen rasch zu erfassen. Bei sofort ins Auge springenden Merkmalen und unverwechselbaren Arten wurde oft auf diese Hinweisstriche verzichtet, um die Schönheit der Vögel nicht zu beeinträchtigen.

Unter jeder Abbildung steht eine **Zahl**, die zum die jeweilige Vogelart betreffenden Text auf der gegenüberliegenden Seite führt.

TEXT

Im Text findet sich hinter der **Abbildungsnummer** dann der **deutsche Name** der betreffenden Vogelart.

Mit **G** abgekürzt wurde die Angabe zur **Größe** des Vogels. Sie wird von der Schnabel- bis zur Schwanzspitze gemessen (wobei extrem verlängerte mittlere Steuerfedern einzelner Arten nicht berücksichtigt wurden). Bei größeren Arten, die auch häufiger im Flug zu sehen sind, ist zusätzlich die mit **Sp** abgekürzte **Flügelspannweite** angegeben. Grundsätzlich sollte man mit Größenangaben bei der Vogelbestimmung sehr vorsichtig umgehen. Einerseits gibt es eine erhebliche Variation und sind die Geschlechter oft unterschiedlich groß, andererseits ist es ohne direkten Vergleich kaum möglich, die tatsächliche Größe eines Vogels einzuschätzen. Einige Vergleichswerte für häufigere Arten sind unter den Silhouetten auf der vorderen inneren Umschlagklappe aufgelistet.

Für jede in Europa brütende Art ist eine kleine **Verbreitungskarte** beigefügt. Während der Brutzeit erlaubt sie eine Einschätzung der Wahrscheinlichkeit, eine Vogelart in einer bestimmten Region überhaupt anzutreffen. Von den nur im Norden brütenden Arten erscheinen sehr viele während der Zugzeiten oder auch als Wintergäste südlich der eingezeichneten Verbreitung in weiten Teilen Europas. Weitere Angaben zu Vorkommen und Verbreitung finden sich in den beiden letzten Abschnitten der Arttexte.

Die erste Zeile des Textblocks beginnt mit dem kursiv gedruckten **wissenschaftlichen Namen**, der einerseits etwas über die Gattungszugehörigkeit und damit Verwandtschaft der betroffenen Vogelart aussagt, andererseits der internationalen Verständigung dient.

Der Buchstabe **K** leitet die Angaben zu den **Kennzeichen** ein. Sie beginnen meist mit den in allen Kleidern gültigen Grundmerkmalen der Gestalt, Färbung oder des Vorkommens. Daran schließen sich, sofern unterscheidbar, Angaben zu den einzelnen Kleidern an. Manchmal stehen am Schluss noch Informationen zur Flugweise oder zu typischem Verhalten. Auch manche auf den ersten Blick nicht verständliche Hinweisstriche auf den Tafeln finden hier ihre Erläuterung. Natürlich gibt es häufig noch sehr viel mehr Kennzeichen, aber die hier erwähnten reichen in jedem Fall zur sicheren Bestimmung aus und sollten nach Möglichkeit auch alle am beobachteten Vogel gesehen werden. Viele weitere Unterscheidungsmerkmale lassen sich bei eingehender Betrachtung und Vergleich der auch im Detail sehr genauen Zeichnungen meist unschwer selbst entdecken.

Ein **S** leitet die Informationen zur **Stimme** ein. Bei Arten, deren Gesang bei uns zu hören ist, wird dieser zuerst beschrieben, durch ein Semikolon getrennt von den nachfolgenden Angaben zu den meist ganzjährig zu hörenden Rufen. Bei Gästen und Durchzüglern sind oft nur die auch außerhalb der Brutzeit geäußerten Rufe beschrieben. Auch wenn die Buchstabenfolgen oft kaum verständlich erscheinen, bekommt man doch eine ungefähre Vorstellung vom Klang der tatsächlichen Vogelstimmen, wenn man sie im Flüsterton vorliest. Für die häufigsten Arten Mitteleuropas sind die Lautäußerungen am Schluss des Buchs noch einmal ausführlicher in einem **Bestimmungsschlüssel** dargestellt und sollten dort nachgelesen werden (S. 166-182).

Die durch **L** gekennzeichneten Angaben betreffen den **Lebensraum**. Sofern dort mehrere Angaben stehen, beziehen sich die ersten auf den Brutplatz, die letzten auf die Zugzeit oder den Winter. Grundsätzlich können viele Zugvögel im Frühjahr und Herbst aber zumindest kurzzeitig in nahezu jedem Lebensraum rastend angetroffen werden. Bei vielen Arten ist hier zusätzlich angegeben, in welcher Region Europas oder der Erde sie beheimatet sind.

Die letzten, mit **V** gekennzeichneten Informationen betreffen das **Vorkommen**. Der durch einen bis vier Kennbuchstaben dargestellte Status bezieht sich ausschließlich auf Deutschland. In fast allen Fällen gilt er aber auch für Österreich und die Schweiz, wobei manchmal für diese Länder ergänzende Angaben enthalten sind. Die Kenn-

buchstaben, fast immer in Kombination benutzt, bedeuten:

B weit verbreiteter Brutvogel, der in geeigneten Lebensräumen fast überall zu finden ist

b seltener oder lokaler Brutvogel, entweder nur in bestimmten, dann auch angegebenen Regionen oder auf seltene Lebensraumtypen beschränkt

Z Zugvogel bzw. häufiger Durchzügler

z seltener Zugvogel oder Durchzügler in geringer Zahl oder nur in bestimmten Regionen

W häufiger Wintergast in geeigneten Lebensräumen

w seltener Wintergast oder Überwinterer, oft nur in bestimmten Regionen

J Jahresvogel, der ganzjährig im passenden Lebensraum gesehen werden kann

j allgemein seltener oder auf bestimmte Regionen beschränkter Jahresvogel

A Ausnahmeerscheinung, die nicht alljährlich und nur in sehr geringer Zahl aus oft weit entfernten Regionen in Deutschland erscheint

- seit 1950 in Deutschland nicht nachgewiesen

Bei Zugvögeln ist durch die Zahlenabkürzung der **Monate (1-12)** der Zeitraum angegeben, in dem sie normalerweise in Mitteleuropa zu sehen sind. Dabei kann es zwischen dem Norden und Süden der Region durchaus Verschiebungen von mehreren Wochen geben, wie auch immer wieder einzelne Vögel schon extrem früh zurückkehren, stark verspätet abziehen oder gar den Versuch einer Überwinterung wagen.

Zur sicheren Vogelbestimmung sollte man alle Angaben miteinander vergleichen. Wenn viele Details nicht mit dem beobachteten Vogel übereinstimmen, hat man wahrscheinlich einen Fehler gemacht und sollte versuchen, eine besser passende Beschreibung und Abbildung zu finden. Es geschieht aber immer wieder, dass man zu keinem eindeutigen Ergebnis kommen kann, meist allein schon, weil der Vogel aus den Augen verloren wurde, bevor er alle nötigen Merkmale gezeigt hat. Vögel sind nun einmal keine Blumen, Sterne oder Muscheln, die sich beliebig lange betrachten lassen, sondern sehr mobile, quicklebendige und häufig leider ziemlich scheue Wesen. Da es aber besser ist, etwas nicht zu bestimmen, als ihm einen falschen Namen zu geben, wird die Antwort auf die Frage „Was fliegt denn da?" besonders am Anfang häufig lauten: „Ich weiß es nicht ..."

ENTENVERWANDTE

1 Höckerschwan **G** 150 cm, Sp 220 cm

Cygnus olor **K** Bekanntester Schwan, auch auf vielen Parkgewässern. Groß, weiß, Schnabel rot mit schwarzem Zügel und Höcker, im Schwimmen Flügel oft angehoben und Hals s-förmig gehalten. Vom JK bis zum 1. S meist braungrau, Schnabel blasser und ohne Höcker, manche aber schon als Küken ganz weiß. **S** Meist stumm, manchmal leises Schnarchen, im Flug laut wummerndes Flügelgeräusch. **L** Gewässer aller Art, Nahrungssuche in Trupps auf Wiesen und Feldern. **V** BJZW.

2 Singschwan **G** 150 cm, Sp 230 cm

Cygnus cygnus **K** Im Gegensatz zu 1 Schnabel schwarz mit großem, gelbem Keil, Zügel immer hell. Hals wird im Schwimmen meist gerade gehalten, Schwanz kürzer. Schnabelmuster im grauen JK bereits angedeutet. **S** Nasal trompetend „hup-hup-hup", aber kein lautes Flügelwummern. **L** Hauptsächlich Gewässer in Nordeuropa, im Winter Wiesen und Felder. **V** b (Ostdeutschland), ZW 10-4, überwiegend norddeutsche Flussniederungen, aber auch Bodensee.

3 Zwergschwan **G** 125 cm, Sp 195 cm

Cygnus bewickii **K** Kleinster Schwan, sehr ähnlich 2, doch deutlich kleiner mit kleinerem, stumpfer endendem gelbem Schnabelfleck, kürzerem Hals, runderem Kopf und etwas gänseähnlicher Gestalt. Im 1. W Schnabel oft rötlich getönt. **S** Ruft höher als 2 „guhg", „hög-hög". **L** Brütet an Gewässern in der russischen Tundra, im Winter Feuchtwiesen. **V** zw 10-4, hauptsächlich Norddeutschland, seltener als 2.

4 Schwarzschwan **G** 130 cm, Sp 180 cm

Cygnus atratus **K** Unverkennbar, groß, schwarz, Schnabel rot mit heller Binde, im Flug breit weißer Flügelstreif. **S** Musikalisches Trompeten. **L** Teiche. **V** bj; australische Art, in Europa an vielen Stellen eingeführt und meist auf Parkgewässern, aber gelegentlich auch in Freiheit brütend.

5 Saatgans **G** 75 cm, Sp 160 cm

Anser fabalis **K** Dunkel graubraun, Beine orange, bei der nordrussischen Unterart *rossicus* (Tundrasaatgans) Binde des schwarzen Schnabels schmal orange. Seltene größere Unterart *fabalis* (Waldsaatgans) größer, langhalsiger, mit eher keilförmig als rund wirkendem Kopfprofil, auf kräftigerem Schnabel mehr Orange. **S** Fagottartig „ahng" und höher „ajajak", eher ruffaul. **L** Tundra und Taiga Nordost-Europas und Asiens, im Winter Trupps auf Gewässern, Feldern und Wiesen. **V** ZW 9-4.

6 Kurzschnabelgans **G** 70 cm, Sp 150 cm

Anser brachyrhynchus **K** Sehr ähnlich der Unterart *rossicus* von 5, aber kleiner, Schnabelbinde und Beine rosa, Oberseite wirkt überfroren silbergrau, Große Armdecken heller als dunkle Hinterflanke (bei 5 beides dunkel), im Flug mehr Weiß im Schwanz als 5, Vorderflügel aufgehellt. **S** Hoch „uink-uink", ruffreudig. **L** Brütet auf Island und Spitzbergen, im Winter küstennahe Wiesen der Niederlande und Belgiens. **V** z 10-3, fast nur Nordseeküste.

7 Zwerggans **G** 60 cm, Sp 130 cm

Anser erythropus **K** Ähnlich 8, aber deutlich kleiner, Weiß reicht weiter auf Stirn, gelber Lidring (schon im JK), kleiner rosa Schnabel, Flügel überragen Schwanzspitze weit. **S** Sehr hoch „küjü". **L** Extrem seltener Brutvogel Lapplands, im Winter Gewässer, Wiesen in Südost-Europa. **V** A, doch erscheinen neuerdings regelmäßig Vögel aus einem skandinavischen Aussetzungsprogramm, meist mit farbigen Ringen an den Beinen, besonders in Nordwestdeutschland.

8 Blässgans **G** 70 cm, Sp 150 cm

Anser albifrons **K** Mittelgroße, kompakte Gans, Beine orange, Schnabel rosa ohne Schwarz, Altvögel durch weiße Stirn und schwarze Bauchbänderung unverkennbar. Weiße Stirn der Jungvögel erscheint im 1. W, Nagel an Schnabelspitze dann noch dunkel. Bei größerer, dunklerer grönländischer Unterart *flavirostris* (überwintert in Irland und Schottland) Schnabel orange. **S** Musikalisch „kju-ju", auch „ki-lik". **L** Brütet in sibirischer Tundra westwärts bis zur Halbinsel Kanin, im Winter Gewässer, Wiesen. **V** ZW 10-4.

9 Graugans **G** 80 cm, Sp 165 cm

Anser anser **K** Größte Gans, hell grau, Beine rosa, Schnabel orange ohne Schwarz. Einzige Gans, bei der im Flug Ober- und Unterflügel deutlich zweifarbig sind, vorne silbergrau und hinten schwärzlich. Bei der Unterart *rubrirostris* (ab dem österreichischen Neusiedlersee ostwärts, aber ausgesetzt auch in Deutschland) Schnabel rosa. Vielerorts ausgesetzt und verwildert. Stammform der Hausgans. **S** Ruft wie Hausgans, etwas ordinär „gahng-angang". **L** Gewässer, Feuchtgebiete, Wiesen, Felder. **V** BJZW, einzige auch in weiten Teilen Mitteleuropas brütende graue Gans.

1. W

1. W

1. W

1

3

1. W

2

1. W

4

rossicus *fabalis*

5

1. W

7

6

rubrirostris

9

flavirostris

1. W

8

1 Streifengans   G 75 cm, Sp 150 cm
Anser indicus K Überwiegend hell grau, weißer Kopf mit zwei dunklen Nackenbinden (im JK noch fehlend), Hinterhals mit dunklem Längsstreif, Beine und Schnabel orange. L Brutvogel mittelasiatischer Gebirgsseen, überwintert in Nordindien. V j, Zooflüchtling, gelegentlich in Freiheit brütend und im Winter in Trupps anderer Gänse.

2 Schneegans   G 70 cm, Sp 150 cm
Anser caerulescens K Ganz weiß mit schwarzen Schwungfedern (diese fehlen Hausgänsen meist), Schnabel und Beine rosa; seltene dunkle Morphe grau mit weißem Kopf. S Schrill „kiäh". L Nordamerikanische Art, in Europa nur ausnahmsweise; Gewässer, Wiesen. V bj, Gefangenschaftsflüchtlinge, auch in Freiheit brütend.

3 Rothalsgans   G 55 cm, Sp 120 cm
Branta ruficollis K Unverkennbar durch kastanienbraune Kopf-, Hals- und Brustfärbung, breit weißen Flankenstreif (besonders aus der Entfernung und im Flug bestes Merkmal), kleinen, markant gemusterten Kopf auf dickem Hals. S Schrill „kiak". L Brütet in arktischer Tundra auf Taimyr, überwintert am westlichen Schwarzen Meer. V A und Zooflüchtling, manchmal in Trupps anderer Gänse versteckt.

4 Kanadagans   G 95 cm, Sp 175 cm

Branta canadensis K Groß, graubraun, Kopf und Hals schwarz mit weißem Kinnfeld. Die gelegentlich entfliegende **Zwergkanadagans** *Branta hutchinsii* ist genauso gefärbt, aber klein wie 6. S Gellend „ah-hong" und schnarchend „hrro". L Eigentlich Gewässer Nordamerikas, in Europa vielerorts ausgesetzt. V BJW, im Winter viele skandinavische Gäste an der Ostseeküste, Brutvorkommen überwiegend im Süden Deutschlands.

5 Ringelgans   G 60 cm, Sp 120 cm
Branta bernicla K Meist in großen Trupps; klein, schwarzweiß, weißer Halsring. Drei Unterarten, *bernicla* (Russland) mit dunklem Bauch, *hrota* (Grönland) mit hellem, bei *nigricans* (Ostsibirien, Nordwest-Amerika) Bauch fast schwarz, weißer Hals- und Flankenfleck größer. S Gedämpft „rrott". L Brütet an arktischen Küsten, überwintert an Küsten Nordwest-Europas. V ZW 9-5, Küsten, nahezu ausschließlich Unterart *bernicla*.

6 Weißwangengans   G 65 cm, Sp, 140 cm
Branta leucopsis K Schwarzweiß, weißer Kopf mit schwarzem Scheitel, Bauch weiß, Oberseite hellgrau und schwärzlich gebändert. S Bellend „kak". L Brütet in Grönland, Spitzbergen und Nowaja Semlja, inzwischen auch Südschweden, im Winter Wiesen in Küstennähe. V b (selten Schleswig-Holstein), ZW 10-5, fast nur an Küsten.

7 Nilgans   G 70 cm, Sp 145 cm

Alopochen aegyptiaca K Schmutzig grau- bis zimtbraun, dunkler Augenfleck, Schnabel und Beine rosa. S Heiser fauchend sowie lachend „ankhähä". L Afrikanische Art, in Europa besonders im Westen eingebürgert und häufig an Flüssen, Seen und Parkteichen. V BJ, stark zunehmend.

8 Brandgans   G 65 cm, Sp 120 cm
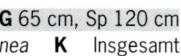
Tadorna tadorna K Häufige Halbgans an Küsten; flaschengrüner Kopf, zimtbraunes Brustband, roter Schnabel bei ♂ mit Höcker; Jungvögel weißlich, oberseits schmutzig braun. S Pfeifende Balzlaute und gackernd „gägägägä". L Brütet an Küsten, gern in Kaninchenhöhlen, lokal auch in Flussniederungen und an Seen. V BJZ, besonders häufig im Watt, selten im Binnenland.

9 Rostgans   G 65 cm, Sp 120 cm

Tadorna ferruginea K Insgesamt zimtbraun, Kopf heller, ♂ im PK mit schwarzem Halsring. S Hupend „gagag" und dumpf „aauh". L Brütet selten an Seen und Küsten Südost-Europas, in Mitteleuropa regelmäßiger Gefangenschaftsflüchtling. V bj; entflogene Vögel bei uns inzwischen fest eingebürgert.

10 Weißkopf-Ruderente G 45 cm, Sp 65 cm
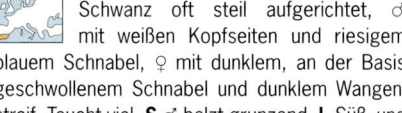
Oxyura leucocephala K Kupferbraun, Schwanz oft steil aufgerichtet, ♂ mit weißen Kopfseiten und riesigem blauem Schnabel, ♀ mit dunklem, an der Basis geschwollenem Schnabel und dunklem Wangenstreif. Taucht viel. S ♂ balzt grunzend. L Süß- und Brackwasserseen in Südeuropa, sehr selten. V A, wohl meist Gefangenschaftsflüchtlinge.

11 Schwarzkopf-Ruderente

G 40 cm, Sp 58 cm *Oxyura jamaicensis* K Ähnlich 10, aber etwas kleiner, Schnabel schlanker und mit konkavem First, weiße Unterschwanzdecken, ♂ mit mehr Schwarz am Kopf, ♀ mit schwächerem Wangenstreif auf gelblichem statt weißem Grund. S ♂ erzeugt trommelnde Balzlaute. L Nordamerikanische Art, in Europa besonders auf den Britischen Inseln stellenweise eingebürgert, hybridisiert mit 10. V bj.

JK

1

2

3

bernicla

1. W

5

hrota

nigricans

4

6

7

♂   ♀

JK

8

♀/SK/JK

♂

9

11

♀

10

♂

♂

♀

1 Brautente G 47 cm, Sp 70 cm

Aix sponsa **K** ♂ bunt und unverkennbar, ♀ ähnlich 2, aber dunkler braungrau, weißer Augenfleck größer, Schnabelbasis stark konkav, Unterflügel marmoriert. **L** Nordamerikanische Art, brütet in Baumhöhlen, in Europa stellenweise eingebürgert. **V** bj, mancherorts auf Wald- und Parkteichen.

2 Mandarinente G 45 cm, Sp 70 cm

Aix galericulata **K** ♂ sehr bunt, mit von den Schirmfedern gebildetem orangenem „Segel", ♀ graubraun, gefleckte Flanken, „Lidstrich" hinter schmal weiß umrandetem Auge, Schnabelbasis eher gerade, Unterflügel einfarbig dunkel. **L** Brütet in Baumhöhlen an ostasiatischen Gewässern, in Europa vielerorts eingebürgert. **V** bj besonders an Parkteichen.

3 Marmelente G 40 cm, Sp 66 cm

Marmaronetta angustirostris **K** Klein, unscheinbar, blass braunes Gefieder weißlich marmoriert, dunkle Augenmaske, dünner Hals, angedeuteter Schopf, Armschwingen aufgehellt, ♂ und ♀ identisch gefärbt; taucht auch. **L** Stark bewachsene Teiche in Südspanien, sehr selten. **V** -.

4 Schnatterente G 50 cm, Sp 90 cm

Anas strepera **K** Mittelgroß und eher unscheinbar, Spiegel weiß, ♂ grau meliert mit schwarzem „Heck" und grauem Schnabel, ♀ kleiner als 7, weißer Bauch. **S** Hölzern „errp". **L** Bewachsene Teiche, Seen. **V** BZw.

5 Pfeifente G 48 cm, Sp 80 cm

Anas penelope **K** Mittelgroß mit rundem Kopf und kurzem Hals, Spiegel schwarzgrün, Vorderflügel hell, Schnabel grau, Bauch weiß. Kopf des ♂ fuchsbraun mit gelber Stirn. Grast viel an Land. **S** Pfeifend „wi-u". **L** Brutvogel Nordeuropas, im Winter Küsten, Seen, überschwemmte Wiesen. **V** bZW, oft in großen Trupps, überwiegend Küsten.

6 Kanadapfeifente G 50 cm, Sp 82 cm

Anas americana **K** Nordamerikanische Vertreterin von 5, Kopf beim ♂ grau meliert mit grüner Maske, Körper verwaschen rosa, ♀ von 5 nur durch weiße statt graue Achselfedern unterschieden. **L** Manchmal in Trupps von 5 versteckt. **V** A aus Nordamerika, auch Gefangenschaftsflüchtlinge.

7 Stockente G 56 cm, Sp 95 cm

Anas platyrhynchos **K** Häufigste, bekannteste und größte Ente, Spiegel blau. Flaschengrüner Kopf des ♂ durch weißen Halsring von brauner Brust getrennt,

Körper überwiegend silbrig grau. ♀ braun mit schwarzbrauner Musterung, Schnabel mit unregelmäßigen orangegelben Seitenflecken, deutliches Kopfmuster mit dunklem Scheitel, hellem Überaugen- und dunklem Augenstreif, Bauch bräunlich. ♂ im SK mit weibchenfarbenem Gefieder, aber an Schnabelfärbung erkennbar. Durch Kreuzung mit Hausenten und Zuchtformen oft Farbabweichungen. **S** ♂ balzt „piu" und ruft weich „rhääb", ♀ ruft abfallend „rhääb-rhääb-rääb-räb". **L** Gewässer aller Art. **V** BJZW.

8 Löffelente G 50 cm, Sp 78 cm

Anas clypeata **K** Wirkt durch kurzen Hals und sehr langen, an der Spitze löffelartig verbreiterten Schnabel vorderlastig, Spiegel grün, Vorderflügel blaugrau. ♂ durch grünen Kopf, weiße Brust und orangebraune Flanken unverwechselbar, ♀ am besten an der Gestalt bestimmbar. **S** Nasal „wek-ek". **L** Brütet an flachen, nährstoffreichen Gewässern mit viel Vegetation, ziehend auch auf tieferen Seen und Überschwemmungsflächen. **V** BZ 3-11.

9 Spießente G ♂ 70 cm, ♀ 55 cm, Sp 90 cm

Anas acuta **K** Durch elegante Gestalt mit eher kleinem Kopf auf sehr schlankem, langem Hals und langen Schwanz gekennzeichnet, Spiegel düster braungrün mit breit weißem Hinterrand, Schnabel grau. ♂ mit markantem braun-weißem Kopfmuster. ♀ schlanker als 7, Schwanz deutlich zugespitzt, Kopf einfarbig. **S** Weich „krü". **L** Brütet hauptsächlich an flachen Gewässern im Nordosten, ziehend und im Winter oft auf Überschwemmungsflächen und Seen. **V** bZw.

10 Knäkente G 40 cm, Sp 62 cm

Anas querquedula **K** Klein, matt grüner Spiegel mit breit weißem Hinterrand, Vorderflügel hell. ♂ mit typischem Kopfmuster und grauen Flanken, Vorderflügel silbergrau. ♀ mit deutlicherem Kopfmuster als 7 (und 11), Kehle hell. **S** Hölzern „krrrrk". **L** Teiche, Seen, Gräben, Feuchtwiesen. **V** BZ 3-9.

11 Krickente G 35 cm, Sp 60 cm

Anas crecca **K** Sehr kleine, häufige Ente, Spiegel glänzend grün mit breiter weißer vorderer Begrenzung. ♂ durch Kopfmuster und schwarz eingerahmte gelbliche Steißseiten unverwechselbar. ♀ ähnlich 10, aber mit weißem Heckstrich, längerem Schnabel und ungemustertem Kopf. **S** Hell „krick". **L** Gewässer aller Art. **V** BJZW.

1 Kolbenente   G 55 cm, Sp 85 cm

Netta rufina K Sehr große Tauchente mit kräftigem Körper, rundem Kopf und breitem weißem Flügelstreif. ♂ ähnlich 2, aber steilstirniger Kopf fuchsbraun, Schnabel rot, Flanken weiß. ♀ hat helle Kopfseiten und grauen Schnabel mit roter Binde. Taucht nicht nur, sondern gründelt auch viel nach Armleuchteralgen. S ♂ ruft selten niesend „gick". L Vegetationsreiche Gewässer überwiegend im Süden. V bz 3-11.

2 Tafelente   G 45 cm, Sp 78 cm

Aythya ferina K Typisches Kopfprofil mit in flache Stirn übergehendem langem, leicht konkavem grauem Schnabel, Flügelstreif verwaschen grau. Beim ♂ Kopf mahagonibraun, Körper überwiegend grau, ♀ insgesamt einfarbig graubraun und unscheinbar. S Meist stumm, ♂ ruft dünn pfeifend „pi pi". L Brütet an nährstoffreichen Binnengewässern, im Winter Gewässer aller Art. V BJZW, recht häufig.

3 Reiherente   G 43 cm, Sp 70 cm

Aythya fuligula K Häufigste Tauchente, kompakt, Schopf am Hinterkopf (wie ein Reiher), deutlicher weißer Flügelstreif. Schwarzweißes ♂ unverkennbar. ♀ recht einfarbig dunkelbraun mit kurzem Schopf, manchmal auch weißen Unterschwanzdecken (vgl. 4) oder viel Weiß am Schnabelgrund (vgl. 5). S ♂ balzt bibbernd „pijibibib", ♀ warnt schnarrend „kerr". L Zur Brutzeit wie im Winter Gewässer aller Art. V BJZW.

4 Moorente   G 40 cm, Sp 65 cm

Aythya nyroca K Insgesamt mahagonibraun mit weißen Unterschwanzdecken, weißer Flügelstreif sehr markant. ♂ mit weißer, ♀ mit dunkler Iris. Etwas matter kastanienbraunes ♀ ähnlich manchen ♀ von 3, aber kein Schopf, Schnabel länger. L Vegetationsreiche Teiche in Süd- und Südost-Europa. V bz, sehr selten, oft aus Gefangenschaft stammend.

5 Bergente   G 46 cm, Sp 78 cm

Aythya marila K Mittelgroß mit gerundetem Kopf ohne Schopf, Oberseite immer meliert, Flügelstreif breit weiß. ♂ schwarzweiß mit grauem Rücken. ♀ ähnlich 3, aber viel Weiß am Schnabelgrund, Oberseite und Flanken meist leicht grau meliert. Regelmäßig auftretende Hybriden zwischen 2 und 3 sehen oft ähnlich aus, sind aber kleiner mit angedeutetem Schopf. L Nordeuropäischer Brutvogel an Küsten und Seen, im Winter bevorzugt in großen Trupps

küstennah auf dem Meer. V bzW 9-4, vorwiegend Küsten.

6 Ringschnabelente   G 41 cm, Sp 68 cm

Aythya collaris K Ähnlich 3, aber nur spitzer Hinterkopf statt Schopf, Schnabel mit weißer Binde vor Spitze und an Basis, Flügelstreif grau. ♂ mit weißem Band vor grauen (statt weißen) Flanken. ♀ an Form und Musterung von Kopf und Schnabel erkennbar. L Ausnahmeerscheinung aus Nordamerika, manchmal einzeln in Trupps anderer Tauchenten. V A.

7 Eiderente   G 60 cm, Sp 100 cm

Somateria mollissima K Häufigste Meeresente, sehr groß mit keilförmigem Kopfprofil. ♂ unverkennbar, unausgefärbte ♂ und ♂ im SK schwarzweiß gescheckt, ♀ ähnlich großem Stockenten-♀ gefärbt, Gefieder auffallend quergewellt und hoher Schnabel mit heller Spitze. S ♂ balzt „a-haua", ♀ ruft stotternd „kokokok". L Meeresküsten. V BJZW, selten im Binnenland.

8 Prachteiderente   G 58 cm, Sp 90 cm

Somateria spectabilis K Kleiner als 7, ♂ durch orangefarbenen Schnabelhöcker unverkennbar. ♀ ähnlich 7, aber Gefieder mit u-förmigen Markierungen, Schnabelbefiederung weit ins Nasenloch endend, hochgezogener Schnabelwinkel wirkt lächelnd, Nagel dunkel. L Brütet in arktischer Tundra, im Winter auf dem Meer. V A.

9 Scheckente   G 45 cm, Sp 75 cm

Polysticta stelleri K ♂ mit rostfarbenem Bauch und weißem Kopf. ♀ durch violetten, weiß begrenzten Spiegel ähnlich kleinem, dunklem Stockenten-♀, taucht aber auch und hat rechteckigen Kopf mit wie angeklebt wirkendem, grauem, unbefiedertem Schnabel und lange Schirmfedern. L Brutvogel der arktischen Tundra, im Winter auf dem Meer, gern an Felsküsten. V A, besonders Ostsee.

10 Eisente   G ♂ 58 cm, ♀ 40 cm, Sp 75 cm

Clangula hyemalis K Klein, rundköpfig und kurzschnäbelig, Bauch stets weiß und Brust dunkel, Gefieder wegen komplizierter Mauser und drei Kleidern im Jahr sonst jedoch sehr vielfältig. ♂ mit rosa Schnabelbinde (erscheint schon in 1. W) und langem Schwanzspieß. ♀ am Kopfmuster erkennbar. S Stimmfreudig, ♂ balzen schon im Winter melancholisch „a-ou-li". L Brütet hauptsächlich in nordeuropäischer Tundra, überwintert auf dem Meer. V W 10-4, hauptsächlich Ostsee, selten auf größeren Seen im Binnenland.

♂ SK

♂

♀

1

♂

♀

2

♂

♂

Hybrid 2 x 3

♂

♀

3

♀

4

♂

♀

♂

♀

5

♂

♀

6

7 ♀

8 ♀

♂

8

♀

♂

7

♂ SK

♀ SK

♂

9

♀

♂ PK

♀ PK

10

♂ 1. W

♂ Sommer

1 Trauerente   G 50 cm, Sp 80 cm

Melanitta nigra **K** Insgesamt düstere Meeresente ohne markante Abzeichen, dunkle Flügel zeichnungslos. ♂ ganz schwarz, nur Schnabelfirst gelb. ♀ schwarzbraun, nur Kopfseiten weißlich (vgl. Kolbenente). Bei unausgefärbten Vögeln Bauch noch hell. **S** Männchen balzt pfeifend „pjü", auch im Flug. **L** Brütet in Nordost-Europa, überwintert vor der Ost-, Nordsee- und Atlantikküste. **V** W 9-5, hauptsächlich Küste, selten auf Binnengewässern.

2 Brillenente   G 52 cm, Sp 85
Melanitta perspicillata **K** Ähnlich 1 mit einfarbig dunklen Flügeln, aber etwas größer und mit roten statt schwärzlichen Beinen. ♂ mit einmaligem Schnabel-, Kopf- und Nackenmuster. Kopfmuster des ♀ erinnert an 3, doch Schnabel mächtiger, oft heller Fleck auf Hinterhals, Flügel ohne Weiß. **L** Ausnahmeerscheinung aus Nordamerika, versteckt sich gelegentlich in Trupps von 1. **V** A.

3 Samtente   G 55 cm, Sp 88 cm

Melanitta fusca **K** Ähnlich dunkel wie 1, aber größer und mit oft auch im Schwimmen erkennbarem weißem Flügelspiegel. ♂ mit Gelb auf Schnabelseiten und weißem Fleck unter Auge. ♀ trägt zwei helle Kopfflecken. **L** Nordost-europäischer Brutvogel, im Winter küstennah vor Ost-, Nordsee und Atlantik. **V** W 9-5, hauptsächlich Küste, kleine Gruppen selten auf größeren Binnengewässern.

4 Kragenente   G 42 cm, Sp 65 cm

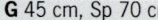
Histrionicus histrionicus **K** Klein mit rundem Kopf, kurzem Schnabel und keilförmigem Schwanz, Flügel dunkel, taucht in stärkster Brandung. ♂ unverkennbar harlekinartig bunt gemustert, wirkt aus der Entfernung aber nur dunkel mit weißen Streifen. ♀ düster braun mit drei charakteristisch verteilten hellen Kopfflecken (vgl. das größere ♀ von 3). **L** In Europa nur auf Island, sonst in Nordamerika an reißenden, steinigen Flüssen, im Winter an Felsküsten; zieht nicht. **V** -.

5 Schellente   G 45 cm, Sp 70 cm

Bucephala clangula **K** Kompakte Ente mit typischem dreieckigem Kopf auf kurzem Hals, im Flug viel Weiß auf dem Armflügel; meist nur in kleinen Trupps, bleibt länger unter Wasser als Tauchenten. ♂ Kopf grünlich schimmernd schwarz mit weißem Zügelfleck, Brust und Flanken weiß. ♀ Kopf braun, weißer Halsring, grauer Körper. **S** Im Flug durch Hand-

schwingen erzeugtes klingelndes Flügelgeräusch, besonders bei ♂ im PK (Name!); ♂ balzt auch im Winter mit zurückgeworfenem Kopf niesend „birtsch". **L** Höhlenbrüter an baumumstandenen Gewässern im Nordosten, im Winter Seen, Flüsse, Meer **V** bZW.

6 Spatelente   G 47 cm, Sp 72 cm

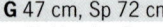
Bucephala islandica **K** Vertritt 5 auf Island, dieser extrem ähnlich, aber etwas größer, Kopf länger und mit noch steilerer Stirn. ♂ hat großen weißen Halbmond vor dem Auge, violett schimmernden schwarzen Kopf und mehr Schwarz auf Oberseite (junge ♂ von 5 sind oft ähnlich gefärbt!). ♀ kaum von 5 unterscheidbar. **S** Flügelgeräusch wie 5; ♂ balzt stotternd „wa-wa-wa". **L** In Europa ganzjährig nur an Flüssen und Seen in der Lavaregion auf Island, sonst in Nordamerika. **V** -.

7 Zwergsäger   G 42 cm, Sp 60 cm

Mergellus albellus **K** Kleinster Säger, eher entenähnlich und mit kurzem Schnabel; im Flug weiße Armdecken. ♂ fast ganz weiß mit schwarzer Maske. ♀ grau, Kopf mit rotbrauner Kappe, die scharf von den leuchtend weißen Kopfseiten getrennt ist. **L** Brütet im Baumhöhlen an Seen in der Taiga, bei uns im Winter Flüsse, Seen, Meer. **V** W 11-3.

8 Kappensäger   G 46 cm, Sp 68 cm
Lophodytes cucullatus **K** Größer als 7 mit schlankem Schnabel und aufrichtbarer Haube. ♂ unverwechselbar gefärbt. ♀ ähnlich ♀ von 9, aber kleiner, bräunlicher, mit deutlicherer Haube und langem, oft gestelztem Schwanz. **L** Nordamerikanische Art, entweicht in Europa aber oft aus Gefangenschaft. **V** A.

9 Mittelsäger   G 55 cm, Sp 80 cm

Mergus serrator **K** Insgesamt schlanker und dunkler als 10. ♂ mit rotbrauner Brust, weißem Halsring und grauen Flanken. ♀ braungrau, Kopfzeichnung verwaschener als bei 10, Schopf zerzaust, helle Kehle diffus begrenzt. **L** Seen, Küsten im Norden. **V** b (hauptsächlich Ostsee), Zw.

10 Gänsesäger   G 62 cm, Sp 88 cm

Mergus merganser **K** Häufigster Säger, groß, mit schlankem roten Hakenschnabel. ♂ rosa überhaucht weiß mit grünlich glänzendem Kopf. ♀ grau mit braunem Kopf, Schopf buschig, weiße Kehle scharf abgesetzt. **S** ♂ balzt quakend „orr". **L** Seen, Flüsse, Meer. **V** b (Ostsee und Süddeutschland), ZW 10-4.

♂ jeweils oben, ♀ unten abgebildet

Stockente

Schnatterente

Spießente

Löffelente

Pfeifente

Knäkente

Krickente

Kolbenente

Moorente

Tafelente

Reiherente

Ringschnabelente

Bergente

♂ jeweils oben, ♀ unten abgebildet

Schellente

Eisente

Eiderente

Prachteiderente

Kragenente

Scheckente

Samtente

Trauerente

Brillenente

Gänsesäger

Mittelsäger

Zwergsäger

GLATT- UND RAUFUSSHÜHNER

1 Moorschneehuhn   G 38 cm, Sp 60 cm

Lagopus lagopus **K** Rundliches Huhn mit kurzem Schwanz, weißen Flügeln und schwarzem Schwanz. Körpergefieder im Sommer rostbraun, im Winter weiß. Unterart *scotica* auf den Britischen Inseln ganzjährig einschließlich der Flügel braun. **S** ♂ balzt bellend „käh-käh kekeke-kähärr". **L** Nordeuropäische Taiga. **V** -.

2 Alpenschneehuhn   G 34 cm, Sp 56 cm

Lagopus muta **K** Flügel weiß, Schwanz schwarz. Im Sommer Kopf und Oberseite graubraun. Im Winter bis auf schwarzen Schwanz ganz weiß, ♂ aber mit schwarzem Zügelstreif (fehlt 1, sonst von diesem kaum unterscheidbar). **S** ♂ balzt „arr ka-ka-kaka"; Ruf hölzern „errr errrr". **L** Im Süden Felsgebirge über der Baumgrenze, im Norden auch Tundra. **V** BJ, nur Alpen.

3 Birkhuhn   G ♂ 52 cm, ♀ 42 cm, Sp 75 cm

Tetrao tetrix **K** ♂ schwarz mit leierförmigem Schwanz, Unterschwanzdecken und Flügelstreif weiß. ♀ braun und schwarz gebändert, auch auf Brust, Schwanzspitze gerade, weißer Flügelstreif. **S** ♂ balzen mit kullernden und zischenden Lauten. **L** Moore, Heiden, Gebirge am Rand der Baumgrenze. **V** Lokal bj in Alpen, einigen Mittelgebirgen und Norddeutschland, stark abnehmend.

4 Auerhuhn

G ♂ 85 cm, ♀ 60 cm Sp 90-120 cm *Tetrao urogallus* **K** Größtes europäisches Huhn. ♂ ganz dunkel mit blauem Metallglanz und langem, gerundetem Schwanz, der bei der Balz gefächert wird; Flügel einfarbig. ♀ graubraun und schwarz gebändert, aber Brust einfarbig rostorange; kein breiter Flügelstreif, Schwanz gerundet. **S** ♂ balzt mit sich beschleunigenden, klappernden Tönen, gefolgt von „plopp" und Zischen. **L** Alte Nadelwälder im Bergland. **V** bj, nur Alpen und Mittelgebirge im Süden, selten.

5 Haselhuhn   G 36 cm, Sp 50 cm
Tetrastes bonasia **K** Klein, graubraun, kleine Haube, grauer Schwanz mit schwarzer Endbinde. ♂ mit schwarzer Kehle. **S** Sehr hoch pfeifend „zuiiii-tiiti", ähnlich Goldhähnchen, fliegt mit burrendem Geräusch auf. **L** Nadel- und Mischwälder, gern am Wasser und im Bergland. **V** bj, nur Südwest- und Süddeutschland, selten.

6 Steinhuhn   G 35 cm, Sp 50 cm

Alectoris graeca **K** Braungrau gefärbt mit schwarzweiß gebänderten Flanken, Beine und Schnabel rot. **S** Laut wetzend „schatzibit-schatzibitz", „gack-gack", im Flug „pitschii". **L** Steinige Südhänge der Alpen. **V** A, früher bj.

7 Chukarhuhn   G 34 cm, Sp 50 cm

Alectoris chukar **K** Wie 6, doch weißer Überaugenstreif reicht nicht bis Stirn, kein Schwarz an Schnabelbasis, Kehle beige, rostbrauner Strich hinter Auge. **S** Rhythmisch gackernd „ga gaga-tschukar-tschukarr …". **L** Karstige Berghänge Ostgriechenlands, aber stellenweise auch ausgesetzt, z.B. lokal Alpen. **V** -.

8 Rothuhn   G 34 cm, Sp 48 cm

Alectoris rufa **K** Ähnlich 6, weißes Kehlfeld jedoch kleiner, breites schwarz geflecktes Halsband, brauner Hinterhals. **S** Balzt heiser wetzend „kju kji tscherr kutscherrtscherr kjutscherrr …". **L** Offenes Gelände, auf Britischen Inseln ausgesetzt. **V** -.

9 Felsenhuhn   G 34 cm, Sp 47 cm

Alectoris barbara **K** Hellgraue Kehle durch rotbraunes Halsband begrenzt, rotbrauner Scheitel durch breit weißen Überaugenstreif. **S** Lange Serie schriller Laute, etwa „kret kret kret kretschä kret …". **L** In Europa nur auf Sardinien und in Gibraltar. **V** -.

10 Rebhuhn   G 30 cm, Sp 45 cm

Perdix perdix **K** Viel kleiner als 12, mit kurzem, rundem Schwanz, graubraun, Gesicht und Schwanz rostbraun, Bauchfleck schwarz; meist in Gruppen. **S** ♂ balzt „kirr-reck". **L** Felder, Wiesen, Brachflächen. **V** BJ.

11 Wachtel   G 18 cm, Sp 35 cm

Coturnix coturnix **K** Kleinster und einziger ziehender Hühnervogel, fahl gelbbraun, kein Rostbraun im Schwanz; meist in dichter Vegetation und nur zu hören. **S** Charakteristisch „pick-perwick", besonders nachts. **L** Wiesen, Felder, Brachflächen. **V** BZ 5-10.

12 Jagdfasan   G ♂ 85 cm, ♀ 60 cm

Sp 80 cm *Phasianus colchicus* **K** Allgemein bekanntes, braunes, langschwänziges Huhn. ♂ mit Rot und Grün am Kopf, oft auch weißem Halsring. ♀ durch langen Schwanz gekennzeichnet. **S** Krächzend „kookrock", gefolgt von Flügelschwirren. **L** Meist offenes Gelände. **V** BJ, nur zu Jagdzwecken ausgesetzt, Heimat Asien.

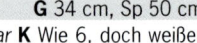
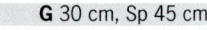

scotica

1

2

3

4

5

6

7

8

9

10

11

12

♀ ♂ ♂ ♀ ♀ ♂ ♀ ♂ ♂ ♀

LAPPENTAUCHER

1 Zwergtaucher   **G** 26 cm

Tachybaptus ruficollis **K** Kleinster Lappentaucher, rundlich, kurzschnäbelig, Steiß weiß, wirkt oft wie ein Entenküken. Im PK Hals kastanienbraun, im SK insgesamt kontrastarm bräunlich. **S** Paare balzen im Duett mit bibberndem Triller; Ruf „bii-biib". **L** Dicht bewachsene Gewässer, taucht gern am Rand der Vegetation, im Winter auch Flüsse. **V** BJ.

2 Haubentaucher   **G** 50 cm

Podiceps cristatus **K** Häufigster und größter Lappentaucher, schlank, mit weißem Hals und rosa Schnabel, fliegend sehr schlank mit viel Weiß im schmalen Armflügel. Im PK kennzeichnende Haube, im SK nur schwarze Kopfplatte, im JK dunkle Kopfstreifen. Auffallende Paarbalz. **S** Rau „korrr", gackernd „äck-äck-äck", auch nachts. **L** Stehende Binnengewässer aller Art, im Winter auch Meer. **V** BjZW.

3 Rothalstaucher   **G** 45 cm

Podiceps grisegena **K** Kleiner, kompakter und kurzhalsiger als 2, Schnabel schwarz mit gelber Basis. Im PK roter Hals und weiße Wangen, diese auch im SK deutlich und durch leicht gräulichen Hals unten begrenzt. Hals auch im JK oft sehr rot, dann aber dunkle Streifen auf Kopfseiten. **S** Balz wiehernd „uaah-ek". **L** Verschilfte Binnengewässer, im Winter meist auf dem Meer. **V** b besonders im Nordosten, sonst ZW.

4 Ohrentaucher   **G** 35 cm

Podiceps auritus **K** PK durch aufgerichtete gelbe Ohrbüschel und roten Vorderhals (wirkt aus der Entfernung oft dunkel) gekennzeichnet. Im SK ähnlich 5, aber bis auf den Hinterkopf ausgedehnte weiße Kopfseiten von schwarzem Scheitel scharf getrennt, Schnabel gerade, Scheitel flach, Hinterkopf eckiger. **S** Balz mit langem Triller; ruft „hjarr". **L** Verschilfte Teiche im Norden und Osten Europas, im Winter alle Gewässer, bevorzugt Meeresküsten. **V** b (lokal Schleswig-Holstein), zw 9-5.

5 Schwarzhalstaucher   **G** 32 cm

Podiceps nigricollis **K** Im PK herabhängende gelbe Ohrbüschel und schwarzer Hals. Im SK Kopf- und Halszeichnung verwaschener als 4, dünnerer Schnabel aufgeworfen, Stirn steiler mit spitzem Scheitel. **S** Ruft „ür-iid". **L** Brütet in Kolonien, gern mit Möwen, an flachen Seen, im Winter alle Gewässer. **V** bZw.

SEETAUCHER

6 Sterntaucher   **G** 60 cm

Gavia stellata **K** Kleinster Seetaucher, aufgeworfener schlanker Schnabel und Kopf beim Schwimmen meist angehoben, wirkt insgesamt hell. Im PK Kopf und Hals grau, Kehle ziegelrot. Im SK ist das Weiß der Kopfseiten über das Auge ausgedehnt, die graue Oberseite weiß gesternt. JK und 1. W ähnlich SK, jedoch Vorderhals/Kehle meist verwaschen bräunlich, Oberseite beige gesprenkelt. **S** Balzt „orr-ou, arroou"; ruft fliegend gänseähnlich „ak ak". **L** Nordeuropäischer Brutvogel, gern an Tundraseen, im Winter Meeresküste, auch große Binnenseen. **V** zw 10-4.

7 Prachttaucher   **G** 70 cm

Gavia arctica **K** Sehr eleganter, mittelgroßer Seetaucher, hält beim Schwimmen Kopf und geraden, pfriemförmigen Schnabel waagerecht. Kinn und Kehle im PK schwarz, Kopf und Hinterhals samtgrau, schwarzer Mantel weiß gebändert. Im SK oberseits grauschwarz, weißes Feld im hinteren Flankenbereich kennzeichnend, Auge komplett im dunklen Bereich liegend, scharfe Trennung zwischen weißem Vorder- und dunklem Hinterhals. JK und 1. W ähnlich, aber etwas bräunlicher und Mantel deutlich quer gewellt. **S** Balz laut klagend „kloo-ui klo klooi". **L** Nordeuropäischer Brutvogel fischreicher Seen, im Winter auf dem Meer, seltener auf Binnenseen. **V** zw 8-5.

8 Eistaucher   **G** 80 cm

Gavia immer **K** Größer als 7, kräftiger Schnabel dolchförmig, waagerecht gehalten, Stirn steiler. Im PK weißes Halsband, Mantel weiß gewürfelt, Schnabel schwarz. Im SK heller Augenring, grauer Schnabel mit dunklem First und Spitze, dunkler Halbring am Hals. JK bräunlicher, Mantel hell gewellt. **S** Balz jodelnd. **L** In Europa nur auf Island, sonst nordamerikanischer Brutvogel; Winterquartier Atlantik, auch Nordsee, selten im Binnenland. **V** A.

9 Gelbschnabeltaucher   **G** 85 cm

Gavia adamsii **K** Ähnlich 8, aber gewaltiger Schnabel gelb, aufgeworfen, schräg aufwärts gehalten (wirkt wie Banane), ausgeprägte „Stirnbeule". Im SK Gefieder heller als 8, im JK sehr fahl bräunlich und Kopfseiten ausgedehnter weißlich, oft mit braunem Wangenfleck. **L** Brütet in sibirischer Tundra, überwintert Nordostatlantik und Ostsee. **V** A.

STURMSCHWALBEN

1 Sturmschwalbe   G 15 cm, Sp 37 cm

Hydrobates pelagicus **K** Kleinste Röhrennase, an Mehlschwalbe erinnernd. Ähnlich 2, aber viel kleiner, rundflügeliger, dunkler, helles Band auf Unterflügel, weiße Oberschwanzdecken ungeteilt, Schwanz gerade, flatternder Flug ohne Gleitstrecken. **S** Ruft am Brutplatz nachts schnurrend und grunzend. **L** Höhlenbrüter an westeuropäischen Küsten, sonst auf dem offenen Meer. **V** A in der Nordsee.

2 Wellenläufer   G 21 cm, Sp 47 cm

Oceanodroma leucorhoa **K** Insgesamt dunkel mit oberseits hellem Armflügelband, weißer Oberschwanz dunkel längs geteilt, Schwanz gegabelt; spitzflügelig, ruckartiger Flug mit Gleitstrecken. **L** Brütet an nordwest-europäischen Küsten, sonst offenes Meer. **V** z in der Nordsee, meist 10-11.

3 Madeirawellenläufer   G 20 cm, Sp 45 cm

Oceanodroma castro **K** Ähnlich 1, doch größer, weißes Feld reicht bis auf Seiten der Unterschwanzdecken, ober- und unterseits kein markantes Flügelband, Schwanz leicht gegabelt. **L** Brutvogel der Atlantischen Inseln, in Europa nur lokal in Portugal. **V** A.

STURMVÖGEL

4 Eissturmvogel   G 45 cm, Sp 105 cm

Fulmarus glacialis **K** Durch helle Färbung und Größe einer Möwe ähnlich, aber graue Flügel ohne schwarze Spitzen, Stiernacken, kräftiger kurzer Schnabel. Gleitet auf steifen Schwingen durch Wellentäler. **S** Gackert am Brutplatz. **L** Klippenbrüter an atlantischen Vogelfelsen, sonst auf dem Meer. **V** b nur auf Helgoland, J Nordsee.

5 Großer Sturmtaucher G 48 cm, Sp 110 cm *Puffinus gravis* **K** Groß, braungrau, schwarze Kappe weiß begrenzt, weiße Schwanzbasis, unterseits weiß mit schwer erkennbarem dunklem Bauchfleck, aber diagnostischem Diagonalband auf Unterflügel. **L** Brütet im Winter auf südatlantischen Inseln, erscheint im Sommer selten im Nordatlantik. **V** A.

6 Dunkler Sturmtaucher

G 45 cm, Sp 100 cm *Puffinus griseus* **K** Durch einfarbig dunkelbraune Färbung gekennzeichnet, aufgehelltes Unterflügelband oft unauffällig. Gleitet auf schlanken, spitzen Flügeln durch Wellentäler. Kann mit jungen Raubmöwen verwechselt

werden. **L** Brütet im Winter auf der Südhalbkugel, besucht im Sommer den Nordatlantik. **V** z 8-11, nur offene Nordsee.

7 Sepiasturmtaucher   G 50 cm, Sp 115 cm

Puffinus diomedea **K** Groß, oberseits fahl sepiabraun, unterseits weißlich ohne Abzeichen, gelber Schnabel mit dunkler Spitze. Langsame Flügelschläge und Gleitstrecken wechseln einander ab; segelt und kreist als einziger Sturmtaucher auch in größerer Höhe. **L** Brütet auf Mittelmeerinseln, sonst offenes Meer. **V** A.

8 Atlantiksturmtaucher   G 32 cm, Sp 80 cm

Puffinus puffinus **K** Kontrastreich oben schwärzlich, unten weißlich. Wirft sich im abwechselnd schnellen Schlag- und Gleitflug über Wellen hin und her. Wurde früher mit 9 und 10 unter der Bezeichnung „Schwarzschnabel-Sturmtaucher" zu einer Art zusammengefasst. **S** Jaulende Rufe beim nächtlichen Koloniebesuch. **L** Brütet an nordwest-europäischen Küsten, hauptsächlich der Britischen Inseln, in Erdhöhlen, lebt sonst auf dem offenen Meer; häufigster nordatlantischer Sturmtaucher. **V** z 4-9, nur Nordsee.

9 Balearensturmtaucher G 36 cm, Sp 85 cm

Puffinus mauretanicus **K** Ähnlich 8, aber größer, kräftiger, mit leichtem „Hängebauch" und die Schwanzspitze überragenden Zehen. Färbung weniger kontrastreich, oberseits braun, unterseits schmutzig bräunlich weiß mit dunklen Unterschwanzdecken und Achselmarkierungen. Vgl. auch mit 7 und 10. **L** Brütet auf den Balearen, im Winter offene See, auch Atlantik. **V** A.

10 Mittelmeer-Sturmtaucher

          G 32 cm, Sp 80 cm *Puffinus yelkouan* **K** Größe und Färbung wie 8, aber oberseits etwas bräunlicher, Unterschwanzdecken und Achselfedern dunkel, daher weniger kontrastreich gefärbt; Zehen überragen Schwanz etwas. **L** Brütet am Mittelmeer auf Inseln und an Küsten, außerhalb der Brutzeit auch am Schwarzen Meer. **V** -.

11 Kleiner Sturmtaucher G 28 cm, Sp 60 cm *Puffinus baroli* **K** Ähnelt in der Färbung 8, ist aber deutlich kleiner, kurz- und stumpfflügeliger, rundköpfiger und kurzschnäbeliger. Kopfseiten weiß, dunkles Auge daraus hervorstehend, Armflügel leicht aufgehellt. **L** Brutvogel der Atlantischen Inseln, erscheint sehr selten an Europas Westküste. **V** A.

FLAMINGOS

1 Rosaflamingo   G 135 cm, **Sp** 155 cm

Phoenicopterus roseus **K** Groß, grazil, Hals und Beine sehr lang, im Flug durchhängend, dann auch schwarze Schwungfedern auffallend. Altvögel blass rosa mit rötlichen Beinen und kurzem, abgeknicktem rosa Schnabel mit schwarzer Spitze. Im JK braungrau. **S** Ruft gänseähnlich „gaang-ang". **L** Lagunen und Salinen in Südwest-Europa (z.B. Camargue). **V** A, meist Zooflüchtlinge, solche auch b in Westfalen.

2 Chileflamingo   G 105, **Sp** 135 cm
Phoenicopterus chilensis **K** Kleiner als 1, schwarze Schnabelspitze ausgedehnter (etwa bis Mitte), Beine grünlich mit roten Gelenken und Zehen. **L** Südamerikanische Art, entfliegt oft aus Zoos. **V** Zooflüchtlinge sind b in Westfalen.

3 Zwergflamingo   G 85 cm, **Sp** 100 cm
Phoenicopterus minor **K** Viel kleiner als 1, Gefieder meist intensiver dunkelrosa, Schnabel wirkt aus der Entfernung fast ganz schwarz, Beine rot. **L** Afrikanische Salzseen. **V** A, nur Gefangenschaftsflüchtlinge.

PELIKANE

4 Rosapelikan   G 160 cm, **Sp** 300 cm

Pelecanus onocrotalus **K** Schwanengroß, überwiegend weißlich, mit kurzen Beinen und großem Schnabel mit Kehlsack, meist gruppenweise beim Fischfang auf Seen und dem Meer schwimmend. Alle Pelikanarten einander ähnlich, 4 aber im AK mit zu weißen Flügeldecken kontrastierenden schwarzen Schwungfedern, rosa überhauchtem Körpergefieder, rosa Beinen, gelbem Kehlsack, viel rosa Haut um das rote Auge und herabhängendem Schopf. Im JK oberseits dunkel braun, Kehlsack gelb. **L** Seen und Küsten Südost-Europas, selten. **V** A oder Zooflüchtling.

5 Krauskopfpelikan   G 170 cm, **Sp** 320 cm
Pelecanus crispus **K** Ähnlich 4, aber insgesamt gräulicher ohne rosa Anflug, Beine grau, Auge weißlich, Kehlsack rötlich, Nackenfedern gekräuselt, Unterflügel ohne Kontrast verwaschen gräulich. Im JK zudem oberseits heller sandbraun als 4, Stirnbefiederung endet am Schnabel stumpf. **L** Binnenseen und Küsten Südost-Europas, sehr selten. **V** A oder Zooflüchtling.

6 Rötelpelikan   G 130 cm, **Sp** 240 cm
Pelecanus rufescens **K** Ähnlich 5, doch viel kleiner, strähniges gräuliches Gefieder stellenweise oft rötlich überhaucht, Beine fleischfarben, dunkler Fleck zwischen Auge und Schnabel, oranger Kehlsack quer statt längs geriffelt. **L** Afrikanische Binnengewässer. **V** Die als Gefangenschaftsflüchtling in Mitteleuropa am häufigsten auftretende Art.

TÖLPEL

7 Basstölpel   G 95 cm, **Sp** 175 cm

Sula bassana **K** Gänsegroßer Meeresvogel mit zigarrenförmigem Körper, dolchförmigem Schnabel, Keilschwanz und langen, spitzen Flügeln, jagt stoßtauchend aus großer Höhe. AK weiß mit schwarzem Handflügel, JK braun, bekommt innerhalb von fünf Jahren zunehmend weiße Federn. **L** Große Brutkolonien an nordatlantischen Felsküsten, sonst offenes Meer. **V** b (nur Helgoland), zw (Nordsee).

KORMORANE

8 Kormoran   G 90 cm, **Sp** 145 cm

Phalacrocorax carbo **K** Großer, dunkler Tauchvogel mit langem, in flache Stirn übergehendem Hakenschnabel, schwimmt mit angehobenem Kopf, steht oft mit ausgebreiteten Flügeln. PK schwarz mit weißen Abzeichen an Kopf und Schenkeln. JK braun mit meist hellerer Unterseite. Unterart *carbo* an Felsküsten mit wenig nackter Haut am Schnabelgrund und Blauschimmer im PK, *sinensis* im Binnenland zeigt viel Haut und schimmert grünlich. **S** Gackernd. **L** Binnengewässer und Meer. **V** BZW.

9 Krähenscharbe   G 75 cm, **Sp** 100 cm

Phalacrocorax aristotelis **K** Kleiner als 8, Schnabel gleichmäßig schlank, nackte Haut am Schnabelgrund wenig ausgedehnt, dafür wulstiger gelber Schnabelspalt bis unter Auge reichend, Stirn steiler. Im PK smaragdgrün schillernd, Federtolle auf Stirn. Unausgefärbt ähnlich 8 braun, aber Flügeldecken meist aufgehellt, Kehle hell von sonst dunkler Unterseite abgesetzt (diese bei Mittelmeer-Unterart *desmarestii* aber auch hell). **L** Felsige Meeresküsten. **V** A (Nordsee).

10 Zwergscharbe   G 50 cm, **Sp** 85 cm

Phalacrocorax pygmeus **K** Viel kleiner als 8, wirkt mit kleinem Kopf und kurzem Schnabel stupsnasig, relativ langer Schwanz. Gefieder braun, im PK weiß gesprenkelt, im SK Kehle weiß. **L** Bewachsene, auch kleinere Binnengewässer, selten. **V** A.

IBISSE

1 Sichler **G** 60 cm, Sp 90 cm

Plegadis falcinellus **K** Ein hühnergroßer, ganz dunkler, hochbeiniger Ibis mit langem abwärts gebogenem Schnabel. Im PK mahagonibraun mit grünem Metallglanz auf den Flügeln und weißer Zeichnung am Schnabelgrund. Im SK und JK matter dunkelbraun, weiß gesprenkelt. Fliegt wie alle Ibisse mit ausgestrecktem Hals, Trupps bilden meist Linienformation. **S** Ruft in der Brutkolonie knurrend und krächzend „kra". **L** Feuchtgebiete Süd-, besonders Südost-Europas. **V** A.

2 Löffler **G** 85 cm, Sp 125 cm

Platalea leucorodia **K** Groß, weiß, mit an der Spitze löffelartig verbreitertem Schnabel. Im PK mit gelbem Brustband und Schopf, Schnabel schwarz. Im JK mit graurosa Schnabel und schwarzen Flügelspitzen, diese auch im 2. KJ noch schwarz. Durchseiht mit pendelnden Kopfbewegungen das Wasser. **L** Flache Gewässer in Südeuropa und den Niederlanden, brütet in großen Schilfgebieten. **V** b (Nordseeküste; aber regelmäßig Neusiedlersee), sonst z 3-10.

3 Waldrapp **G** 75 cm, Sp 130 cm

Geronticus eremita **K** Ähnlich 1 dunkel, aber größer, Beine kürzer und rot, ebenso gebogener Schnabel und nackte Gesichtshaut. Im AK mit struppiger Halskrause und Metallglanz. **L** Koloniebrüter an Felsklippen in Marokko, fast ausgestorben. **V** Noch im 16. Jahrhundert Brutvogel Süddeutschlands; Vögel aus einem österreichischen Aussetzungsexperiment ziehen weit umher.

4 Heiliger Ibis **G** 70 cm, Sp 120 cm

Threskiornis aethiopicus **K** Großer, unverwechselbarer Schreitvogel, langer, abwärts gebogener Schnabel sowie Kopf, Hals und herabhängende Schirmfedern schwarz. **L** Afrikanische Art, bewohnt dort Feuchtgebiete und offenes Gelände, entfliegt aber in Europa oft der Gefangenschaft; in Frankreich inzwischen eine große, in Freiheit brütende Population. **V** A als Gefangenschaftsflüchtling.

REIHER

5 Rohrdommel **G** 75 cm, Sp 130 cm

Botaurus stellaris **K** Großer, etwas plump wirkender Reiher, Gefieder wie altes Schilf tarnfarbig braun marmoriert und gestreift. Kann mit 7 im JK verwechselt werden, aber Scheitel und Zügelstreif schwarzbraun, Oberseite nicht weiß getropft. Lebt versteckt in ausgedehnten Schilfgebieten und nimmt bei Gefahr eine unbewegliche senkrechte Pfahlstellung ein, ist manchmal aber auch in eulenartigem Flug über dem Schilf zu sehen. **S** ♂ balzt vorwiegend nachts weit hörbar dumpf „wuumb" oder „uu-huumb" („Moorochse"); Flugruf rau bellend „kau". **L** Ausgedehnte Schilfgebiete, im Winter auch schmalere Vegetationsstreifen an eisfreien Gewässern. **V** bzw.

6 Zwergdommel **G** 35 cm, Sp 55 cm

Ixobrychus minutus **K** Kleinster Reiher, viel kleiner als 5. Im Flug typisches helles Feld auf Armflügel, Mantel immer dunkler als übriges Gefieder, beim ♂ schwarz schillernd, beim ♀ dunkelbraun gestreift. Nur im JK ähnlich 5 gefärbt, aber viel kleiner und helles Flügelfeld, wenngleich braun gefleckt, bereits vorhanden. Nimmt ebenfalls tarnende Pfahlstellung ein. Fliegt auch tagsüber oft niedrig über das Schilf, wobei sich rudernde Flügelschläge und Gleitstrecken abwechseln. **S** ♂ balzt in langen Serien rhythmisch tropfend dumpf „kruck"; Ruf nasal „keckeckeck" und im Flug „kworr". **L** Verschilfte oder dicht bewachsene, auch kleine Binnengewässer. **V** bz 5-9.

7 Nachtreiher **G** 62 cm, Sp 110 cm

Nycticorax nycticorax **K** Ein eher kleiner, kompakter, kurzhalsiger Reiher. AK grau mit schwarzem Scheitel und Mantel, Beine gelb. Im JK ähnlich 5 tarnfarbig braun, aber weniger marmoriert und dafür auf den Flügeldecken mit großen weißen Tropfenflecken. Im 1. S ähnlich AK, aber weniger kontrastreich, Brust noch gestreift. Versteckt sich tagsüber meist zwischen dichten Pflanzen, fliegt nachts rufend auf Nahrungssuche. **S** Ruft besonders im Flug froschartig „kwack". **L** Auwälder und vegetationsreiche Gewässer besonders in Südeuropa. **V** b (Süden), z 4-10.

8 Rallenreiher **G** 45 cm, Sp 85 cm

Ardeola ralloides **K** Kleiner Reiher, am Boden stehend durch semmelgelbe Färbung eher unscheinbar, aber beim Auffliegen wird plötzlich das Weiß von Flügeln und Schwanz dominierend. Hals im JK längs gestreift. Tagsüber meist in Vegetation versteckt, geht in der Dämmerung auf Nahrungssuche. **S** Ruft entenähnlich „krar". **L** Vegetationsreiche Binnengewässer Südeuropas. **V** A.

1

SK

PK

3

2

PK

JK

1. S

4

5

♂

♂

♀

JK

6

AK

JK

1. S

JK

7

PK

SK

8

1 Kuhreiher   G 50 cm, Sp 92 cm

Bubulcus ibis K Kleiner weißer Reiher mit kurzem, kräftigem, gelbem Schnabel. Im PK Scheitel, Brust und Mantel orangebraun, Beine rötlich, im SK und JK ganz weiß, Beine gräulich. Vom Rallenreiher auch durch Schnabelfarbe unterschieden. Gesellig und gern zwischen Weidevieh, meist in trockenerem Gelände als andere Reiher. S Ruft selten krächzend „ark". L Koloniebrüter in Gehölzen an Gewässern, besucht auch trockenes Gelände, hauptsächlich in Südwest-Europa, in Ausbreitung begriffen. V A, aber bj in einigen frei fliegenden Zoo-Kolonien und von dort aus umherstreifend.

2 Silberreiher   G 95 cm, Sp 155 cm

Casmerodius albus K Groß und immer ganz weiß, sehr elegant und langhalsig. Im PK hängen als Schmuck verlängerte Schulterfedern über den Schwanz hinab, nur dann sind für kurze Zeit der Schnabel schwarz und die Unterschenkel rötlich. Im SK und JK Schnabel gelb, Beine schwärzlich. Beine überragen den Schwanz im Flug sehr weit. S Selten zu hören, hölzern „krr-rra". L Bildet meist große Kolonien in ausgedehnten Schilfgebieten, sonst ganzjährig an Gewässern sowie auf Mäusejagd auch auf Wiesen und Feldern. V ZW, außerhalb der Brutzeit in Deutschland zunehmend, aber B am österreichischen Neusiedlersee und lokal in den Niederlanden.

3 Seidenreiher   G 60 cm, Sp 90 cm

Egretta garzetta K Ein immer ganz weißer, sehr graziler mittelgroßer Reiher. Schnabel und Beine immer schwarz, gelbe Zehen kennzeichnend. Im PK verlängerte weiße Schmuckfedern am Hinterkopf und im Schultergefieder. Von 2 zudem durch deutlich geringere Größe unterschieden. S Im Flug rau „kschar". L Kolonien in Gebüsch in meist südeuropäischen Feuchtgebieten, außerhalb der Brutzeit an flachen Gewässerrändern, auch an Küsten. V z 5-9, ausnahmsweise b in Süddeutschland.

4 Graureiher   G 95 cm, Sp 185 cm

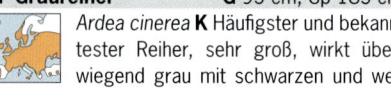
Ardea cinerea K Häufigster und bekanntester Reiher, sehr groß, wirkt überwiegend grau mit schwarzen und weißen Abzeichen. Hals im Flug wie bei allen Reihern eingezogen, langsam rudernde Flügelschläge auf abwärts gebogenen Schwingen. Lauert bewegungslos am Gewässerrand oder auf Wiesen stehend auf Beute (Amphibien, Mäuse), um dann blitzschnell zuzustoßen. Im JK weniger kontrastreich gezeichnet. S Ruft im Flug heiser krächzend „krärk" und „chrää". L Brutkolonien meist hoch auf Bäumen, seltener im Schilf oder bodennah; ganzjährig an Gewässern, in Feuchtgebieten oder zur Mäusejagd auf Wiesen und Feldern. V BJZW.

5 Purpurreiher   G 85 cm, Sp 135 cm

Ardea purpurea K Etwas kleiner, zierlicher und deutlich dunkler als 4. Im AK mit kastanienbraunen Gefiederpartien und schwarzem Längsstreif am Hals. JK blasser, eher lehmbraun, Vorderhals gestrichelt. Im Flug braune Unterflügeldecken, manchmal auch durch eckigeren, fast rammbockartig hervorstehenden eingezogenen Hals und längere Zehen von 4 unterscheidbar. S Ruft höher als 4 „härr". L Brütet hauptsächlich in Südeuropa im Schilf, bevorzugt Feuchtgebiete mit dichter Vegetation und Schilf. V b in Süddeutschland, ferner häufig am Neusiedlersee, z 4-10.

STÖRCHE

6 Weißstorch   G 110 cm, Sp 165 cm

Ciconia ciconia K Einer der bekanntesten Vögel. Groß, schwarzweißes Gefieder, Schnabel und Beine lang und rot, unverkennbar. Im JK Beine blasser, Schnabel dunkelspitzig. Fliegt mit ausgestrecktem Hals und zieht in ungeordneten Trupps, die oft in Aufwinden kreisen. Brütet meist auf Gebäuden und Schornsteinen, lokal aber auch in großen Baumnestern. S Stumm, klappert besonders am Nest aber laut mit dem Schnabel. L Feuchtgebiete, Wiesen, Felder, Tümpel. V BZ 3-8, einzelne ausgesetzte Vögel bleiben aber auch im Winterhalbjahr.

7 Schwarzstorch   G 100 cm, Sp 155 cm

Ciconia nigra K Gestalt wie 6, aber Kopf, Hals und gesamte Oberseite schwarz, im Flug auch Unterflügel dunkel, nur Bauch und Achselfedern kontrastierend weiß. Im AK Schnabel und Beine rot, schwarze Partien mit Metallglanz, im JK unbefiederte Körperteile grünlich, später matter rot, das schwarze Gefieder stumpf und bräunlich. Scheuer als 6 und kein Kulturfolger, baut große Baumnester in ungestörten Wäldern. S Ruft am Nest „hi-lih", im Flug manchmal bussardähnlich, klappert aber selten. L Wälder, Feuchtgebiete, mehr an Wasser gebunden als 6, ernährt sich viel von Fischen. V BZ 3-9, kommt eher aus Afrika zurück als 6 und zieht später ab.

PK
SK
1

PK
SK/JK
2

SK/JK
PK
3

JK
PK
5

JK
PK
4

6

JK
7

FISCHADLER

1 Fischadler G 56 cm, Sp 160 cm

Pandion haliaetus **K** Mittelgroßer Greifvogel mit kennzeichnender Silhouette: lange, schmale, meist gewinkelt gehaltene Flügel mit hervorstehendem Bug. Oft hoch rüttelnd, stürzt sich mit vorgestreckten Füßen zum Fischfang ins Wasser. Kopf (mit dunkler Maske), Körperunterseite und Unterflügeldecken (mit dunklem Bugfleck) weiß, Oberseite braun, im JK durch helle Federränder geschuppt. **S** Balzt klagend „jülp"; ruft pfeifend „pjüp". **L** Gewässer aller Art. **V** b, besonders im Osten, Z 3-5, 8-9.

HABICHTVERWANDTE

2 Schlangenadler G 65 cm, Sp 170 cm

Circaetus gallicus **K** Recht groß mit langen, breiten Flügeln, fast eulenartig großem Kopf und gerade abgeschnittenem Schwanz; rüttelt viel. Unterseits weißlich, variabel stark oder kaum dunkel quer gefleckt, Kopf und Brust meist dunkel, Schwanz mit drei Binden, kein Flügelbugfleck, oberseits braungrau, Wachshaut und Beine graublau. Kann mit 1 und Wespenbussard verwechselt werden. **S** Balzt melodisch flötend „pii-o". **L** Reptilienreiche offene Landschaft in Süd- und Osteuropa. **V** A.

3 Gleitaar G 33 cm, Sp 78 cm

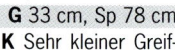

Elanus caeruleus **K** Sehr kleiner Greifvogel, nur etwa turmfalkengroß mit dickem Kopf, spitzen Flügeln und kurzem, schwach gegabeltem Schwanz; rüttelt oft. Durch überwiegend graues und weißes Gefieder sehr hell, unterseits nur Handflügel, oberseits nur Armdecken schwarz. Im JK Scheitel und Brust orange getönt, Oberseite geschuppt. **S** Balzt flötend „küip"; warnt scharf „kriiak". **L** Offene Landschaften in Südwest-Europa, besonders Portugal. **V** A.

4 Rotmilan G 65 cm, Sp 155 cm

Milvus milvus **K** Mittelgroß mit langen Flügeln und langem, tief gegabeltem Schwanz, der im lässigen Flug mit oft herabhängendem Handflügel auch häufig gedreht wird. Insgesamt rostbraun, Kopf heller, unterseits weißliches Handflügelfeld, Schwanz rostrot; vgl. 5. **S** Ruft klagend „hiijü-hjhj-hjü". **L** Offen bewaldetes Hügelland. **V** BZ 3-10, stellenweise w.

5 Schwarzmilan G 55 cm, Sp 145 cm

Milvus migrans **K** Mittelgroß, elegant, mit gegabeltem Schwanz (schwächer als 4, erscheint bei Spreizung gera-

de abgeschnitten oder sogar gerundet), segelt oft mit herabhängendem, leicht angewinkeltem Handflügel. Gefieder recht einfarbig dunkelbraun, Schwanz braun, Handschwingen unterseits kaum aufgehellt, hellbraunes Band auf Armflügel unauffällig. Im JK unterseits etwas heller mit dunkler Bauchstrichelung, schmale Augenmaske und Iris noch dunkel. **S** Ruft vibrierend „püj-jir". **L** Halboffene Landschaft, meist in der Nähe von Gewässern. **V** BZ 4-9.

6 Schmutzgeier G 60 cm, Sp 160 cm

Neophron percnopterus **K** Kleinster Geier mit kleinem Kopf und langem, keilförmigem Schwanz. AK unverkennbar durch Kontrast zwischen schwarzen Schwungfedern und sonst weißlichem Gefieder, nackte Gesichtshaut gelb. Im JK fast komplett braun, erste weiße Federn im 2. S. **L** Bergland und andere Lebensräume in Südeuropa. **V** A.

7 Gänsegeier G 100 cm, Sp 250 cm

Gyps fulvus **K** Der bekannteste Geier, sehr groß mit langen, breiten, tief gefingerten Flügeln und kurzem, gerundetem Schwanz. Insgesamt hell bräunlich, davon Schwung- und Steuerfedern kontrastreich abgehoben, Kopf und langer Hals weißlich. Halskrause im AK weiß, im JK braun, Schnabel im AK gelb, im JK grau. **L** Südeuropäisches Bergland, meist in Gruppen, brütet an Felsen. **V** A, doch alljährlich in Österreich übersommernd.

8 Bartgeier G 115 cm, Sp 260 cm

Gypaetus barbatus **K** Großer Geier mit sehr langen, schmalen Flügeln und langem, keilförmigem Schwanz. Gefieder im AK insgesamt dunkel, oberseits schiefergrau, nur Kopf und Bauch rostfarben. Im JK oberseits düster braun mit einzelnen hellen Federn, Bauch grau. **L** Extrem selten in Felsgebirgen Südeuropas, vor allem in den Pyrenäen; inzwischen aber nach Aussetzungen erste erfolgreiche Bruten im Alpenraum. **V** A.

9 Mönchsgeier G 108 cm, Sp 270 cm

Aegypius monachus **K** Mächtiger Greifvogel mit langen, breiten, tief gefingerten Flügeln und kurzem, gerundetem Schwanz. Gefieder immer einheitlich dunkel schwarzbraun. Im AK hellbraune Halskrause sowie heller Scheitel und Hinterkopf, im JK auch diese Partien schwärzlich. **L** Brütet in bewaldeten Bergregionen Südwest- und sehr selten Südost-Europas. **V** -.

Adler sind sehr kräftige, allgemein eher seltene Greifvögel mit breiten Flügeln, deren Spitzen immer mindestens sechs tief gefingerte Handschwingen zeigen, und die oft lange ohne Flügelschlag hoch in der Thermik segeln. Schnäbel groß, Lauf befiedert. Die Entwicklung vom JK zum AK dauert über mehrere Übergangsstadien etwa fünf Jahre, wodurch die Bestimmung auch für Experten schwer ist.

1 Habichtsadler   G 60 cm, Sp 155 cm

 Aquila fasciata **K** Mittelgroß, Flügel kaum gefingert, Bug oft nach vorne geschoben, aber Hinterrand gerade, Schwanz lang und gerade abgeschnitten. Unterseits hell mit dunklem Diagonalband auf Armflügel und breit schwarzer Endbinde des grauen Schwanzes, oberseits meist deutlicher weißlicher Mantelfleck. Im JK unterseits rötlich, gesamtes Großgefieder fein gebändert. **L** Selten in südeuropäischem Bergland. **V** A.

2 Zwergadler   G 46 cm, Sp 120 cm

 Aquila pennata **K** Kleinster Adler, nur bussardgroß, doch mit sechs gefingerten Handschwingen. Oberseits helles Armflügelband, „Positionslichter" am Flügelansatz, Schwungfedern schwärzlich, innere drei Handschwingen aufgehellt. Unterseite bei heller Morphe sonst weißlich, bei dunkler Morphe dunkelbraun. **S** Ruft am Brutplatz häufig „wie-wie-jük-jük". **L** Alte Laubwälder in offener Landschaft Süd- und Osteuropas. **V** A.

3 Steinadler   G 85 cm, Sp 210 cm

 Aquila chrysaetos **K** Bekanntester Adler, groß, relativ schmale, am Hinterrand geschwungene Flügel und gerundeter Schwanz lang, Nacken immer goldbraun. Im AK graue Schwung- und Steuerfedern schwarzspitzig mit 3-5 dunklen Bändern. Im JK Schwanz weiß mit schwarzer Endbinde sowie ober- und unterseits weißes Feld auf Handschwingenbasen. **S** Ruft selten rau flötend „kjü". **L** Meist Gebirge, in Nordost-Europa auch Wälder und Küsten. **V** bj in den Alpen, sonst A.

4 Schelladler   G 65 cm, Sp 170 cm

 Aquila clanga **K** Ähnlich 5, doch größer, kompakter, dunkler, Schwanz oft leicht keilförmig, Unterflügeldecken meist dunkler als Schwungfedern (bei 5 umgekehrt), Iris dunkel. Im JK auf Flügeln stärker weiß getropft als 5. **L** Gewässernahe Wälder in Nordost-Europa. **V** A.

5 Schreiadler   G 60 cm, Sp 150 cm

 Aquila pomarina **K** Nur etwas größer als Mäusebussard, einfarbig dunkelbraun, Kopf, Hals und Flügeldecken etwas heller, weißlicher Fleck auf Handflügelbasis, Unterflügeldecken meist heller als Schwungfedern. Im JK rostiger Nackenfleck und weiße Punkte auf Flügeldecken. **S** Am Brutplatz oft hell und laut „kjük kjük". **L** Alte Wälder mit benachbarten Wiesen. **V** bz 4-9, nur Ostdeutschland, sonst A.

6 Kaiseradler   G 76 cm, Sp 190 cm

 Aquila heliaca **K** Groß und in der Gestalt ähnlich 3, aber Schwanz kürzer. Auch im AK ähnlich 3, jedoch weiße Schulterflecken, graue Schwanzbasis, hellerer Nacken, fast schwarze Unterflügeldecken. Im JK insgesamt gelbbraun, Mantel und Brust dunkel gestreift, im Flug kennzeichnende aufgehellte innere Handschwingen. **L** Offenes Gelände und Steppen mit Baumgruppen, auch Bergwälder in Südost-Europa. **V** A, aber bj in Ostösterreich.

7 Spanischer Kaiseradler

 G 78 cm, Sp 195 cm *Aquila adalberti* **K** Vertritt 6 in Spanien, diesem sehr ähnlich, jedoch im AK Flügelvorderrand weiß, weißes Schulterfeld größer. Im JK ganz anders als 6, hell fuchsbraun ohne dunkle Strichel. **L** Offene, baumbestandene Landschaften. **V** -.

8 Steppenadler   G 68 cm, Sp 180 cm

Aquila nipalensis **K** Groß mit langen und breiten Flügeln, Schwung- und Steuerfedern immer mit Bänderung, wulstiger gelber Schnabelwinkel reicht bis unter Augenhinterrand. Im AK einfarbig dunkelbraun, Nacken oft aufgehellt, Körper dunkler als Unterflügeldecken. Im JK heller braun, durch breit weißes Band auf den Unterflügeln unverwechselbar, stehend zwei weiße Flügelbinden sichtbar. **L** Vom Kaspischen Meer bis in mittelasiatische Steppen. **V** A oder Gefangenschaftsflüchtling.

9 Seeadler   G 85 cm, Sp 220 cm

 Haliaeetus albicilla **K** Riesig mit brettartigen, tief gefingerten Flügeln, gewaltigem Schnabel und recht kurzem, keilförmigem Schwanz. AK insgesamt recht einfarbig braun, etwas strähnig wirkend, Kopf heller, Schnabel gelb und Schwanz charakteristisch weiß. Im JK dunkler und gefleckt, Schnabel grau, Schwanz braun. Das AK wird langsam im Lauf von fünf Jahren angelegt. **S** Ruft am Brutplatz lachend „kji-kji-kji". **L** Alte Wälder an größeren Gewässern. **V** BJ im Nordosten Deutschlands, sonst w.

1 Mäusebussard G 52 cm, Sp 120 cm

Buteo buteo K Fast überall der häufigste Greifvogel, mittelgroß und breitflügelig mit fünf gefingerten Handschwingen und mittellangem, leicht gerundetem Schwanz, Füße und Wachshaut gelb. Im Flug werden die Flügel gerade oder leicht angehoben gehalten; segelt viel, rüttelt gelegentlich, steht aber meist auf Masten und Pfählen. Gefieder extrem variabel von fast weiß bis fast schwarz oder gescheckt, meist aber braun mit typischem hellerem Brustband, Schwanz mit vielen Binden. Breit schwarzer Flügelhinterrand und dunkle Schwanzendbinde des AK fehlen im JK noch. Nordost-europäische Unterart *vulpinus* rötlich und ähnlich dem größeren 4. S Ruft katzenähnlich „hii-jäh". L Fast alle Lebensräume. V BJZW.

2 Wespenbussard G 54 cm, Sp 125 cm

Pernis apivorus K Ähnlich 1, fliegt aber meist mit abwärts gebogenen Flügeln, kleiner Kopf auf langem Hals weit vorgestreckt, langer Schwanz mit gerundeten Ecken und drei Binden, rüttelt nicht. Färbung variabel, Unterseite oft quer gebändert, ♂ mit grauem Kopf, ♀ brauner. S Pfeifend „pii-iu". L Waldland mit offenen Bereichen, wo er Wespennester (Hauptnahrung) ausgraben kann. V BZ 5-9.

3 Raufußbussard G 54 cm, Sp 130 cm

Buteo lagopus K Größer, aber eleganter als 1, rüttelt oft, Lauf befiedert, Schwanzbasis immer weiß mit schwarzer Endbinde, Stirn hell und Unterseite kontrastreich weißlich mit dunklem Flügelbug- und Bauchfleck (fehlt meist bei ♂ im AK). S Ähnlich 1. L Nordeuropäisches Bergland, im Winter offenes Gelände. V W 10-4, hauptsächlich im Norden.

4 Adlerbussard G 56 cm, Sp 140 cm

Buteo rufinus K Kräftiger als 1, langflügelig, rüttelt oft. Gefieder meist überwiegend hell zimtbraun, brauner Bauchfleck immer dunkler als Kopf/Brust und Steiß, helle Flügelunterseite mit großem dunklem Bugfleck. Im AK Schwanz ungebändert rötlich, im JK beige mit Melierung. L Steppen und Berge Südost-Europas. V A.

5 Habicht G 55 cm, Sp 100 cm

Accipiter gentilis K Groß, im Vergleich zu 1 kurz- und breitflügelig, langschwänzig, mit Überaugenstreif. Im AK Oberseite grau, Unterseite quergebändert. Im JK oberseits braun, unterseits beige, braun getropft.

S Am Brutplatz gackernd „kjü-kjü-kjü" und lang gezogen fiepend „piiiji". L Wälder. V BJ.

6 Sperber G 35 cm, Sp 70 cm

Accipiter nisus K Kleiner und schmächtiger als 5, Querbänderung des ♂ rötlich, des oberseits braunen Jungvogels bräunlich. ♀ viel größer, erreicht fast Habicht-♂, aber Schwanz schmaler mit gerader statt gerundeter Spitze. S Warnt „kjikjikjik". L Wälder, Feldgehölze, Parks. V BJ.

7 Kurzfangsperber G 36 cm, Sp 72 cm

Accipiter brevipes K Sehr ähnlich 6, aber Unterflügel heller, Flügelspitzen ober- und unterseits dunkler, mittlere Steuerfedern oberseits ungebändert, Iris dunkel. ♂ mit grauen Kopfseiten, ♀ und JK mit dunklem Kehlstrich. S Ruft typisch „kii-wick". L Offene Laubwälder Südost-Europas, jagt besonders Eidechsen. V -, jedoch A in Österreich.

8 Rohrweihe G 50 cm, Sp 120 cm

Circus aeruginosus K Schlank und langschwänzig, niedriger, gaukelnder Flug mit v-förmig angehobenen Flügeln. ♂ braun mit grauem Schwanz und Flügelfeld, ♀ dunkelbraun mit beiger Kopfplatte, JK noch dunkler, Kopfplatte gelb. S ♂ balzt ähnlich Kiebitz „kie-vü". L Schilf, offenes Gelände. V BZ 4-9.

9 Kornweihe G 45 cm, Sp 110 cm

Circus cyaneus K Schlank mit langem Schwanz und langen, im niedrigen Suchflug v-förmig angehobenen Flügeln. ♂ hellgrau mit ausgedehnt schwarzen Flügelspitzen und weißen Oberschwanzdecken, letztere auch beim insgesamt bräunlichen, unterseits gestrichelten ♀ und im JK. ♀ und JK von 9, 10 und 11 einander sehr ähnlich und nur mit viel Erfahrung unterscheidbar. S ♂ balzt „tjük-ükükükük". L Offene Landschaften. V bZW.

10 Wiesenweihe G 45 cm, Sp 105 cm

Circus pygargus K Noch schlanker als 9, Flügel spitzer. ♂ grau mit schwarzer Flügelbinde, unterseits braun gestrichelt. Braunes ♀ meist ohne Halsband, im JK unterseits rostorange. S Höher als 9. L Offenes Gelände. V bZ 5-9.

11 Steppenweihe G 45 cm, Sp 110 cm

Circus macrourus K Ähnlich 9, doch spitzflügeliger. ♂ heller mit schwarzem Keil in Flügelspitze. ♀ mit deutlichem Halsband. Im JK wie 10, aber helles Hals- und dunkles Nackenband. L Steppen in Osteuropa. V A.

hell

dunkel

1

2

♂

JK

4

3

JK

JK

5

♂

♀ JK

JK

6

♀

JK

7

♀

♂

8

JK

♂

♀

10

JK

♂

♀

9

JK

11

JK

♂

♀

♂

Schmutzgeier

JK

Bartgeier

Gänsegeier

Mönchsgeier

Rohrweihe

♀

♂

JK

Kornweihe

♀

♂

JK

Wiesenweihe

♀

♂

JK

Steppenweihe

♀

♂

JK

Fischadler

Schlangenadler

JK

2. S

Seeadler

JK

2. S

Steinadler

JK

Schelladler

JK

Kaiseradler

hell

dunkel

JK

Schreiadler

Zwergadler

JK

Spanischer
Kaiseradler

JK

Habichtsadler

dunkel

hell

JK

normal

♂

♀

Mäusebussard

vulpinus

Wespenbussard

JK

JK

Raufußbussard

Adlerbussard

♂ JK

♀

Habicht

Gleitaar

JK

♂

♀

Kurzfangsperber

♂

♀

Sperber

Rotmilan

JK

Schwarzmilan

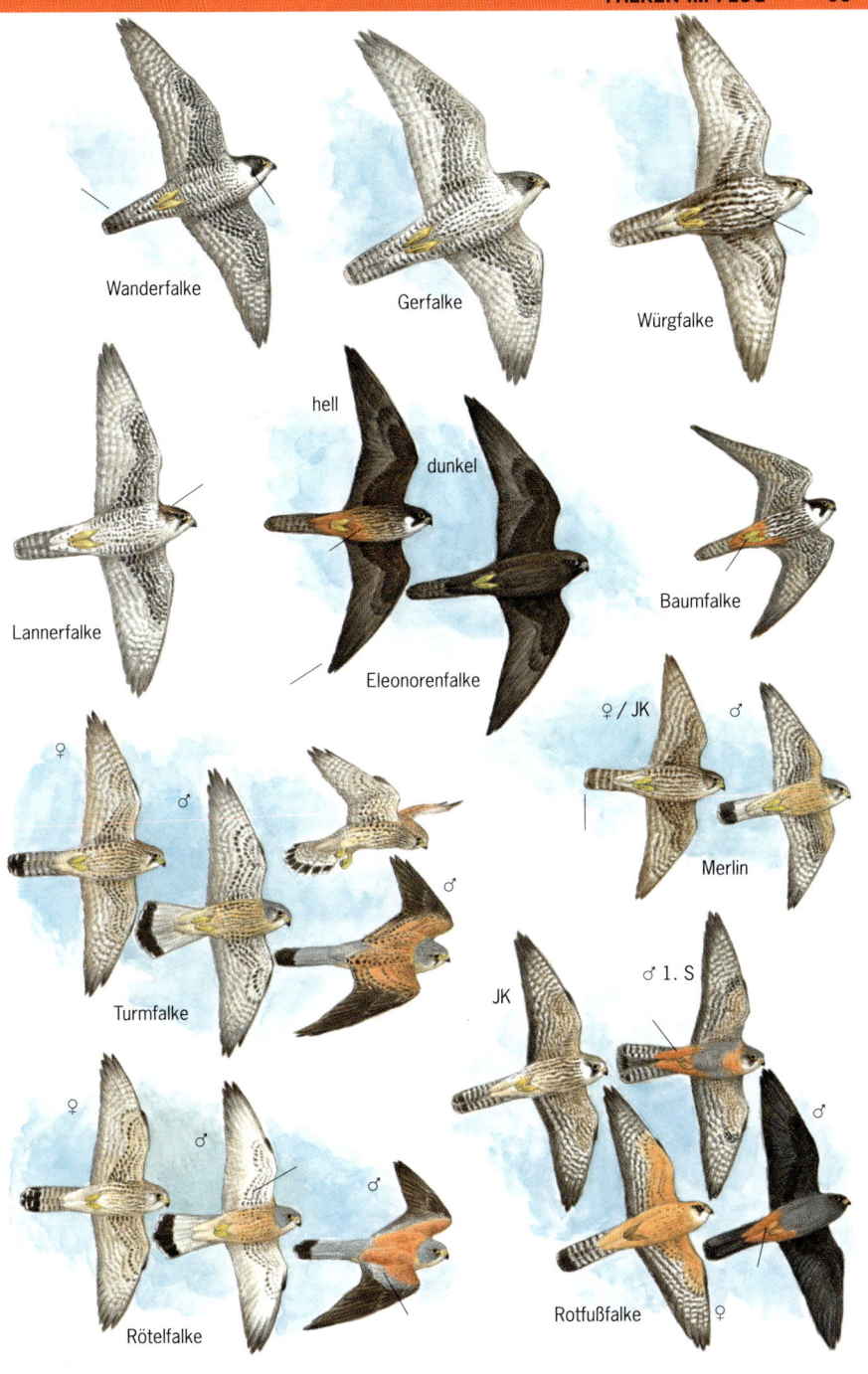

Wanderfalke

Gerfalke

Würgfalke

Lannerfalke

hell

dunkel

Eleonorenfalke

Baumfalke

♀ / JK ♂

Merlin

♀

♂

♂

Turmfalke

JK

♂ 1. S

♂

Rötelfalke

♀

♂

♂

Rotfußfalke

♀

FALKEN

1 Wanderfalke   G 45 cm, Sp 105 cm

Falco peregrinus **K** Bekanntester und häufigster Großfalke, groß, kompakt, mit breiter Brust, ♀ wie bei allen Falken größer als ♂. Im AK graue Oberseite, quer gewellte Unterseite, breiter Tränenstreif. Im JK brauner und unterseits getropft. **S** Ruft am Brutplatz rau „krä-krä-krä". **L** Gebirge, Felsen, Wälder, Städte, offene Landschaft in fast ganz Europa, brütet an Felsen, hohen Gebäuden, seltener auf Bäumen. **V** BJ.

2 Gerfalke   G 58 cm, Sp 120 cm

Falco rusticolus **K** Größter Falke, kräftig, breit- und relativ stumpfflügelig, schwacher Tränenstreif, meist düstere Wangen. Grundfärbung von dunkel braungrau über grau bis weißlich variierend. Helle Unterseite meist dunkel gepunktet bis quer gefleckt, im JK düster gestreift. **L** Nordeuropäische Gebirge und Küstenklippen. **V** A.

3 Würgfalke   G 51 cm, Sp 120 cm

Falco cherrug **K** Kräftig und relativ breitflügelig, oberseits gelblich braun, unterseits beige mit brauner Längstropfung, Scheitel hell, Tränenstreif schwach, Hosen dunkel. **L** Steppen und offene Landschaft Südost-Europas. **V** A, aber bj in Ostösterreich.

4 Lannerfalke   G 46 cm, Sp 100 cm

Falco biarmicus **K** Ähnelt dem größeren 3, aber Oberseite braungrau, Nacken rostbraun, unterseits auch im Flug heller mit feinerer dunkler Strichelung. Im JK oberseits dunkler als 3, Hosen hell, Flügel erreichen im Stehen Schwanzspitze. **L** Sehr selten in Gebirgen in Süditalien und auf dem Balkan (Unterart *feldeggii*), hauptsächlich Afrika. **V** -.

5 Eleonorenfalke   G 40 cm, Sp 95 cm

Falco eleonorae **K** Mittelgroß mit langen, schlanken Flügeln und langem Schwanz. Einfarbig dunkle Morphe unverkennbar, helle Morphe ähnlich 6, doch mit rostbraunem Bauch und dunklen Unterflügeldecken. Im JK von 6 im JK durch Größe, Silhouette und düstere Unterflügeldecken unterschieden. **S** Ruft heiser nasal „kjä-kjä …". **L** Koloniebrüter an Klippen und auf Felsinseln im Mittelmeer. **V** A.

6 Baumfalke   G 32 cm, Sp 76 cm

Falco subbuteo **K** Kleiner, schnittiger, eleganter, relativ kurzschwänziger Falke mit grauer Oberseite, gestrichelter Unterseite, weißen Wangen mit dunklem Tränenstreif. Rostbraune Färbung von Steiß und Hosen fehlt im JK noch. Jagt gern im Flug Libellen, auch Schwalben und Stare an deren Schlafplätzen. **S** Weniger scharf als 7 „kjikikjkji". **L** Offenes Waldland. **V** BZ 4-10.

7 Turmfalke   G 34 cm, Sp 74 cm

Falco tinnunculus **K** Häufigster Falke Europas, lange, spitze Flügel und langer Schwanz, steht häufig rüttelnd in der Luft. Oberseits braun (♂ rötlicher) mit schwarzen Flecken, unterseits beige mit dunklen Stricheln, Schwanz mit breit schwarzer Endbinde, beim ♂ grau, beim ♀ braun; Kopf des ♂ grau, JK ähnlich ♀. **S** Hoch „kikikikiki". **L** Alle Lebensräume, auch Städte; Brut an Gebäuden und auf Bäumen. **V** BJ.

8 Rötelfalke   G 30 cm, Sp 68 cm

Falco naumanni **K** Ähnlich 7, aber kleiner, heller, bunter, ♂ mit grauem Armflügelfeld und ungeflecktem Mantel, ♀ kaum von 7 unterscheidbar, aber Krallen weiß, Flügel reicht stehend dichter an Schwanzspitze. **S** Heiserer als 7. **L** Koloniebrüter meist an Gebäuden in offener Landschaft, auch in Städten. **V** A.

9 Merlin   G 29 cm, Sp 62 cm

Falco columbarius **K** Kleinster Falke, mit kurzen spitzen Flügeln recht kompakt gebaut, jagt gern in fast drosselartigem Flug dicht über dem Boden. ♂ oben blaugrau, unten rostfarben und dunkel gefleckt, Tränenstreif unauffällig. ♀ und JK oben düster graubraun mit kräftiger Schwanzbänderung. **L** Offene Landschaft, Moore, Heide in Nordeuropa, im Winter auch Felder. **V** W 9-4.

10 Rotfußfalke   G 31 cm, Sp 70 cm

Falco vespertinus **K** Klein wie 7, aber Flügel länger und Schwanz kürzer, rüttelt waagerecht, fängt im Flug Insekten wie 6 und ist gesellig. Rundum graues ♂ mit roten Hosen unverkennbar. ♀ oberseits schiefergrau gebändert, Unterseite (einschließlich Unterflügeldecken) und Kopf hell rostgelb, schwarze Augenmaske, Beine orangerot, Schwungfedern gebändert. JK ähnlich 6, aber kleiner, Schwanz kräftig gebändert, Stirn und Kopfseiten weißlich. ♂ im 1. S mit variablem Anteil grauer und rostroter Federn und noch aus dem JK stammenden gebänderten Schwung- und Steuerfedern. **S** Ruft gedehnt „tschrii-trih". **L** Koloniebrüter meist in alten Krähennestern in offenen Landschaften Südost- und Osteuropas. **V** z 5-6, 8-10, selten.

♀ JK

1

♂

Grönland   JK

2

JK

3

JK

4

dunkel

JK

hell

5

JK

6

♀

♂

7

♀

♂

8

♀

9

♂

♂ 1. S

JK

♀

♂

10

TRAPPEN

1 Großtrappe   **G** ♂ 100 cm, ♀ 80 cm

Sp 180-240 cm
Otis tarda **K** Groß, schwer, hochbeinig, ähnlich Truthuhn, mit braun und schwarz gebänderter Ober- und weißer Unterseite, Hals grau, Brust braun, im gänseähnlichen Flug mit ausgestrecktem Hals weißes Flügelfeld auffallend. ♂ können über 15 kg schwer werden und sind viel größer als ♀. Außerhalb der Brutzeit gesellig, doch sehr scheu (viele bei uns ausgesetzte Vögel aber extrem zahm). ♂ verwandelt sich bei der auffälligen Gruppenbalz zu weißer Kugel. **S** Stumm. **L** Wiesen, Steppen, Felder. **V** bj lokal in Ostdeutschland und Ostösterreich, fast ausgestorben.

2 Zwergtrappe   **G** 43 cm, Sp 110 cm

Tetrax tetrax **K** Viel kleiner als 1, eher hühnerähnlich, Flügel fast ganz weiß. ♂ im PK mit schwarzweißer Halszeichnung, im SK Hals und Brust wie beim ♀ braun gestrichelt. ♂ wirft bei der Balz rhythmisch den Kopf zurück und macht gelegentlich einen Flattersprung. **S** Schnarrt bei der Balz weit hörbar trocken „prrrt". **L** Offene, trockene Landschaft in Südeuropa. **V** A.

3 Steppenkragentrappe G 60 cm, Sp 140 cm
Chlamydotis macqueenii **K** (nicht abgebildet) Steht in der Größe zwischen 1 und 2, oberseits lehmbraun mit braungrauer Querfleckung, auf den Halsseiten ein auffallender schwarzer Längsstreif, ebenso am Hinterscheitel. Alle Schwungfedern dunkel, nur auf den Handschwingenbasen ein weißes Feld. **L** Mittelasiatische Steppen, verfliegt sich ausnahmsweise bis Mitteleuropa. **V** A.

KRANICHE

4 Kranich   **G** 110 cm, Sp 210 cm

Grus grus **K** Sehr groß, hochbeinig, langer Hals im Flug ausgestreckt, Beine überragen dann den Schwanz. Sehr scheu, ist meist ziehend in großen, keilförmigen Trupps zu sehen. Gefieder grau, Schirmfedern stehen als buschiges Hinterende ab, schwarz-weiß-rote Kopfzeichnung (im JK bräunlich) nur aus der Nähe erkennbar. **S** Ruft laut trompetend „kru", Paare im Duett, Trupps während des Zugs; Jungvögel rufen im Herbst piepsend „miep". **L** Zur Brutzeit Bruchwälder, Feuchtgebiete, Moore, rastend auf Feldern, Wiesen und im Flachwasser. **V** B (hauptsächlich Nordost-Deutschland), Z 2-3, 10-12.

5 Jungfernkranich   **G** 92 cm, Sp 170 cm

Grus virgo **K** Kleiner als 4, Schirmfedern länger und herabhängend (statt hochstehend), Vorderhals schwarz mit auf der Brust verlängerten Federn, weiße Ohrbüschel. Im JK Kopfseiten weißlich, Vorderhals grau. **S** Ruft etwas hölzerner als 4. **L** Brütet in Steppen vom östlichen Schwarzen Meer bis Mittelasien, erscheint lediglich auf Zypern als regelmäßiger Durchzügler, 4, 8-9. **V** -.

RALLEN

6 Teichhuhn   **G** 30 cm

Gallinula chloropus **K** Taubengroß und schwarz mit weißem Unterschwanz, rotem Stirnschild und weißer Flankenlinie. Ebenso häufig am Land wie auf dem Wasser unterwegs, erinnert durch Kopfnicken und Schwanzzucken an ein Huhn. **S** Ruft laut und plötzlich „kürrk", bei der nächtlichen Flugbalz auch „keck-eck-eck". **L** Bewachsene Binnengewässer, häufig auch auf Parkteichen. **V** BJ.

7 Blässhuhn   **G** 39 cm

Fulica atra **K** Insgesamt rußschwarz, taubengroß, an Land etwas hühnerähnlich, nickt mit dem Kopf, liegt schwimmend hoch im Wasser und ist von eher buckliger Gestalt. Im AK mit weißem Stirnschild, im JK Vorderhals noch weißlich. Grast gern in Gruppen an Land, taucht auch. **S** Ruft explodierend „pix" und tiefer „pöck", im Flug nasal „pnäau". **L** Gewässer aller Art, auch Parkteiche. **V** BJZW.

8 Kammblässhuhn   **G** 41 cm

Fulica cristata **K** Nur aus der Nähe sicher von 7 unterscheidbar: Winkel zwischen Schnabel und Stirnschild gerundet statt spitz, im Flug kein schmal weißer Armflügel-Hinterrand. Zwei kleine rote Höcker über dem Schnabelschild nur im PK ausgebildet und schwer erkennbar. **S** Ruft anders als 7 zweisilbig „keröck". **L** Vegetationsreiche Teiche, sehr selten, nur lokal in Südspanien. **V** -.

9 Purpurhuhn   **G** 48 cm

Porphyrio porphyrio **K** Größte Ralle, etwa so groß wie Haushuhn. Gefieder blau schimmernd, Beine, Schnabel und großes Stirnschild rot. Im JK etwas grauer. **S** Lautes, schrilles, nasales Trompeten in verschiedenen Variationen. **L** Klettert im dichten Vegetationsgürtel von Binnengewässern; in Europa nur lokal Südspanien, Mallorca, Sardinien. **V** A.

♂ balzend

♀

1

♂
♂
♀

2

4

JK

5

6

JK

PK

8

JK

7

9

JK

1 Wasserralle   **G** 24 cm

Rallus aquaticus **K** Etwa amselgroß mit gedrungenem, birnenförmigem Körper, langem, rötlichem Schnabel, gebänderten Flanken und weißen Unterschwanzdecken des oft gestelzten kurzen Schwanzes. Oberseits braun mit schwarzen Federzentren, unterseits im AK grau, im JK beige. Meist versteckt im Schilf, doch oft zu hören. **S** ♂ balzt „köp köp köp", ♀ „tjik-tjik tjürrr", im Flug nur „tjürrrl", außerdem ganzjährig schweineartiges Quieken und Knurren. **L** Schilf, dicht bewachsene Feuchtgebiete. **V** BZw.

2 Tüpfelsumpfhuhn   **G** 21 cm

Porzana porzana **K** Kleiner als 1 mit kurzem gelbem, nur an der Basis rotem Schnabel, grünen Beinen und gelblichen Unterschwanzdecken. Gefieder graubraun, weiß gebändert und fein getüpfelt. Im JK Kopf und Brust bräunlich gesprenkelt statt grau. **S** Balzt nachts im Sekundentakt weit hörbar peitschend „quip, quip, quip". **L** Sumpfgebiete mit Seggen und Binsen, Überschwemmungswiesen. **V** BZ 4-9.

3 Kleines Sumpfhuhn   **G** 18 cm

Porzana parva **K** Im Gegensatz zu 2 nicht gesprenkelt, sondern oberseits hellbraune Längsstreifen, Unterschwanz schwarz gebändert; Flügel lang, Schnabel grünlich mit rotem Basisfleck. ♂ unterseits grau, ♀ beige, JK weißlich mit etwas deutlicherer Flankenbänderung. **S** ♂ balzt nachts abfallend quakend „queg queg-queck-kwä-kwäkwekue", unverpaartes ♀ balzt bellend „pöck pöck-pörrr". **L** Große Schilfgebiete. **V** Lokal bz 4-9, besonders Brandenburg; sehr häufig am Neusiedlersee.

4 Zwergsumpfhuhn   **G** 17 cm

Porzana pusilla **K** Winzig und ähnlich dem ♂ von 3, aber kürzere Flügel, nie Rot am Schnabel, Oberseite weiß gekritzelt, Flankenbänderung deutlicher. Im JK Brust bräunlich gebändert. **S** ♂ balzt froschähnlich alle 2-3 Sek. leise hölzern schnarrend „errrrrrrr", ♀ ruft ähnlich warnendem Rohrsänger leise „schrr". **L** Seggensümpfe, überschwemmte Wiesen. **V** A.

5 Wachtelkönig   **G** 23 cm

Crex crex **K** Wiesenbewohnende, braune, hühnerähnliche Ralle, fast nie zu sehen, aber an rostbraunen Flügeldecken erkennbar. Brust grau, Flanken braun gebändert. **S** Balzt nachts ununterbrochen laut und hölzern schnarrend „rrrrp-rrrrp, rrrrp-rrrrp". **L** Feuchte Wiesen, teilweise auch Getreidefelder. **V** bz 5-9.

6 Laufhühnchen   **G** 16 cm

Turnix sylvaticus **K** Einer Wachtel ähnlich, aber noch kleiner, Schwanz und Flügel (mit hellem Armdeckenfeld) kürzer, Brust orange, Brustseiten mit schwarzen Halbmonden. Umgekehrte Geschlechterrollen, ♂ matter gefärbt als ♀. Lebt sehr versteckt. **S** ♀ balzt in der Dämmerung wie entfernt muhende Kuh „huu huu". **L** Offene, trockene Landschaft mit dichter, niedriger Vegetation, gern Möhrenfelder. In Europa extrem selten nur in Südspanien, sonst Afrika und Asien. **V** -.

7 Triel   **G** 42 cm, Sp 82 cm

Burhinus oedicnemus **K** Groß und tarnfarbig braun, schwarzweiße Flügelzeichnung, großes, gelbes Auge; nachtaktiv. **S** Ruft nachts ähnlich Brachvogel flötend und rollend „krrü-li" oder „trri-iel". **L** Steppe, Heide, Brachflächen. **V** Ehemals bz, heute A.

8 Austernfischer   **G** 42 cm, Sp 78 cm

Haematopus ostralegus **K** Unverwechselbar, taubengroß, markant schwarzweißes Gefieder, Schnabel und Beine rot, breit weiße Flügelbinde; meist in Gruppen. **S** Laut „kiibik", „bik, bik". **L** Küsten, Watt, Feuchtwiesen, Weiden. **V** BJZW, häufig an Küsten, vereinzelt im Binnenland brütend.

9 Stelzenläufer   **G** 35 cm, Sp 72 cm

Himantopus himantopus **K** Grazil mit extrem langen roten Beinen und dünnem, geradem schwarzem Schnabel, Flügel ganz schwarz, vom JK bis 1. **S** mit schmal weißem Hinterrand. **S** Nasal „krit" und „kip". **L** Salziges Flachwasser, besonders an Küsten in Südeuropa. **V** A, ausnahmsweise b, auch am Neusiedlersee.

10 Säbelschnäbler   **G** 44 cm, Sp 72 cm

Recurvirostra avosetta **K** Unverwechselbar durch lange bläuliche Beine, aufwärts gebogenen Schnabel und schwarzweißes Gefieder mit auffallendem Flügelmuster. **S** Voll flötend „kluit" und „plütt". **L** Watt, Schlammflächen, Flachwasser. **V** BZW an Küsten, nur vereinzelt Binnenland, doch B am österreichischen Neusiedlersee.

REGENPFEIFERVERWANDTE

1 Kiebitz   **G** 30 cm, Sp 70 cm

Vanellus vanellus **K** Besonders im Binnenland der bekannteste und auffälligste Watvogel, oft in Gruppen oder großen Trupps. Taubengroß, durch Federholle (im SK und JK kürzer) und Färbung unverkennbar: oberseits metallisch schwarz, unterseits weiß mit schwarzem Halsband (im PK auch Kehle), weißer Schwanz mit schwarzer Binde. Flügel breit mit runder Spitze, Flügelschlag langsam. **S** Ruft „kiewitt" in verschiedenen Variationen, bei der akrobatischen Flugbalz auch gereiht und mit mechanischem Flügelwummern („Wuchteln") verbunden. **L** Feuchtgebiete, Wiesen, Felder. **V** BZw.

2 Spornkiebitz   **G** 27 cm

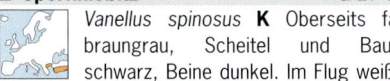

Vanellus spinosus **K** Oberseits fahl braungrau, Scheitel und Bauch schwarz, Beine dunkel. Im Flug weißer Schwanz mit breit schwarzer Binde, Handflügel und Armschwingen schwarz, durch sichelförmigen weißen Bereich vom Braun der übrigen Oberseite getrennt. Im JK oberseits helle Federränder. Trägt seinen Namen wegen eines kaum sichtbaren kurzen Sporns am Flügelbug. **S** Ruft laut „kip-kip-…" und „kri-kri-…". **L** In Europa nur in Ostgriechenland in küstennahen Feuchtgebieten, sonst Vorderasien. **V** -.

3 Steppenkiebitz   **G** 28 cm
Vanellus gregarius **K** Etwas kleiner als 1, oberseits fahl graubraun, weißer Überaugenstreif und dunkler Scheitel kennzeichnend, Beine dunkel. Bauch nur im PK dunkel, Brust im JK dunkel gestrichelt. Weißes Dreieck auf Armflügel-Hinterrand, Schwanz mit schwarzer Endbinde. **S** Ruft rauer als 1 „kreschkreschkresch". **L** Brutvogel mittelasiatischer Steppen. **V** A, gelegentlich in Kiebitztrupps.

4 Weißschwanzkiebitz   **G** 27 cm
Vanellus leucurus **K** Beine viel länger als bei 1 und gelb, Oberseite hell graubraun, blasser Kopf ohne Markierungen. Im JK oberseits markant geschuppt. Im Flug breit weißes Diagonalband bis zum Flügelbug, Schwanz ganz weiß, von Beinen weit überragt. **S** Ruft eher leise „chiwit". **L** Brutvogel mittelasiatischer Steppenseen, westwärts bis Wolga- und gelegentlich Donaudelta. **V** A.

5 Kiebitzregenpfeifer   **G** 28 cm

Pluvialis squatarola **K** Großer, kräftiger Regenpfeifer, insgesamt eher silbern wirkend, heller als 6, im Flug von diesem sofort an schwarzen Achselfedern, breit weißem Flügelstreif, hellem Schwanz und weißem Bürzel unterschieden. Schwarze Bauchfärbung im PK reicht bis an die Flügel, Brustseiten ausgedehnter weiß; im grauen JK mit beiger, gestrichelter Brust, manchmal aber ähnlich gelblich wie 6. **S** Ruft traurig flötend dreisilbig „pli-u-i". **L** Brütet in hocharktischer Tundra, überwintert an Meeresküsten von der Nordsee bis Westafrika. **V** Z 4-6, 8-10, auch w, meist an Küsten, nur vereinzelt im Binnenland.

6 Goldregenpfeifer   **G** 26 cm

Pluvialis apricaria **K** Rundlicher Regenpfeifer mit rollendem Gang, im Flug im Gegensatz zu 5 ganz weißliche Unterflügel und Achseln (vgl. auch 7 und 8) und nur schwacher Flügelstreif, Schwanz und Bürzel dunkel. Oberseite immer goldgelb gesprenkelt, im PK schwarze Unterseite (bei südlichen Brutvögeln und ♀ weniger ausgedehnt) durch weiße Flankenlinie begrenzt, im SK und JK Bauch weißlich, gelbliche Brust graubraun gestrichelt. Rastet während des Zugs oft zwischen Kiebitzen. **S** Ruft traurig flötend einsilbig „diüh", im schmetterlingsartigen Balzflug wiederholt „dü-di-üüh", von einem leiseren rhythmischen Triller gefolgt. **L** Brütet in Mooren und Tundren Nordeuropas, während des Zugs oft auf Feldern und Wiesen, seltener auf Schlammflächen als 5. **V** b (Niedersachsen, fast ausgestorben), Z 2-4, 9-11, w.

7 Tundra-Goldregenpfeifer   **G** 23 cm
Pluvialis fulva **K** Ähnlich 6, aber seltene Ausnahmeerscheinung. Etwas kleiner, zierlicher, hochbeiniger, Unterflügel einschließlich Achseln blass braungrau (statt weiß), Zehen überragen im Flug Schwanzspitze. Im PK Flanken und Unterschwanzdecken oft gemustert oder ganz schwarz, im JK insgesamt oft gelblicher. **S** Ruf bestes Kennzeichen, zweisilbig flötend „tschu-it", ähnlich Dunklem Wasserläufer. **L** Brütet in nordsibirischer Tundra, überwintert im Südpazifik. **V** A.

8 Prärie-Goldregenpfeifer   **G** 25 cm
Pluvialis dominica **K** Sehr ähnlich 7, aber noch seltener. Ebenfalls kleiner als 6 und wie 7 mit braungrauen Unterflügeln und Achseln, aber den Schwanz weit überragenden Flügeln. Im PK beim ♂ meist gesamte Unterseite schwarz. Im JK grauer als 6 und 7 mit dunklerem, durch weißlichen Überaugenstreif begrenzten Scheitel. **S** Ruft höher als 6 „klu-i". **L** Brütet in Nord-, überwintert in Südamerika. **V** A.

SK

1

2

4

3

SK

5

SK

PK

JK

6

PK

SK/JK

8

PK

1. W

7

PK

1. W

1 Flussregenpfeifer   **G** 16 cm

Charadrius dubius **K** Am weitesten verbreiteter und im Binnenland häufigster kleiner Regenpfeifer. Oberseite hellbraun, Unterseite weiß, kurzer Schnabel dunkel, relativ kurze Beine blass, schmaler gelber Lidring, im Flug kein Flügelstreif. Im PK Brustband und Gesichtszeichnung schwarz und auffallend; im JK Brustband schmaler, bräunlich, meist in der Mitte unterbrochen (vgl. 3), Kopf gelblichbraun. Rennt rollend über offene Flächen und bleibt ruckartig stehen. **S** Ruft flötend „tiu", bei der Balz auch im Flug rau rollend „chrechrechrechre". **L** Brütet auf offenen Kies- und Schlammflächen im Binnenland. **V** BZ 4-9.

2 Sandregenpfeifer   **G** 18 cm

Charadrius hiaticula **K** Kräftiger als 1, Schnabelbasis und Beine orangegelb, kein Lidring, im Flug breiter, weißer Flügelstreif. Im JK von 1 auch an markantem weißem Überaugenstreif und breiterem, oft geschlossenem Brustband unterscheidbar. **S** Ruft flötend „tü-ip", im Balzflug „tu-widih tu-widih". **L** Brütet hauptsächlich an Küsten, Stränden, Watt und Schlammufern (im Norden und Osten auch in Tundra oder an grasigen Seeufern), zur Zugzeit auch im Binnenland an Schlammflächen aller Art. **V** BZ 3-5, 8-10, w.

3 Seeregenpfeifer   **G** 16 cm

Charadrius alexandrinus **K** Wirkt insgesamt hell, zierlich, aber großköpfig, Brustband vorne immer offen (kann mit 1 im JK verwechselt werden), aber Beine und Schnabel schwarz, Flügelstreif im Flug breit weiß. Beim ♂ im PK Scheitel rotbraun, Brustband schwarz, ♀ und JK blass und ohne Schwarz. **S** Ruft „püit" und „pip pit", balzt „reereereeree". **L** Sandstrände, offene Salzwiesen an Küsten, regional im Binnenland auch an vegetationsarmen Ufern von Salzseen. **V** bz 4-10, nur Nordsee, auch ziehend kaum im Binnenland, in Österreich aber B am Neusiedlersee.

4 Mornellregenpfeifer   **G** 22 cm

Charadrius morinellus **K** Mittelgroßer, rundlicher Regenpfeifer; weißlicher, im Nacken zusammenlaufender Überaugenstreif, helles Brustband, gelbliche Beine, graue Unterflügel und einfarbig dunkle Oberflügel immer kennzeichnend. Im PK schwarzbrauner Bauch, dieser im SK und oberseits geschuppten JK weißlich. ♀ sind intensiver gefärbt als die sich allein

um die Brut kümmernden ♂. **S** Ruft weich rollend „brrrüt", ♀ balzt im Kreisflug „bütt bütt". **L** Nordeuropäische Tundra und Bergwiesen, lokal auch Gebirge im Süden, rastet zur Zugzeit in Trupps auf kurzrasige Flächen, auch Feldern, gerne auf Hochplateaus. **V** z 5, 8-9, in den österreichischen Alpen lokal seltener b.

SCHNEPFENVERWANDTE

5 Odinshühnchen   **G** 18 cm

Phalaropus lobatus **K** Zierlicher Watvogel, meist schwimmend zu sehen, pickt mit schlankem Schnabel Nahrung von der Wasseroberfläche, wenig scheu. Im PK ziegelrotes Halsband, Kehle und Bauch weiß, im JK Oberseite gelblich längs gestreift, im SK und 1. W oberseits grau mit unauffälligen weißen Längsstreifen und schwarzem Augenstreif; im Flug schmaler weißer Flügelstreif. ♀ sind im PK intensiver gefärbt als die sich allein um die Brut kümmernden ♂. **S** Ruft kurz „kepp". **L** Nordeuropäische Teiche und Tundratümpel, rastet auf Binnengewässern und überwintert hauptsächlich auf dem Persischen Golf. **V** z 5, 7-9.

6 Thorshühnchen   **G** 21 cm

Phalaropus fulicarius **K** Ähnlich 5, ebenfalls meist auf dem Wasser kreiselnd, doch etwas kräftiger und mit dickerem, an der Basis gelbem Schnabel. Im PK im Gegensatz zu 5 ganze Unterseite einschließlich Bauch und Kehle rostrot. Im JK gelbe Streifen auf Mantel und Schultern schwächer als bei 5, im SK und 1. W oberseits ungestreift steingrau. Auch hier ♀ im PK intensiver gefärbt als ♂. **S** Ruft kurz und metallisch „pick" oder „kitt", ♀ balzt im Flug „brrrip". **L** Brütet in hocharktischer Tundra, in Europa nur auf Island, überwintert auf dem Südatlantik, bei uns sehr selten im Winterhalbjahr auf der Nordsee und ausnahmsweise auf Binnengewässern. **V** A

7 Wilsonwassertreter   **G** 23 cm

Phalaropus tricolor **K** (nicht abgebildet) Nordamerikanischer Wassertreter, etwas größer als 5 und 6 mit längerem, nadelfeinem Schnabel und längeren gelben Beinen (diese nur im PK schwarz), schwimmt auch, läuft aber häufiger wie ein Wasserläufer am Ufer. Im PK durch grauen Scheitel, weißen Hinterhals, kastanienbraunen Halsseitenstreif und orangefarbenen Vorderhals unverwechselbar. Im SK hell grau mit langem Überaugenstreif. Flügel einfarbig dunkel, Bürzel weiß. **S** Ruft „witt". **L** Nordamerikanische Gewässer. **V** A.

1 Großer Brachvogel   G 54 cm

Numenius arquata **K** Hühnergroßer Watvogel, durch Größe, sehr langen, gleichmäßig abwärts gebogenen Schnabel, lange Beine und braun gemustertes Gefieder unverkennbar; im Flug keine auffallenden Flügelbinden, aber weißer Rückenkeil. Schnabel bei ♀ länger als bei ♂ und im JK. Oft in Trupps, wirkt im gemeinsamen Flug möwenähnlich. **S** Ruft flötend „kuur-li", im Balzflug lange Flötentöne, die in rhythmische Triller übergehen. **L** Brütet in Mooren und Feuchtwiesen, rastet auch an Meeresküsten, auf Schlammflächen und sogar Feldern. **V** bZ 3-4, 7-10.

2 Regenbrachvogel   G 42 cm

Numenius phaeopus **K** Sehr ähnlich 1, aber deutlich kleiner, Schnabel kürzer und erst an der Spitze deutlich abwärts geknickt, dunkler Scheitel mit hellem Längsstreif typisch; Flügelschläge schneller. **S** Im Flug häufig geäußerter lachender Triller „bibibibibibi" ist bestes Kennzeichen, Gesang ähnlich 1, doch mit gleichmäßigem Triller endend. **L** Brütet in Feuchtgebieten, Mooren, Tundra Nordeuropas, rastet meist an Küsten, selten auf Schlammflächen im Binnenland. **V** Z 4-5, 7-9.

3 Uferschnepfe   G 40 cm

Limosa limosa **K** Großer, hochbeiniger Watvogel mit langem, geradem, an der Basis hellem Schnabel; schreitet wie ein kleiner Storch durch die Wiese. Im Flug breit weißer Flügelstreif und breite, schwarze Endbinde des weißen Schwanzes. Im PK überwiegend rostbraun (besonders intensiv und ausgedehnt bei kleinerer Unterart *islandica* auf Island) mit gebändertem weißlichem Bauch, im SK recht einfarbig braungrau, im JK rostgelb. **S** Ruft „keweckü" und „wi-ih", im Balzflug „gritta gritta". **L** Feuchtwiesen, zur Zugzeit auch Flachwasser. **V** b, meist Norddeutschland, Z 3-4, 7-9.

4 Pfuhlschnepfe   G 38 cm

Limosa lapponica **K** In allen Kleidern ähnlich 3, aber Beine kürzer, Schnabel leicht aufgeworfen, kein weißer Flügelstreif, dafür Schwanz fein quer gebändert und weißer Rückenkeil. Rostbrauner Bauch im PK ungebändert, im SK Oberseite deutlich gemustert. **S** Ruft nasal „kewü" und „gä-gä", beim Balzflug gereiht. **L** Brütet in nordeuropäischer Tundra, zur Zugzeit häufig Wattenmeer, selten Binnenland. **V** Z 5, 8-10, Küste auch J.

5 Bekassine   G 25 cm

Gallinago gallinago **K** Bekannteste und häufigste Schnepfe mit sehr langem, geradem Schnabel, kurzen Beinen und schilfartig tarnfarben gestreifter Oberseite. Stochert mit dem Schnabel tief in den weichen Untergrund von Schlammufern und nassen Wiesen. Drückt sich bei Gefahr erst auf den Boden, fliegt dann im charakteristischen Zickzack-Flug rufend auf. **S** Ruft im Flug heiser „rätsch", balzt am Boden wie ein Uhrwerk „ticka-ticka-ticka", lässt bei der Flugbalz ein mit den Schwanzfedern erzeugtes mechanisches Wummern oder Meckern hören („Himmelsziege"). **L** Moore, Feuchtwiesen, rastend auch Schlammflächen oder Grabenränder. **V** BZ 3-10, w.

6 Doppelschnepfe   G 28 cm

Gallinago media **K** Extrem ähnlich 5, aber viel seltener. Körper massiger, Unterflügel und Unterseite gebändert, kein weißer Flügelhinterrand, aber zwei weiße Flügelbinden, viel Weiß auf den Schwanzkanten; fliegt stumm und gerade mit burrendem Flügelgeräusch auf. **S** Bei Gruppenbalz am Boden zirpende und klappernde Töne. **L** Moore und Feuchtwiesen Nordost-Europas, rastend oft auf trockeneren Flächen als 5. **V** A.

7 Zwergschnepfe   G 19 cm

Lymnocryptes minimus **K** Bedeutend kleiner als die ähnliche 5, Schnabel kürzer, dunkle Kopfplatte ohne hellen mittigen Längsstreif, Flanken gestrichelt statt gebändert. Bei der Nahrungssuche typisches Körperwippen, drückt sich bei Gefahr und fliegt erst kurz vor den Füßen des Beobachters stumm und gerade auf, dabei keilförmiger Schwanz ohne Weiß sichtbar. **S** Fluggesang erinnert an galoppierendes Pferd. **L** Nordost-europäische Moore und Sümpfe, rastend in Feuchtwiesen und an Grabenrändern. **V** Z 3-4, 9-11, w.

8 Waldschnepfe   G 35 cm

Scolopax rusticola **K** Taubengroß, schwer und sehr langschnäbelig, tarnfarbiges Gefieder wie Herbstlaub, Scheitel quer gebändert statt längs gestreift. Im Flug recht einfarbig düster braun mit weißer Schwanzendbinde. **S** ♂ singt während des abendlichen gaukelnden Balzflugs an Waldrändern tief quorrend und hoch piepsend „oorg oorg piz", sonst stumm. **L** Heimlicher Brutvogel feuchter Laubwälder. **V** BZ 3-11, w.

1 Rotschenkel   G 26 cm

Tringa totanus **K** Mittelgroßer, weit verbreiteter Wasserläufer mit langen roten Beinen und roter Basis des geraden, mittellangen Schnabels; im Flug einmaliger breit weißer Flügelhinterrand und weißer Rückenkeil. Gefieder im PK und JK (dann Beine oft noch orange) graubraun meliert, im SK oberseits einfarbig braungrau. **S** Ruft flötend „tjü-hü(-hü)", warnt „kip, kip", balzt im Flug gereiht „tlüh-tlüh-tulit". **L** Küsten, Feuchtwiesen, binnenländische Schlammflächen. **V** BZ 3-10, w, als Brutvogel fast nur in Norddeutschland.

2 Dunkler Wasserläufer   G 30 cm

Tringa erythropus **K** Zwar „rotschenkelig" wie 1, aber hochbeiniger mit längerem, an der Spitze leicht abgeknicktem Schnabel; keine weiße Flügelzeichnung, aber ovales weißes Rückenfeld. Gefieder im PK sonst fast ganz schwarz, besonders ♂, Beine dann dunkel, im JK braun mit gebänderter Unterseite, im SK oberseits steingrau. **S** Pfeift scharf „tju-it", balzt monoton „truu-ih truu-ih". **L** Brütet in Feuchtgebieten der nordeuropäischen Taiga, zur Zugzeit Watt, Ufer, Schlammflächen. **V** Z 4-5, 7-10.

3 Grünschenkel   G 32 cm

Tringa nebularia **K** Großer und heller Wasserläufer mit langen grünlichen Beinen und grünlicher Basis des leicht aufgeworfenen langen Schnabels; im Flug weißer Rückenkeil und heller Schwanz, Flügel ungemustert. Federn der Oberseite im PK mit schwärzlichen Zentren, im JK braun mit hellen Säumen, im SK grau. **S** Ruft härter flötend als 1 „kjü-kjü-kjück", singt im wellenförmigen Balzflug „kluvü-kluvü". **L** Brutvogel nordeuropäischer Feuchtgebiete und offener Wälder, rastet auf Schlammflächen. **V** Z 4-5, 7-10.

4 Teichwasserläufer   G 23 cm

Tringa stagnatilis **K** In der Färbung sehr ähnlich 3, aber deutlich kleiner, zierlicher, relativ hochbeiniger, heller, mit feinerem geradem Schnabel, Überaugenstreif und Stirn oft auffallend weiß; im Flug Zehen weiter über Schwanz ragend, weißer Rückenkeil länger. Im PK schwarz gezackte Flecken auf der lehmbraunen Oberseite kennzeichnend. Im JK Vorderhals und Brust anders als bei 3 ungestrichelt. **S** Ruft weich flötend „kjü" oder „djü-dü", balzt „tjü-liu tjü-liu". **L** Brütet hauptsächlich in Feuchtgebieten Osteuropas und Asiens. **V** z 4-5, 7-9.

5 Waldwasserläufer   G 22 cm

Tringa ochropus **K** Mittelgroßer, robuster Wasserläufer mit kontrastreicher Färbung, gesamte Oberseite sehr dunkel und kaum gefleckt, Unterseite weiß mit scharf abgesetzter dunkler Brust; im Flug Ober- und im Gegensatz zu anderen Wasserläufern auch Unterflügel schwärzlich, Oberschwanzdecken kontrastreich weiß abstechend. Im JK oberseits etwas heller und deutlicher gesprenkelt, dadurch 6 ähnlicher. Kann wegen seiner dunklen Brust auch mit dem kleineren, helleren, kurzbeinigeren Flussuferläufer verwechselt werden. Tritt eher einzeln als in Trupps auf. **S** Kennzeichnender Flugruf jodelnd „tluit-uit-uit", warnt scharf „tip tip", singt „tluu-i tlüi". **L** Brütet in feuchten Wäldern in alten Drosselnestern, zur Zugzeit Gewässer aller Art. **V** b besonders Nordost-Deutschland, Z 3-10, w.

6 Bruchwasserläufer   G 20 cm

Tringa glareola **K** Typischer und häufiger, eher kleiner Wasserläufer, Oberseite mittelbraun mit hellen Sprenkeln (im JK mehr, aber kleiner), weißliche Unterseite auf Brust und Flanken braun gefleckt, Beine gelblichgrün, Schnabel dunkel. Im Flug oberseits einfarbig braun, nur Bürzel weiß, Unterflügel im Gegensatz zu 5 hell. Meist in kleinen Trupps. **S** Ruft hell „giff-giff-giff", balzt jodelnd „liltü-liltü". **L** Brütet in nordeuropäischen Feuchtgebieten, rastet häufig auf Schlammflächen und Überschwemmungswiesen. **V** Z 4-5, 7-9.

7 Kampfläufer   G ♂ 30 cm, ♀ 23 cm

Philomachus pugnax **K** Sehr vielgestaltig und daher leicht mit anderen Arten verwechselbar, ♂ größer als ♀, immer typisch sind aber mittellanger, schwach abwärts gebogener Schnabel, kleiner Kopf, etwas bucklige Gestalt, im Flug einfarbige Oberseite mit zwei ovalen, weißen Flecken auf Oberschwanzdecken; im Gegensatz zu Wasserläufern kein Körperwippen. Altvögel mit gelben bis roten Beinen, ♂ im PK mit typischer Halskrause, individuell gemustert oder einfarbig weiß, schwarz oder rotbraun, ♀ deutlich kleiner, im PK nur einzelne schwarze Bauch- und Mantelflecken, im SK beide oberseits braungrau, unterseits weißlich. JK insgesamt gelblichbraun, Oberseite deutlich geschuppt, Beine graugrün; **S** Stumm; ♂ vollführen auffällige Arenabalz. **L** Moore, Feuchtwiesen, hauptsächlich Nord- und Osteuropa, zur Zugzeit auf Schlammflächen. **V** b (selten Norddeutschland), Z 3-10.

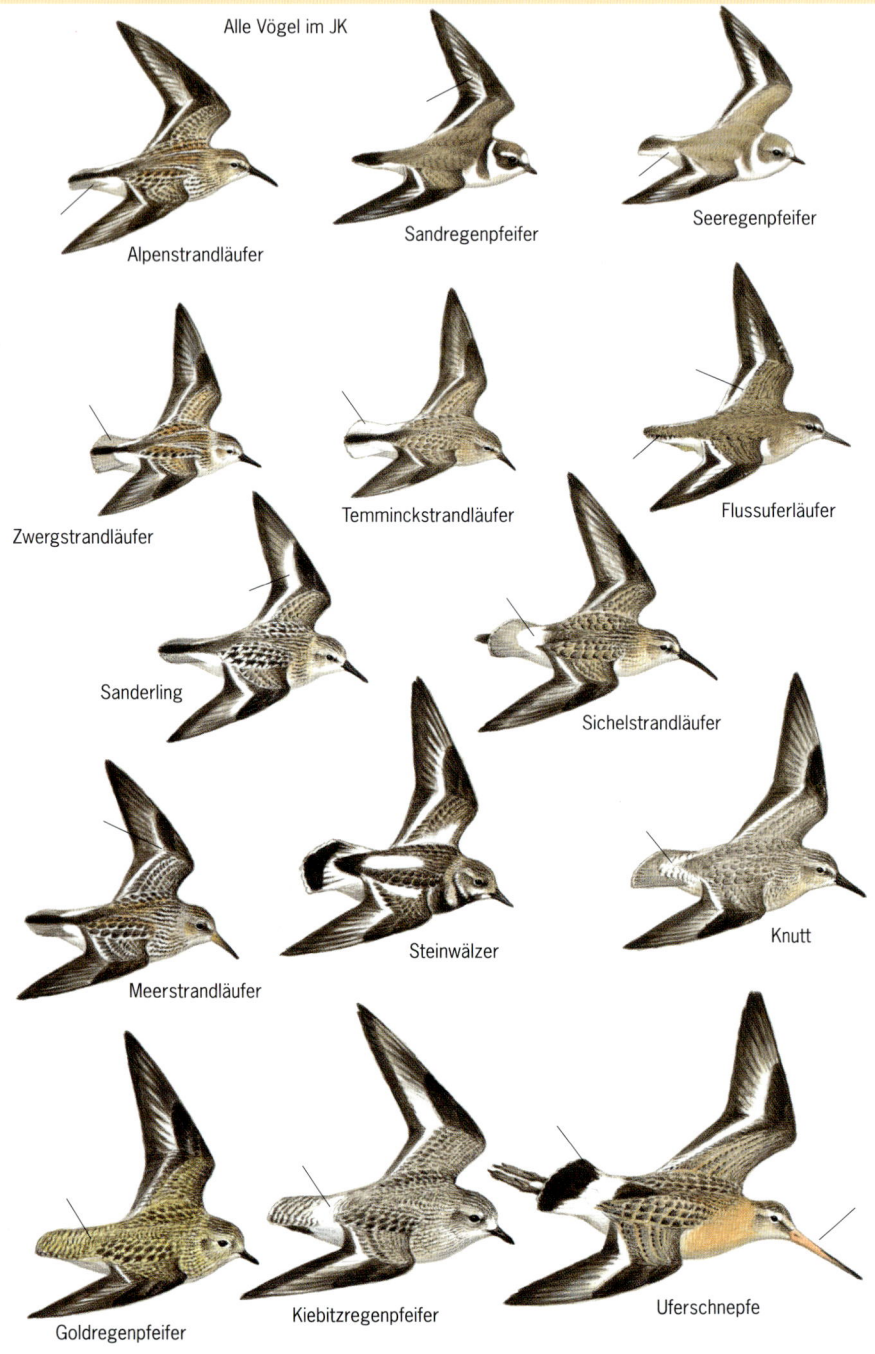

Alle Vögel im JK

Alpenstrandläufer

Sandregenpfeifer

Seeregenpfeifer

Zwergstrandläufer

Temminckstrandläufer

Flussuferläufer

Sanderling

Sichelstrandläufer

Meerstrandläufer

Steinwälzer

Knutt

Goldregenpfeifer

Kiebitzregenpfeifer

Uferschnepfe

Alle Vögel im JK

Flussregenpfeifer

Mornellregenpfeifer

Kampfläufer

Bruchwasserläufer

Waldwasserläufer

Grünschenkel

Rotschenkel

Dunkler Wasserläufer

Bekassine

Pfuhlschnepfe

Großer Brachvogel

Regenbrachvogel

1 Flussuferläufer   G 19 cm

Actitis hypoleucos K Sehr kurzbeiniger Wasserläufer, oberseits hellbraun (im PK mit unauffälligen schwärzlichen Federzentren, im JK durch helle und dunkle Federsäume deutlich geschuppt), unterseits weiß mit bräunlicher Brust (im Gegensatz zum dunkleren Waldwasserläufer durch weißen Keil vom Flügelbug getrennt). Wippt fast ständig mit dem ganzen Körper; fliegt auf steifen Flügeln niedrig über das Wasser, wobei der breit weiße Flügelstreif auffällt. S Ruft sehr hoch „hititititi", warnt schrill „hiiijt", balzt im Flug „hididiih-didi hididiih-didi". L Brütet an steinigen Gewässerrändern, zur Zugzeit Ufer aller Art. V bZ 4-5, 7-9.

2 Drosseluferläufer   G 19 cm

Actitis macularius K (nicht abgebildet) Nordamerikanisches Gegenstück zu 1, kurzschwänziger, Flügelstreif reicht nicht bis Körper. Im PK unterseits wie Singdrossel schwarz gefleckt, Beine rötlich. JK grauer als 1, Schirmfederränder ohne Sägemuster, Schnabel graurosa, Beine gelblich. S Ruft einsilbig „kit". L Gewässerränder. V A.

3 Terekwasserläufer   G 23 cm

Xenus cinereus K In Gestalt, Färbung und Verhalten oberflächlich ähnlich 1, aber größer, mit längerem, aufwärts gebogenem Schnabel und gelben Beinen; im Flug weißer Flügelhinterrand ähnlich Rotschenkel, aber schwächer. Oberseite eher grau als braun mit schwarzem Flügelbug, im PK mit deutlicher, im JK mit schwacher schwarzer V-Zeichnung auf den Schulterfedern. S Ruft flötend „dü-dü-djü", balzt traurig rollend „kla-klurrrüh kla-klürrrüh". L Brütet an schlammigen Ufern von Gewässern in der Taiga Nordost-Europas. V A.

4 Grasläufer   G 19 cm

Tryngites subruficollis K Überwiegend ockerfarbener, eigentümlicher Watvogel aus Nordamerika, bei aufmerksam gerecktem Hals an manche ♀ des Kampfläufers im JK erinnernd. Dünner Schnabel kurz und gerade, Beine orangegelb, Oberseite durch helle Federsäume geschuppt, gesamte Unterseite ockergelb mit schwarzen Punkten auf Brustseiten, großes Auge von hellem Ring umgeben; im Flug kein Weiß auf Oberschwanz, Unterflügel weiß mit dunklem Halbmond auf Großen Handdecken. Meist wenig scheu. S Ruft selten „prrrt". L Tundra in Nordamerika und Ostsibirien, alljährlich einzelne in Westeuropa, oft auf kurzrasigen Wiesen. V A.

5 Knutt   G 25 cm

Calidris canutus K Kräftig gebauter, großer Strandläufer, Schnabel fast gerade, Beine grüngrau, grauer Bürzel quer gebändert. Im PK rostrot und unverwechselbar (allenfalls mit Sichelstrandläufer), im JK sandgrau mit geschuppter Oberseite und anfangs pfirsichfarben getönter Brust, im SK oberseits grau. S Nasal, tief und leise „nutt" oder „kuätt". L Brutvogel hocharktischer Tundra. V Z 4-6, 8-10, oft in großen Trupps im Watt, auch w, vorwiegend Küsten.

6 Sanderling   G 19 cm

Calidris alba K Rennt in kleinen Gruppen wie auf Rädern gern am Sandstrand hinter den Wellen her; Bauch immer weiß, eher kurzer, gerader Schnabel und Beine schwarz, breit weißer Flügelstreif. Im PK Brust rostbraun, Oberseite variabel rostbraun, schwarz und grau gefleckt, im JK Oberseite schwärzlich und grau gefleckt, im SK insgesamt sehr hell, oberseits grau, unterseits weiß, Flügelbug schwärzlich. S Ruft kurz „plit". L Brütet in hocharktischer Tundra. V Z 5, 8-10, W, fast nur Küste.

7 Meerstrandläufer   G 21 cm

Calidris maritima K Dunkelster Strandläufer, wirkt immer düster und oft etwas pummelig, Beine stets gelb, Schwanz überragt Flügelspitzen, Flügelstreif schmal. Im PK auf Flanken und Brust schwarzbraune, auf Scheitel und Oberseite rostbraune Flecken. Im SK Oberseite und Brust düster schiefergrau, im JK und 1. W ebenso, aber oberseits durch helle Federränder unauffällig geschuppt. Fast nur auf Klippen, Buhnen und Steinen zu sehen (häufig mit 8 vergesellschaftet). S Ruft leise „kütt", „ke-wütt", singt ähnlich Alpenstrandläufer. L Brütet in steiniger Tundra Nordeuropas, im Winter an Felsküsten und Molen. V W 8-5, nur Küste.

8 Steinwälzer   G 23 cm

Arenaria interpres K Mittelgroß, athletisch, mit kurzem Hals, kurzem, kräftigem Schnabel, kurzen, orangeroten Beinen und dunkler Brust; im Flug typisches Oberseitenmuster. Kopf und Oberseite im PK sehr bunt, im SK und JK düster schwarzbraun. Dreht mit dem Schnabel Steine und Tang. S Ruft „kütt kütt", bei der Balz gereiht. L Brütet in steiniger Tundra und an Küsten, ziehend und überwinternd meist an Felsküsten und auf Molen (oft gemeinsam mit 7), selten im Binnenland. V Lokal b in Schleswig-Holstein, sonst W an Küsten und Z 5, 8-10.

1 Alpenstrandläufer   **G** 19 cm

 Calidris alpina **K** Häufigster Strandläufer, etwa so groß wie ein Star, Schnabel gleichmäßig leicht abwärts gebogen, in der Länge etwas variabel; im Flug weißer Flügelstreif, weiße Oberschwanzdecken durch schwarzes Längsband geteilt. Im PK durch schwarzen Bauchfleck unverwechselbar, Oberseite dann rostbraun und schwarz gemustert. JK oberseits beige bis rostbraune Federränder, oft weiße V-Zeichnung auf Mantel- und Schulterfedern, sehr dichte bis fast fehlende schwärzliche Tropfung auf den Bauchseiten. SK oberseits ganz grau, unterseits weiß, Brust verwaschen grau gestrichelt. Vgl. auch Abb. auf hinterem innerem Umschlag. Gesellig, meist in kleinen Gruppen bis gewaltigen Schwärmen. **S** Ruft nasal „tirrr", im Balzflug schwirrend „rrüri-rrrürie", mit Triller endend. **L** Nordeuropäische Moore, Tundra, zur Zugzeit Wattenmeer, Küste und Schlammflächen im Binnenland. **V** b (lokal Küste), Z 3-5, 7-10, Küste auch W.

2 Sichelstrandläufer   **G** 20 cm

Calidris ferruginea **K** Eleganter Strandläufer, verglichen mit 1 Schnabel länger und stärker gebogen, Hals und Beine länger, Flügel überragen Schwanz, im Flug Bürzel ungeteilt weiß (doch im PK mit schwärzlicher Querbänderung). Gefieder im PK unverwechselbar kupferrot (vgl. aber mit stämmigerem, kurzschnäbeligem Knutt), im JK sandbraune Oberseite gleichmäßig geschuppt, Flanken weiß, Brust anfangs pfirsichfarben getönt und wie weißer Bauch ohne die dunkle Strichelung von 1. **S** Ruft klingelnder als 1 „kürrrl". **L** Brütet in nordasiatischer Tundra, zieht über Europa nach Afrika, rastet im Watt und auf Schlammflächen im Binnenland. **V** Z 5, 8-10.

3 Sumpfläufer   **G** 17 cm

 Limicola falcinellus **K** Nah mit den Strandläufern verwandt und in Gestalt und Färbung ähnlich 1 im JK, aber Schnabel mit hoher Basis, geradem First und abgeknickter Spitze, charakteristisches Kopfmuster mit dunklem Zügel und Scheitel sowie vor dem Auge gegabeltem doppeltem Überaugenstreif, Beine kürzer, Bewegungen langsamer. Im PK mit dunkler Tropfung auf Brust und Flanken, schwache, im JK mit gestrichelter Brust und weißen Flanken deutliche doppelte V-Zeichnung auf der Oberseite. **S** Ruft länger und trockener trillernd als 1 „brrrit" und kurz „dret", balzt im Flug rhythmisch surrend.

L Brütet in skandinavischen Mooren, rastet auf Schlammflächen. **V** z 5, 7-9, fast nur Küsten von Schleswig-Holstein und Mecklenburg, selten Binnenland.

4 Weißbürzel-Strandläufer   **G** 17 cm

Calidris fuscicollis **K** Sehr seltener Gast, etwas kleiner als 1, Körper lang gestreckt, Flügel überragen Schwanz sehr weit, Schnabel kürzer, schwach gebogen, mit gelblicher Basis, kürzere Beine dunkel oliv; im Flug ungeteilt weiße Oberschwanzdecken typisch. Scheitel und Mantel rostbraun, Bauch immer weiß, Brust und Flanken schwarz gestrichelt (im PK stärker), oberseits mit weißer doppelter V-Zeichnung (im JK stärker). **S** Ruft charakteristisch mäuse- oder insektenartig hoch „tziiit". **L** Brütet im arktischen, überwintert im südlichen Amerika, aber als seltener Gast alljährlich in Westeuropa. **V** A.

5 Graubrust-Strandläufer   **G** 19-22 cm

Calidris melanotos **K** Recht groß (♂ größer als ♀), mit oft gestrecktem Hals etwas an kleinen Kampfläufer erinnernd, Beine und Schnabelbasis grünlich, dicht gestrichelte Brust immer scharf vom weißen Bauch abgesetzt; Flügelbinde schmal. Oberseits rostbraune Federsäume, im PK mit schwacher, im JK mit markanter doppelter weißer V-Zeichnung. **S** Ruft hölzern „drrrk". **L** Tundra Nordost-Sibiriens und Nordamerikas, alljährlicher seltener Gast auf nassen Wiesen, Schlammflächen. **V** A, meist 5 und 10.

6 Zwergstrandläufer   **G** 15 cm

 Calidris minuta **K** Häufigster kleiner Strandläufer, Schnabel kurz, Beine schwarz, Schwanzkanten grau. Oberseits rostbraun (im PK variabel intensiv auch Kopf und Brust), im PK unauffällige einfache, im JK markante doppelte weiße V-Zeichnung. Färbung insgesamt sehr variabel. **S** Ruft hoch „tit", balzt dünn „swi-swi-svirr". **L** Arktische Tundra, zur Zugzeit Watt und Schlammflächen im Binnenland. **V** Z 4-6, 7-10.

7 Temminckstrandläufer   **G** 14 cm

 Calidris temminckii **K** Länger gestreckt als 6, insgesamt grauer, auch auf Brust, Beine gelblich, Schwanz überragt Flügel, Schwanzkanten weiß. Oberseite im PK variabel schwärzlich gefleckt, im JK einfarbig braungrau. Fliegt bei Störung fast senkrecht auf („himmelt"). **S** Ruft schwirrend „tirrr-rr", balzt rüttelnd zwitschernd „titititi". **L** Nordeuropäische Feuchtgebiete, Schlammflächen. **V** Z 5, 8-9.

BRACHSCHWALBENVERWANDTE

1 Rennvogel   **G** 25 cm

Cursorius cursor **K** Isabellfarbener Watvogel, rollt auf langen Beinen regenpfeiferartig mit plötzlichen Stopps durch die Wüste. Schnabel kurz und gebogen, Handflügel und gesamter Unterflügel schwarz. Kopfmuster im oberseits geschuppten JK nur angedeutet. **S** Ruft nasal „quitt" und rau „prraak". **L** Brütet in nordafrikanischen und vorderasiatischen Halbwüsten, in Europa ausnahmsweise nur in Spanien. **V** A.

2 Rotflügel-Brachschwalbe   **G** 26 cm

Glareola pratincola **K** Kurzbeiniger, kurzschnäbeliger, seeschwalbenartiger Watvogel mit gegabeltem Schwanz, brauner Oberseite und weißem Bürzel. Unterflügeldecken rotbraun (wirken im Flug aber oft schwärzlich), Armflügel-Hinterrand schmal weiß, Schwanzspieße überragen im PK die Flügelspitze. Gelbliches Kehlfeld nur im PK schwarz umrandet, Oberseite im JK geschuppt. Jagt im Flug über offenem Gelände nach Insekten. **S** Ruft nasal „kerrekek-kitik". **L** Brütet in lockeren Kolonien auf Brach- und trockenen Schlammflächen. **V** A.

3 Schwarzflügel-Brachschwalbe   **G** 26 cm

Glareola nordmanni **K** In allen Kleidern sehr ähnlich 2, aber Unterflügeldecken schwarz und kein weißer Armflügel-Hinterrand. Ferner im PK deutlich vor den Flügelspitzen endende Schwanzspieße, etwas dunkler braune Oberseite, mehr Schwarz auf Zügel und weniger Rot an Schnabelbasis. **S** Ruft etwas tiefer als 2. **L** Feuchte Steppen Südost-Europas und Mittelasiens, östlich von 2. **V** A.

RAUBMÖWEN

4 Falkenraubmöwe   **G** 38 cm, Sp 108 cm

Stercorarius longicaudus **K** Kleinste Raubmöwe, wirkt oft zierlich, nur etwa lachmöwengroß, fliegt auf langen, schlanken Flügeln seeschwalbenartig leicht und rüttelt oft. Altvögel kommen nur in der hellen Morphe vor und sind im PK durch die Schwanz um 12-24 cm überragenden, extrem verlängerten mittleren Steuerfedern unverwechselbar. Im dunklen, gebänderten JK schwer von 5 unterscheidbar und variabel gefärbt, aber kleiner, meist grauer und selten rötlich getönt, nur die beiden äußersten Handschwingen mit weißen Schäften, den Schwanz nur wenig überragende mittlere Steuerfedern mit stumpfer Spitze, Unterschwanzdecken

gleichmäßig gebändert, Schnabel kürzer, dadurch höher wirkend, mit von der Basis scharf abgesetzter schwarzer Spitze deutlich zweifarbig. **S** Ruft alarmiert „krepp-krepp", balzt „kiiah". **L** Brütet im äußersten Norden Europas auch in küstenferner Tundra, sonst Meer und Küsten. **V** z 8-9, selten.

5 Schmarotzerraubmöwe

G 40 cm, Sp 113 cm *Stercorarius parasiticus* **K** Häufigste Raubmöwe, etwa sturmmöwengroß. Altvögel kommen in unterseits heller und dunkler Morphe sowie Zwischenformen mit und ohne Brustband vor, im PK sind um 5-8 cm verlängerte, spitze mittlere Steuerfedern kennzeichnend. Im insgesamt gebänderten JK variabel hell- bis dunkelbraun, häufig mit Rostton. Im Gegensatz zu 4 im JK größer, Schnabel länger, schlanker, eher einfarbig, leicht verlängerte mittlere Steuerfedern spitz endend, Unterschwanzdecken unregelmäßig gebändert, Schäfte der äußeren 3-5 Handschwingen weiß. **S** Ruft miauend „ääg-giu". **L** Nordeuropäische Küsten, im Winter offenes Meer. **V** z 4-5, 7-10, Küsten, selten Binnenland.

6 Spatelraubmöwe   **G** 46 cm, Sp 120 cm

Stercorarius pomarinus **K** Fast so groß wie Silbermöwe, Altvögel mit dunkler und häufigerer heller Morphe (mit oder ohne Brustband), im PK mit den Schwanz um 5-10 cm überragenden, um 90° gedrehten, spatelförmigen Schwanzspießen. Im JK ähnlich 5, aber größer, Flügelbasis breiter, durch helle Basen der Großen Unterhanddecken meist zwei weißliche Halbmonde auf Handflügel-Unterseite, etwas verlängerte mittlere Steuerfedern stumpf endend, Unterschwanzdecken gleichmäßig gebändert, kräftigerer Schnabel hell mit scharf abgesetzter dunkler Spitze. **S** Alarmruf tief „geck". **L** Arktische Tundra, Meer. **V** z 4-5, 8-10, selten.

7 Skua   **G** 54 cm, Sp 132 cm

Stercorarius skua **K** Größte und schwerste Raubmöwe, wirkt insgesamt sehr dunkel. Im Flug immer durch von den Basen der Handschwingen gebildete, stark kontrastierende große weiße Halbmonde auf Ober- und Unterflügel gekennzeichnet; hat keine überstehenden mittleren Steuerfedern. Im JK sonst einfarbig dunkelbraun, Altvögel heller oder dunkler braun, durch viele weißliche Federränder oft etwas struppig erscheinend. **S** Ruft tief „tök". **L** Koloniebrüter an nordatlantischen Küsten, Meer. **V** z 8-10, Nordsee.

1

2 JK

3 PK

4 JK
JK
PK

5 JK
JK dunkel
JK hell
PK dunkel
PK hell

6 JK
JK
PK
PK dunkel
PK hell

7 JK

ALKE

1 Papageitaucher   G 31 cm

Fratercula arctica **K** Durch großen, dreieckigen, bunten Schnabel, ebenfalls dreieckiges helles Wangenfeld, orangefarbene Beine und etwas schmerbäuchigen Körper im PK kaum verwechselbar. Hornscheiden des seitlich zusammengedrückten Schnabels werden im Spätsommer vorübergehend abgeworfen, dieser dann also kleiner, aber weiterhin hoch, dreieckig und hell, ferner im SK Kopfseiten grau verdunkelt. JK ähnlich SK, Schnabel noch etwas kleiner und Kopfseiten düsterer, beide aber bereits kennzeichnend ausgebildet. Im meist niedrigen Flug Unterflügel düster, oberseits kein weißer Armflügel-Hinterrand, kurzschwänzig, schwarzes Halsband immer geschlossen. **S** Ruft in Kolonie kurz „aohr". **L** Brütet in oft gewaltigen Kolonien an nordwest-europäischen Felsküsten, gräbt sich dort Erdhöhlen oder legt das Ei in Felsnischen, überwintert weit auf dem offenen Meer. **V** A.

2 Tordalk   G 40 cm

Alca torda **K** Typischer schwarzweißer Alk, gekennzeichnet durch seitlich zusammengedrückten, recht hohen schwarzen Schnabel mit oft schwer erkennbaren weißen Querbinden. Kann mit der häufigeren 3 verwechselt werden, aber Oberseite tief schwarz, Flanken ungestrichelt, langer Schwanz spitz und wie Schnabel beim Schwimmen oft leicht schräg nach oben gehalten, Hals dicker und kürzer. Kopf- und Halszeichnung im JK und SK reduziert. Im Flug von 3 (und teilweise 4) durch rein weiße Unterflügeldecken, ungestrichelte Flanken, mehr Weiß auf Steißseiten, den Schwanz nicht überragende Füße sowie durch stärker angehobenen Kopf und Schwanz weniger bucklige Erscheinung unterschieden. **S** Ruft am Brutplatz etwas traurig knurrend „urrr", Flugbalz mit zeitlupenartigen Flügelschlägen. **L** Koloniebrüter an Felsküsten, meist zusammen mit 3, Eiablage oft unter Felsvorsprüngen; im Winter auf dem Meer. **V** b (nur Helgoland), sonst w an Küste.

3 Trottellumme   G 42 cm

Uria aalge **K** Häufigster Alk an europäischen Küsten, erinnert durch dunkle Oberseite und weißen Bauch an einen kleinen Pinguin. Schwarzer Schnabel pfriemförmig und recht lang, Gefieder oberseits braunschwarz bis gräulich schwarz, unterseits weiß mit schwärzlichen Flankenstricheln, einige Vögel mit weißem Augenring und nach hinten ausgezogenem Lidstrich. Im SK und 1. W weiße Kopfseiten durch schmalen schwarzen Strich geteilt. Wirkt im Flug etwas bucklig, Füße überragen Schwanz. **S** Ruft in der Kolonie schnarrend „aorr". **L** Brütet in oft aus vielen tausend Paaren bestehenden Kolonien auf schmalen Felsbändern an steilen Küstenklippen Nord- und Westeuropas; überwintert auf Nordsee und Atlantik. **V** b (nur Helgoland, häufig), sonst W an Küste.

4 Dickschnabellumme   G 42 cm

Uria lomvia **K** Nur auf Island und in Nordnorwegen, brütet dort in gemischten Kolonien mit der sehr ähnlichen 3, von dieser unterschieden durch dickeren, kürzeren Schnabel mit weißem Längsstrich entlang des Schnabelspalts, fehlende Flankenstrichelung, spitzer statt stumpfer Begrenzung zwischen weißer und schwärzlicher Färbung auf dem Vorderhals, schwärzlichere Oberseite, im SK ferner durch viel weiter auf die Kopfseiten reichendes Schwarz und fliegend durch weiße Unterflügeldecken und mehr Weiß auf Steißseiten. **S** Ruft mürrischer als 3. **L** Nördlicher Nordatlantik, auch im Winter. **V** A.

5 Krabbentaucher   G 20 cm

Alle alle **K** Winziger, knapp starengroßer Alk mit kurzem Hals und kleinem, schwarzem Schnabel sowie weiß gesäumten Schulterfedern. Liegt schwimmend meist hoch auf dem Wasser, zeigt im schwirrenden Flug, oft in Trupps, sehr dunkle Unterflügel. **S** Trillert am Brutplatz. **L** Bildet gewaltige Brutkolonien in Geröllfeldern und zerklüfteten Felshängen am Rand der Arktis, überwintert im nördlichen Nordatlantik. **V** w, wird durch Herbststürme oft in die Deutsche Bucht verschlagen, sonst A.

6 Grylltseiste   G 35 cm

Cepphus grylle **K** Mittelgroßer Alk, weniger gesellig als die anderen Arten, mit pfriemförmigem, schwarzem Schnabel (innen aber signalrot), lackroten Beinen und von den Armdecken gebildetem großem, ovalem, weißem Flügelfeld, das besonders im sonst komplett schwarzen PK hervorsticht. Im SK und 1. W überwiegend weiß und oberseits grau gemustert, im JK Oberseite düster, Flügelfeld bis in die 1. S dunkel meliert. **S** Balzt grillenartig hoch zirpend „siirrrp". **L** Brütet in Felsspalten, oft am Rand großer Seevogelkolonien, auch in Einzelpaaren oder lockeren Gruppen; überwintert küstennah. **V** A, meist Helgoland und Ostsee.

PK

1

SK

PK

1. W

PK

2

SK

SK

PK

PK

3

SK

SK

PK

PK

PK

4

SK

PK

PK

PK

5

SK

SK

PK

PK

6

1. W

SK

SK

PK

MÖWEN

1 Elfenbeinmöwe   **G** 44 cm, Sp 106 cm
Pagophila eburnea **K** Mittelgroße Möwe aus der Hocharktis, die nur ausnahmsweise südlich der Packeisgrenze erscheint, wirkt durch runden Kopf, dicklichen Körper, kurze schwarze Beine und oft waagerechte Körperhaltung etwas taubenähnlich, im Flug aber sehr elegant. Im AK durch rein weißes Gefieder unverwechselbar, Schnabel mit bläulicher Basis und gelber Spitze. Auch im 1. W überwiegend weiß, doch Gesicht schmutzig verdunkelt und Gefieder in variablem Ausmaß schwärzlich und dunkelbraun gefleckt und gepunktet. Mausert abweichend von anderen Möwen im 1. S bereits in das weiße Alterskleid. Frisst oft an Kadavern und ist wenig scheu. **S** Ruft „frrrioh". **L** Ganzjährig in der Hocharktis und Packeiszone. **V** A.

2 Schwalbenmöwe   **G** 33 cm, Sp 84 cm
Xema sabini **K** Kleine hocharktische Hochseemöwe, schlank, elegant, mit gekerbtem Schwanz und immer typischem Flügelmuster, gebildet von einem großen weißen Dreieck am Flügelhinterrand, begrenzt durch schwarze äußere Handschwingen und dunkle Armdecken. Im PK schieferschwarze Kapuze, Schnabel schwarz mit gelber Spitze, Beine schwärzlich, Oberseite grau. Im während des Wegzugs noch getragenen JK oberseits bräunlich grau, durch helle Federränder geschuppt, schwarze Schwanzendbinde, Beine graurosa, statt der Kapuze erstreckt sich braungraue Mantelfärbung über Nacken bis auf Hinterscheitel und Ohrdecken des sonst weißen Kopfs; Verwechslungsgefahr nur 5 im JK. Andere Kleider in Europa kaum zu sehen. **S** Ruft kratzend „kjä-kjärr". **L** Brutvogel hocharktischer Küsten, überwintert im Südatlantik, erscheint nach Herbststürmen an westeuropäischen Küsten. **V** z 9-10, nur Nordsee, sonst A.

3 Rosenmöwe   **G** 30 cm, Sp 77 cm
Hydrocoloeus roseus **K** Kleine Möwe der arktischen Tundra, kann mit der manchmal ähnlichen 4 verwechselt werden, ist jedoch etwas größer, hat längere, spitzere Flügel und einen längeren, bei Möwen sonst nicht vorkommenden keilförmigen Schwanz. Im PK kein Schwarz im Flügel (nur dünner Strich auf Außenfahne der äußersten Handschwinge), kennzeichnendes schmales, komplettes schwarzes Halsband, Kopf weiß, Unterseite rosa überhaucht, Unterflügel grau mit breit weißem Hinterrand. SK identisch, doch ohne Halsband, dafür Nacken verwaschen grau und schwärzlicher Fleck vor und hinter dem Auge. Im

1. W ähnlich 4, aber keilförmiger Schwanz nur mit kleiner schwarzer Spitze statt Endbinde, Scheitel hell, weißes Flügeldreieck größer, Armschwingen weiß. **S** Ruft nur am Brutplatz „kej-kej ki-kik". **L** Arktische Tundra Nordsibiriens, bleibt im Winter in der Packeiszone. **V** A.

4 Zwergmöwe   **G** 26 cm, Sp 66 cm

Hydrocoloeus minutus **K** Kleinste Möwe, pickt Nahrung oft schwimmend (ähnlich Wassertreter) oder wie eine Seeschwalbe im Flug von der Wasseroberfläche auf. Bei Altvögeln Flügel weißspitzig ohne schwarze Abzeichen, dafür Unterflügel kennzeichnend schwärzlich mit breit weißem Hinterrand, im PK Kapuze einschließlich Hinterhals schwarz, im SK statt dessen nur schwärzlicher Ohrfleck und dunkler Hinterscheitel. Im 1. W oberseits grau mit schwärzlichem Zickzackband über Armdecken und Handflügel, hellen Unterflügeln, schwarzer Schwanzendbinde und düster grauer Kappe über Hinterscheitel und Ohrdecken. Nur kurz getragenes JK ähnlich, aber Mantel und Schulterfedern düster braun, ebenso ein Nackenband, das oft bis zum 1. W stehen bleibt (dann Verwechslungsgefahr mit viel größerer 5 im 1. W). 1. S ähnlich, doch Zickzackband ausgeblichen bräunlich, manchmal schon angedeutete Kapuze, im 2. W wie SK, doch variabler Anteil schwarzer Flecke in weißer Flügelspitze, Unterflügel weißlich bis grau, im 2. S wie PK, doch weiterhin etwas Schwarz in Flügelspitze, Unterflügel grau bis schwarz. **S** Ruft nasal „keck", bei der Flugbalz „kjäkikjäik". **L** Brütet an Binnengewässern hauptsächlich Nordost-Europas, zieht durch das europäische Binnenland und überwintert an Küsten. **V** Z 4-5, 8-10, w.

5 Dreizehenmöwe   **G** 40 cm, Sp 100 cm

Rissa tridactyla **K** Hochseevogel, im Alterskleid ähnlich Sturmmöwe, doch Flügelspitze ganz schwarz ohne weiße Flecken, kurze Beine schwarz, Schnabel rein gelb. Im SK sichelförmiger dunkler Ohrfleck und grauer „Schal" um den Hinterhals. Vom JK bis zum 1. S erst schwärzliches, dann zu Braun verblassendes Zickzackband auf den Oberflügeln, bis zum 1. W auch dunkles Nackenband, darin der viel kleineren 4 ähnlich. **S** In Kolonien stimmfreudig, ruft laut miauend „kitti-wääh kittiwäik". **L** In Nordwest-Europa große Kolonien mit an Felsklippen geklebten Tangnestern, im Winter offenes Meer. **V** b (nur Helgoland), W, im Binnenland A, meist nach Winterstürmen.

1 Lachmöwe G 37 cm, Sp 92 cm

Larus ridibundus **K** In weiten Teilen Europas die häufigste Möwe, besonders im Binnenland, meist in Trupps zu sehen. In allen Kleidern sind die relativ geringe Größe, der von den äußeren Handschwingen gebildete, zur Flügelspitze schwarz begrenzte weiße Keil auf den langen, schlanken, spitzen Flügeln und die mehr oder weniger deutliche Rotfärbung des schlanken Schnabels und der Beine kennzeichnend. Im PK durch dunkelbraune, nicht auf den Hinterkopf reichende Kapuze unverwechselbar, Schnabel und Beine dunkelrot, Unterseite im Frühjahr oft rosa überhaucht. Im SK lediglich dunkler Halbmond auf den Ohrdecken, Beine und dann dunkelspitziger Schnabel rot. Im nur kurz getragenen JK oberseits ungewohnt düster bis hell rötlich braun gemustert, Beine und Schnabel gelblich bis blass rot, im am häufigsten zu sehenden 1. W bereits überwiegend grau und weiß, Kopfzeichnung wie im SK, aber Schwanz mit schwarzer Endbinde, Armschwingen dunkel und braunes Band auf den Armdecken. Im 1. S genauso, aber dunkle Gefiederpartien durch Ausbleichung meist blasser, Kapuze des PK angedeutet oder bereits vollständig ausgebildet. Ab 2. W nicht mehr von Altvögeln unterscheidbar. **S** Ruft kreischend „chrää", „kriäärr" und warnt „ke-kek". **L** Große Brutkolonien an verschilften Teichen und Seen, im Winter auf Gewässern aller Art, auch Parkteichen, Feldern und Deponien. **V** BJZW.

2 Dünnschnabelmöwe G 40 cm, Sp 96 cm

Larus genei **K** Südeuropäische Möwe, wegen der identischen Flügelfärbung außer im PK 1 sehr ähnlich, aber Kopf immer weiß mit allenfalls angedeutetem dunklem Ohrfleck, Grau der Oberseite heller. Etwas größer, hochbeiniger und vor allem langhalsiger mit typischem Kopfprofil: Stirn sehr flach, langsam in langen, auf dem Oberschnabel weiter befiederten Schnabel übergehend. Brust und Bauch bei Altvögeln oft rosa getönt, im PK Beine und Schnabel schwärzlich rot, im SK rot bis orange, Iris gelb. Vom JK bis 1. S am sichersten nur an strukturellen Merkmalen, ab 1. W auch an heller Iris und meist hellerer Färbung von Schnabel und Beinen von 1 unterscheidbar. **S** Ruft tiefer, kehliger oder nasaler als 1. **L** Küsten, Lagunen, Steppenseen. **V** A.

3 Schwarzkopfmöwe G 39 cm, Sp 98 cm

Larus melanocephalus **K** Nur oberflächlich ähnlich 1, aber größer, hochbeiniger, Schnabel kräftiger. Altvögel mit rein weißer Flügelspitze, im PK schwarze Kapuze reicht tief in Nacken, im SK Kappe und Ohrdecken dicht gestrichelt. JK ähnlich Sturmmöwe, doch Unterflügel weiß, 1. W und 1. S mit deutlichem grauem Armflügelfeld, schmal schwarzer Schwanzendbinde, schwärzlichem äußerem Handflügel und Kopfmuster wie SK, Schnabel und Beine düster grüngrau. Im 2. W und 2. S wie Altvogel, aber schwarze Flecken vor weißer Flügelspitze. **S** Tiefer und nasaler als 1 „geääh". **L** Teilt Lebensraum oft mit 1; im Winter meist Küsten. **V** bzj, selten.

4 Korallenmöwe G 48 cm, Sp 122 cm

Larus audouinii **K** Seltene, mittelgroße Art, nur mit Mittelmeermöwe verwechselbar, aber schlanker, kurzschnäbeliger und flachstirniger mit grauen Beinen. Im AK an korallenrotem Schnabel (mit gelber Spitze vor schmaler schwarzer Binde), dunklem Auge, hellgrauer Oberseite und kaum Weiß in der ausgedehnt schwarzen Flügelspitze erkennbar. Im JK oberseits dunkel graubraun, hell geschuppt, Brust und Flanken einschließlich Unterflügelbänderung bräunlich, Schwanz ganz schwarz mit schmaler weißer Endbinde und u-förmigen weißen Oberschwanzdecken, Schnabel grau mit schwarzer Spitze. Wird im 1. W und 1. S oberseits zunehmend grau, von 2. W bis 2. S mit schmaler schwarzer Schwanzendbinde, viel Schwarz am Handflügel und Armschwingen und bereits rotem Schnabel. **S** Ruft nasal „gli-ieh", am Brutplatz auch krähen- und eselähnliche Laute. **L** Brütet auf kleinen Felsinseln im Mittelmeer, überwintert dort auch. **V** A.

5 Fischmöwe G 63 cm, Sp 155 cm

Larus ichthyaetus **K** Einzige Großmöwe mit im PK schwarzer Kapuze, in allen Kleidern Iris dunkel, aber weiße Augenklammern. Charakteristische Kopfform mit kleinem, langem Kopf, der über flache Stirn in massiven Schnabel übergeht. Altvögel mit viel Weiß im Handflügel und schwarzem Band vor der Spitze, Beine gelb, Schnabel dreifarbig gelb, rot und schwarz; im SK statt Kapuze gestrichelte Maske von Auge bis Hinterkopf. Im JK scharf abgesetzte schwarze Schwanzendbinde, Brustseiten und hell geschuppte Oberseite graubraun, Unterflügel hell; ab 1. W Kopfmuster wie SK, Schnabel rosa mit schwarzer Spitze, Oberseite zunehmend grau. Wird dann dem SK ähnlicher, bis 3. W im Flügel noch viel, im Schwanz etwas Schwarz. **S** Ruft tief „ha-u" und gänseähnlich „ga-gaga". **L** Brütet vom Schwarzen Meer ostwärts an Steppenseen. **V** A.

1 Sturmmöwe   **G** 43 cm, Sp 104 cm

Larus canus **K** Mittelgroße Möwe, in Nordeuropa an Küsten und im Binnenland weit, in Mitteleuropa lokal verbreitet. Erinnert an Kleinausgabe von 3, ist aber schmächtiger, rundköpfig, hat schlankeren Schnabel, schmalere Flügel und dunkle Augen. Bei Altvögeln Schnabel und Beine grünlich- bis matt gelb, Kopf im PK weiß, im SK einschließlich Hinterhals dunkel gestrichelt, Schnabel dann oft mit schwarzem Ring. JK bräunlich mit scharf abgesetzter schwarzer Schwanzendbinde, vom 1. W bis 1. S Beine noch schmutzig graurosa, Schnabel mit schwarzer Spitze ebenso oder gelblich, Mantel grau. Im 2. W und 2. S Schwanzbinde allenfalls angedeutet, Flügeldecken bereits grau, aber Handflügel noch ausgedehnt schwarz. **S** Ruft miauend „miijou" und „klii-ju-klii-ju". **L** Brutkolonien an Küsten, im Binnenland oft Einzelpaare. **V** B besonders an der Ostsee, lokal im Binnenland, JZW.

2 Ringschnabelmöwe   **G** 45 cm, Sp 115 cm

Larus delawarensis **K** Nordamerikanischer Verwandter von 2 und dieser sehr ähnlich, aber etwas größer, mit kräftigerem Schnabel, dessen First und Unterkante fast parallel verlaufen. Bei Altvögeln Schnabel gelb mit breit schwarzer Binde, Iris hell, Grau der Oberseite heller als bei 1, Beine leuchtender gelb, weißer Hinterrand der Schirmfedern schmaler, auf den zwei äußeren Handschwingen weniger Weiß vor der Spitze; im SK Kopfstrichelung intensiver, oft als Pfeilspitzen auf Brustseiten und Flanken ausgedehnt. Im 1. W Mantel und Große Armdecken heller grau als bei 1, Schwanzbinde nach oben meist in mehrere schmale Teilbinden aufgelöst, auf den Flanken oft pfeilförmige Fleckung, Schnabel deutlich zweifarbig rosa und schwarz. Im 1. S Flügeldecken meist extrem abgenutzt, im 2. W Auge bereits hell. **L** Brutvogel Nordamerikas, alljährlich in geringer Zahl in Westeuropa. **V** A.

3 Silbermöwe   **G** 60 cm, Sp 140 cm

Larus argentatus **K** Häufigste und bekannteste Großmöwe. Benötigt vier Jahre, bis sie komplett ausgefärbt ist, kann in dieser Zeit mit anderen Arten verwechselt werden. Groß, kräftig, mit massivem Schnabel, fleischfarbenen Beinen und langsam rudernden Flügelschlägen. Bei Altvögeln Oberseite hellgrau, Schnabel leuchtend gelb mit rotem Fleck, Beine fleischfarben, Augen gelb, Lidring gelb bis orange, äußere Handschwingen schwarz mit weißen

Spitzen und Flecken (bei westlicher Unterart *argenteus* weniger, bei nördlicher *argentatus* mehr Weiß; ferner ostbaltische Vögel vom Typ „omissus" mit gelblichen Beinen, vgl. 4 und 5), im SK Kopf und Hals kräftig dunkel gestrichelt. JK recht einfarbig graubraun gemustert, auch Unterseite und Unterflügel, dunkle Schwanzendbinde unscharf begrenzt, wird im 1. W und 1. S. meist etwas heller, Basis des schwärzlichen Schnabels dann aufgehellt. Im 2. W und 2. S mehr graue Federn auf der Oberseite, Schnabel mit weißlicher Spitze, dunkler Binde und fleischfarbener Basis, Auge langsam heller werdend, im 3. W und 3. S ähnlich Altvogel, aber einzelne blass braune Flügeldecken, mehr Schwarz im Handflügel, Schwanzbinde oft angedeutet, Schnabel oft gelblich rosa mit schwarzer Binde, im 4. W mehr Schwarz auf Handschwingen und Handdecken als Altvögel, meist dunkle Schnabelbinde. Vgl. Darstellung der Gefiederfolge auf hinterer innerer Umschlagklappe. **S** Viele Rufe, z.B. „kjau-kjau", „gägägä", „aa-ou". **L** Große Kolonien an Küsten, regional im Binnenland, dort im Winter zunehmend auf Seen und Deponien. **V** BJZW.

4 Mittelmeermöwe   **G** 55 cm, Sp 130 cm

Larus michahellis **K** Großmöwe des Mittelmeerraums, in allen Kleidern sehr ähnlich 3, wirkt aber durch länger ausgezogenes Hinterende und den Schwanz weiter überragende Flügel eleganter, Beine etwas länger, Schnabel kräftiger. Altvögel oberseits dunkler grau, mehr Schwarz in Flügelspitze, Beine leuchtend gelb, nur im Spätherbst leichte dunkle Kopfstrichelung. Von JK bis 1. S Kopf und Unterseite heller als bei 3, innere Handschwingen dunkler, Schwanz weißlich mit kontrastreicher scharfer Endbinde. 2. W bis 2. S Mantel bereits grau, aber Schwanz mit scharfer Endbinde. **S** Nasale, tiefe Rufe rauer als bei 3, ähnlich Heringsmöwe. **L** Küsten und Binnenseen Südeuropas, breitet sich nordwärts aus. **V** b (hauptsächlich im Süden), ZW.

5 Steppenmöwe   **G** 60 cm, Sp 140 cm

Larus cachinnans **K** Länger, hochbeiniger, langhalsiger mit schlankerem, mehr parallelrandigem Schnabel als 3 und 4. Altvögel ähnlich 4, aber oberseits heller grau, Beine oft blasser, Augen meist dunkler. Von JK bis 2. W weißliche Unterflügel (bei 4 bräunlich). **S** Kennzeichnende lachende Stakkatofolge „ääh-hähähähä-hää". **L** Brütet vom Schwarzen Meer ostwärts an Küsten und Steppenseen. **V** ZW.

1 1.W   1.W   SK   PK   PK

2 1.W   1.W   SK   SK   PK

3 1.W   2.W   PK   JK   1.S   SK   PK

4 JK   1.W   SK   PK   PK

5 1.W   1.W   SK   PK   PK

1 Mantelmöwe   G 70 cm, Sp 160 cm

Larus marinus **K** Größte Möwe, sehr massig und mit gewaltigem hohem Schnabel, Beine immer fleischfarben. Altvögel durch die schwärzliche Oberseite unverwechselbar (allenfalls mit der viel kleineren östlichen Unterart von 2, jedoch an Beinfarbe und im Flug viel mehr Weiß in der Flügelspitze erkennbar), Kopf im SK kaum dunkel gestrichelt. Unausgefärbte Vögel sind solchen von Silbermöwe und 2 oft sehr ähnlich und am besten an der Größe bestimmbar. Hinweise geben anfangs das gröber gemusterte Gefieder, die im Vergleich zur Silbermöwe hellere Färbung von Kopf, Unterseite und Schwanz und zu 2 die aufgebrochene Schwanzbänderung und die aufgehellten inneren Handschwingen. Kennzeichnende schwarze Federn auf der Oberseite erscheinen meist erst zum 3. W. **S** Ruft sehr tief „kla-ou". **L** Brütet einzeln oder in kleinen Kolonien an nordeuropäischen Küsten, überwintert dort auch. **V** b im Norden, sonst JW an Küsten, im Binnenland A.

2 Heringsmöwe   G 55 cm, Sp 130 cm

Larus fuscus **K** Elegante Großmöwe, schlanker als Silbermöwe und maximal deren Größe erreichend, Flügel sehr lang und die Schwanzspitze weit überragend, Kopf leicht gerundet, Schnabel relativ schlank, Altvögeln immer mit gelben Beinen und kaum Weiß in der Flügelspitze. Kommt in drei Unterarten vor, auf Island und in Westeuropa *graellsii* mit blass schiefergrauer, im Ostseeraum *fuscus* mit schwarzer, in Südwest-Skandinavien und an mitteleuropäischen Küsten *intermedius* mit schwarzgrauer bis schwärzlicher Oberseite. Im JK oberseits dunkler und deutlicher geschuppt als Silbermöwe, Flügel einfarbig dunkel, breit dunkle Schwanzendbinde kontrastreicher abgesetzt. Mausert schneller als andere Großmöwen, daher schon ab 1. S kennzeichnende schieferfarbene Mantel- und Schulterfedern. **S** Ruft tiefer und nasaler als Silbermöwe. **L** Nordeuropäische Küsten, westliche Unterart überwintert dort auch, baltische zieht bis Ostafrika. **V** BZ 3-9, W, häufig Nordsee, seltener Ostseeküste, Durchzügler auch an Binnengewässern.

3 Tundramöwe   G 60 cm, Sp 145 cm

Larus heuglini **K** Brütet von der Kola-Halbinsel ostwärts in der sibirischen Tundra, östlich von 2 und von dieser auch für Experten kaum unterscheidbar. Altvögel wie Unterart *graellsii* von 2 gefärbt, nur etwas grö-

ber und mit schwächerer Kopfstrichelung im SK. Mausert sehr schnell und zeigt schon im 1. S dem Alterskleid ähnliche Merkmale. Die östliche Population „*taimyrensis*" ist dagegen oberseits heller und hat meist fleischfarbene Beine, während die südliche Unterart *barabensis* aus Nordkasachstan so hell ist, dass man sie kaum von der Steppenmöwe unterscheiden kann. **S** Ruft vielleicht tiefer und kräftiger als 2 „ga-agag". **L** Brütet in küstennaher nordwest-sibirischer Tundra, überwintert hauptsächlich im Nordpazifik. **V** A.

4 Eismöwe   G 65 cm, Sp 150 cm

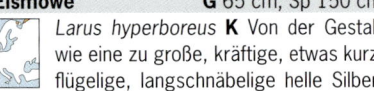

Larus hyperboreus **K** Von der Gestalt wie eine zu große, kräftige, etwas kurzflügelige, langschnäbelige helle Silbermöwe, aber in sämtlichen Kleidern ohne jegliches Schwarz im Flügel, Beine immer rosa. Altvögel oberseits heller grau als Silbermöwe, Flügelspitze rein weiß, im SK Kopf, Hals und meist auch Brust sehr kräftig dunkel gestrichelt bis gefleckt, dadurch das etwas grimmig blickende gelbe Auge betonend. Im JK und 1. W variabel weißlich, isabell- bis dunkel sandbraun mit wenigen blass bräunlichen Bändern auf dem Schwanz und fehlenden bis deutlichen bräunlichen Spitzen der hellen Handschwingen, Schnabel kennzeichnend rosa mit scharf abgesetzter schwarzer Spitze, Iris noch dunkel; im 1. S gesamtes Gefieder meist weißlich ausgeblichen. Im 2. und 3. W ähnlich, doch Schnabelspitze vor dunkler Binde hell, Auge zunehmend heller, Anteil hellgrauer Federn auf Oberseite steigend. (Helle Silbermöwen mit Pigmentstörung oft ähnlich, aber bei unausgefärbten Schnabel meist dunkel, mehr Braun in Flügel und Schwanz, bei Albinos Oberseite weiß statt grau.) **S** Ähnlich Silbermöwe. **L** Brutvogel Islands und arktischer Küsten, im Winter Nordatlantik. **V** w.

5 Polarmöwe   G 55 cm, Sp 135 cm

Larus glaucoides **K** Arktische Möwe, Gefieder in allen Kleidern nahezu identisch mit 4, aber kleiner (maximal silbermöwengroß), schlanker, Flügel überragen Schwanz weiter als Schnabel lang ist (bei 4 weniger als Schnabellänge). Runderer Kopf, größeres Auge und kürzerer Schnabel erzeugen freundlicheren Gesichtsausdruck. Ferner anders als 4 im PK roter statt orangegelber Lidring, im SK schwächere Kopfstrichelung, vom JK bis 1. S schwärzlicher, nur an der Basis graurosa aufgehellter Schnabel. **S** Ruft etwas schriller als Silbermöwe. **L** Brütet nur auf Grönland, überwintert im Nordatlantik. **V** A.

1

1. W

2. W

3. W

1. W

PK

PK

3

1. S

JK

1. S

PK

PK

2

1. W

2. W

JK

SK
graellsii

PK

PK

fuscus

4

1. W

2. W

1. W

SK

SK

PK

5

1. W

2. W

1. W

PK

PK

SK

SEESCHWALBEN

1 Raubseeschwalbe   G 52 cm, Sp 135 cm

 Hydroprogne caspia **K** Größte Seeschwalbe, fast silbermöwengroß, mit mächtigem, auch aus großer Entfernung auffallendem rotem Schnabel mit dunkler Spitze, schwarzen Beinen und recht kurzem Schwanz. Stirn im SK weiß gestrichelt, schwarze Kappe reicht im JK tiefer auf Kopfseiten. Wirkt im eher ruhigen, möwenartigen Flug etwas vorderlastig. **S** Ruft reiherähnlich tief und heiser „kräkräsch", Jungvögel betteln noch während des Wegzugs hoch „svii-vii". **L** Brutvogel rund um die Ostsee und in Südost-Europa. **V** z 4-5, 7-9.

2 Zwergseeschwalbe   G 23 cm, Sp 52 cm

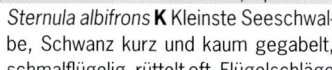 *Sternula albifrons* **K** Kleinste Seeschwalbe, Schwanz kurz und kaum gegabelt, schmalflügelig, rüttelt oft, Flügelschläge sehr schnell. Stirn auch im PK weiß, recht langer Schnabel dann gelb mit schwarzer Spitze, Beine orange. Im SK Schnabel dunkel und Zügel weiß, im oberseits wellig gemustertem JK nur Schnabelbasis blass gelb. **S** Ruft „prit prit". **L** Brütet auf flachen Sandstränden am Meer, im Binnenland auch auf Kiesbänken von Seen. **V** bz 4-9.

3 Lachseeschwalbe   G 36 cm, Sp 105 cm

 Gelochelidon nilotica **K** Große, robuste, etwas möwenähnliche Art mit kräftigem schwarzem Schnabel, recht langen schwarzen Beinen und kurzem, nur schwach gegabeltem Schwanz, anders als 4 auch meist deutlich abgesetztem dunklem Handflügel-Hinterrand. Schwarze Kappe (ohne Schopf) des PK wird im SK durch dunkle Maske ersetzt. JK heller, oberseits kaum dunkel gemustert und mit mehr Weiß auf der Stirn als die ähnliche 4. Jagt häufig in ruhigem Flug über Land nach Insekten und kleinen Wirbeltieren. **S** Ruft lachend „käväck". **L** Bildet meist kleine Kolonien in Feuchtwiesen und Dünen in Südeuropa. **V** bz 5-9 an der Nordseeküste, sehr selten.

4 Brandseeschwalbe   G 38 cm, Sp 100 cm

 Sterna sandvicensis **K** Große Seeschwalbe von hellem Gesamteindruck mit eher kurzen, immer schwarzen Beinen und langem, schlankem, schwarzem Schnabel, bei Altvögeln immer mit gelber Spitze. Im PK schwarze Kappe mit kurzem Schopf, im SK mit weißer Stirn, im JK oberseits mit kräftigem Wellenmuster, düsterer Kappe und ganz dunklem Schnabel. Lange, schlanke Flügel im Flug oft stark gewinkelt, Schwanz relativ kurz. **S** Fällt meist durch die Stimme auf, laut und rau „kirr-rik". **L** Bildet oft gewaltige Kolonien auf Sandbänken an Meeresküsten. **V** BZ 3-10, im Binnenland A.

5 Flussseeschwalbe   G 34 cm, Sp 88 cm

 Sterna hirundo **K** An der Küste meist häufigste, im Binnenland oft einzige brütende weiße Seeschwalbe. Schlank, elegant, gegabelter Schwanz mit deutlich verlängerten äußeren Steuerfedern (reichen im Stehen fast bis zur Flügelspitze), oberseits hellgrau, unterseits weiß, rote Beine kurz, orangeroter Schnabel mit schwarzer Spitze, im PK ganze Kappe, im JK und SK nur Scheitel und Hinterkopf schwarz. Im JK gebänderte Oberseite anfangs bräunlich, deutlich dunkler Armflügel-Vorderrand, Schnabelbasis orange. Jagt aus elegantem Flug stoßtauchend nach Fischen. Zur Unterscheidung von 6 siehe dort. **S** Ruft „kit", „kirri", „krrri-jä". **L** Brütet in oft großen Kolonien, aber auch in Einzelpaaren an Küsten, im Binnenland auf Kiesbänken. **V** BZ 4-9.

6 Küstenseeschwalbe   G 36 cm, Sp 86 cm

Sterna paradisaea **K** Häufige Seeschwalbe an mittel- und nordeuropäischen Küsten, im Norden auch in der Tundra. In allen Kleidern sehr ähnlich 5, doch etwas kleiner, schlanker, langschwänziger, Beine und Schnabel kürzer. Im PK Schnabel einfarbig dunkelrot, Unterseite meist stärker grau getönt, Schwanz überragt Flügelspitzen deutlich, Handflügel heller und insgesamt durchscheinend wirkend mit nur schmalem, scharf abgesetztem schwarzem Hinterrand (statt mit grauen äußeren und einen weißen Keil bildenden inneren Handschwingen). Im JK oberseits grauer als 5, dunkler Flügelvorderrand schmaler, Armschwingen weiß (statt grau mit weißen Spitzen), Schnabel meist dunkel. Sammelt neben dem typischen Stoßtauchen auch oft Nahrung im niedrigen Suchflug von der Wasseroberfläche ab. **S** Ruft höher als 5. **L** Koloniebrüter an Meeresküsten. **V** BZ 4-9, im Binnenland z.

7 Rosenseeschwalbe   G 38 cm, Sp 80 cm

Sterna dougallii **K** Extrem selten, ähnelt 5 und 6, aber sehr hell, Schnabel und Beine länger, Flügel kürzer. Im PK die Flügel sehr weit überragende Schwanzspieße, Unterseite rosa überhaucht, schwarzer Schnabel bloß an der Basis rot, nur äußerste drei Handschwingen verdunkelt. Färbung im JK wie eine Kleinausgabe von 4. **S** Ruft kennzeichnend „tschuwik". **L** Brütet sehr selten und lokal nur an Küsten Irlands, Großbritanniens und Frankreichs. **V** A.

1 Trauerseeschwalbe   G 23 cm, Sp 65 cm

Chlidonias niger K Häufigste der drei dunklen, hauptsächlich an Binnengewässern vorkommenden und dort auch in Schwimmblattzonen brütenden so genannten „Sumpfseeschwalben", die im Gegensatz zu den weißen Arten breitflügeliger sind, kürzere, nur schwach gegabelte Schwänze tragen und ihre Nahrung, meist Insekten und deren Larven, statt durch Stoßtauchen in gaukelndem Flug von der Wasseroberfläche aufpicken. Im PK unverwechselbar, rundum düster, Kopf und Bauch schwarz, oberseits dunkel-, Unterflügel und Schwanz hellgrau, nur Steiß weiß. Im SK unterseits aber weiß mit kennzeichnendem dunklem Fleck auf Brustseiten, schwarze Kappe erstreckt sich tropfenförmig auf Ohrdecken. JK wie SK, doch Oberseite geschuppt. S Ruft nasal „kjäh". L Brütet und rastet an stehenden Binnengewässern, erscheint ziehend aber auch an Küsten. V bZ 4-9.

2 Weißflügel-Seeschwalbe

G 22 cm, Sp 64 cm *Chlidonias leucopterus* K Besonders während des Zugs im Frühjahr oft mit 1 vergesellschaftet und dieser in Verhalten und Aussehen ähnlich, doch Schwanz schwächer gekerbt, Beine länger, Schnabel kürzer, Flügel breiter. Im PK vor allem durch die schwarzen Unterflügeldecken gekennzeichnet, ferner durch hellere Oberflügel und weißen Schwanz. Im grauen SK fast wie 1, aber ohne dunklen Brustseitenfleck, dafür Bürzel und Oberschwanzdecken weiß, Schwanz grau mit weißen Außenkanten, dunkle Kappe nur gestrichelt. JK wie SK, aber Kappe massiv dunkel ähnlich 1, doch brauner Mantel sattelartig von übriger Oberseite abgehoben. S Ruft rau „kerek" und „kesch". L Brütet hauptsächlich an osteuropäischen Binnengewässern. V z 5, 8-9, selten, manchmal in Trupps von 1.

3 Weißbart-Seeschwalbe G 24 cm, Sp 72 cm

Chlidonias hybrida K Größte und hellste der drei „Sumpfseeschwalben", Beine länger, Schnabel dicker, oft an *Sterna*-Arten erinnernd, doch Bürzel und schwach gekerbter Schwanz (mit weißen Außenkanten) in allen Kleidern grau. Im PK von hellem Grundton, düster grauer Bauch kontrastiert zu hellen Unterflügeln und weißen Kopfseiten, Schnabel kräftig rot. Oberflügel im SK heller als bei 1 und 2, gestrichelter Hinterscheitel mit schwarzem Fleck auf Ohrdecken verbunden, Brustseitenfleck fehlend

oder schwach. JK sehr ähnlich 2, aber breitere helle Federränder auf dunklem Mantel, Armflügel-Vorderrand nicht oder wenig verdunkelt, Schwanz oft mit angedeuteter dunkler Endbinde. S Ruft laut und hölzern „krrrk". L Binnengewässer Süd- und Osteuropas. V z 5-6, 8-9, ausnahmsweise b.

4 Sandflughuhn   G 32 cm

Pterocles orientalis K Taubenähnlich mit kleinem Kopf, kurzem Schnabel und sehr kurzen, befiederten Beinen; durch tarnfarbige Oberseite am Boden fast unsichtbar. In allen Kleidern durch rundlichen schwarzen Bauch gekennzeichnet, Unterflügel kontrastreich schwarzweiß. ♂ mit einfarbig grauer, ♀ mit sandfarbener, dunkel gestrichelter Brust und stärker gebänderter Oberseite. Erinnert im schnellen Flug auf spitzen Flügeln eher an Goldregenpfeifer als an Tauben. S Häufig geäußerter Flugruf schnaubend „tjörrrrl". L Brütet hauptsächlich in Nordafrika und Asien, in Europa nur auf der Iberischen Halbinsel und am nördlichen Kaspischen Meer in Halbwüsten und Steppen, zieht nicht, fliegt aber meist in Trupps morgens und abends über größere Entfernungen zum Trinken an Wasserlöcher. V -.

5 Spießflughuhn   G 30 cm

Pterocles alchata K Kleiner und heller als 4, mit weißem Bauch und bei beiden Geschlechtern stark verlängerten mittleren Steuerfedern sowie schwarz umrahmtem rostbraunem Brustfeld. ♂ oberseits mit grünlichen Flecken und schwarzer Kehle, ♀ oberseits gebändert, Kehle weißlich, darunter zusätzliches schwarzes Halsband. S Ruft aufgescheucht oder auf dem Flug zur Tränke gutural „katar katarr". L Trockenes Gelände und Halbwüsten in Nordafrika und Vorderasien, in Europa nur auf der Iberischen Halbinsel und in Südfrankreich (Crau). V -.

6 Steppenflughuhn   G 30 cm

Syrrhaptes paradoxus K (Nicht abgebildet) Wirkt fast wie eine Kreuzung aus 4 und 5: Bei beiden Geschlechtern Bauch schwarz, aber mittlere Steuerfedern verlängert, jedoch sehr spitze und helle Flügel unterseits ganz weißlich, Kehle immer hell. Kopf blass orange, ♂ mit einfarbig hellgrauer Brust, ♀ mit schmalem schwarzem Halsband und gefleckten Brustseiten. S Ruft „giöck" und „köckri". L Brutvogel mittelasiatischer Steppen, unternahm früher regelmäßig gewaltige Invasionen nach Westeuropa (zuletzt 1888). V A.

TAUBEN

1 Felsentaube   G 33 cm, Sp 65 cm

Columba livia K Stammform von 2, von dieser manchmal kaum unterscheidbar. Typische Kennzeichen reiner Felsentauben sind hellgraue Oberseite, leuchtend weißer Bürzel, zwei schwarze Querbinden auf dem Armflügel und weiße Unterflügel. Gestalt und rasante Flugweise wie Straßentaube, meist in Trupps. S Gurrt wie Straßentaube in einer Serie dumpf „drru-oo-uh", segelt bei der Flugbalz auf v-förmig gehaltenen Flügeln. L In Südeuropa lokal häufig in Gebirgen und an Felsküsten, auch in Irland und Nordwest-Großbritannien; Nester in Höhlen, Spalten und auf Felsbändern. V -.

2 Straßentaube   G ca. 33 cm, Sp ca. 65 cm

Columba livia f. *domestica* K Stammt von verwilderten Brief- und anderen Zuchttauben ab, die aus 1 gezüchtet worden sind. Gefieder sehr variabel und von weiß über braun bis schwarz in fast allen Farbtönen und -kombinationen zu sehen, oft aber auch der Stammform Felsentaube sehr ähnlich. Besonders im Flug mit vielen Vogelarten verwechselbar, z.B. Watvögeln, Möwen, Flughühnern, kleinen Greifvögeln und Falken. S Wie 1, Jungvögel betteln mit langem dünnem Fiepen. L Brütet in Städten und Dörfern in Nischen von Häusern und Türmen, zur Nahrungssuche auch auf Feldern. V BJ.

3 Hohltaube   G 30 cm, Sp 63 cm

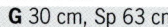

Columba oenas K Überwiegend graue Taube in Wäldern und alten Parks, ohne Weiß im Gefieder und ohne Halsring. Armflügel nur mit zwei kurzen schwarzen Binden, Bürzel grau, ebenso Unterflügel (bei 1 und 2 weiß), Auge dunkel. Zieht manchmal gemeinsam mit 4, fällt im Flug dann durch geringere Größe und kürzeren Schwanz auf. S Singt dumpf und hohl „oo-uo oouo", Balzflug mit tiefen Flügelschlägen und langer Gleitstrecke auf hoch gereckten Flügeln. L Brütet in Wäldern und alten Parks, im Gegensatz zu den anderen Tauben nicht frei, sondern in Baumhöhlen. V BZ 2-10, w.

4 Ringeltaube   G 41 cm, Sp 73 cm

Columba palumbus K Größte Taube, in fast ganz Europa häufig, durch breites weißes Flügelband unverwechselbar, Altvögel ferner mit großem, weißem Halsseitenfleck, der im JK noch fehlt. Zur Brutzeit paarweise, sonst in Trupps. S Balzt dumpf „dru-du, du duu-du", ferner im Frühjahr aufwärts führender Balzflug

mit Flügelklatschen und Abwärtsgleiten. L Brütet in Wäldern, Parks, Gärten, zunehmend in Städten, Nahrungssuche auch auf Feldern und Wiesen. V BZ 2-10, stellenweise W.

5 Turteltaube   G 26 cm, Sp 51 cm

Streptopelia turtur K Kleine, oft scheue Taube mit recht langen Flügeln, meist in locker mit Gehölzen bestandener Landschaft. Oberseite orangebraun und schwarz gemustert, auf den Halsseiten schwarze und weiße Schrägstriche, die im JK noch fehlen. Im ruckartigen Flug von 6 an kontrastreicher Färbung des schwärzlichen Schwanzes mit abgesetzter weißer Endbinde, weißem Bauch und dunklen Unterflügeln unterscheidbar. S Singt schnurrend „turrrr turrr". L Besiedelt offene Wälder, Auwälder, Feldgehölze, Obstplantagen, überwintert im tropischen Afrika und wird während des Zugs häufiges Opfer von Jägern. V BZ 4-9.

6 Türkentaube   G 32 cm, Sp 52 cm

Streptopelia decaocto K Kleine, wenig scheue, fahle Taube des menschlichen Siedlungsbereichs. Gefieder recht einfarbig hell graubraun mit kennzeichnendem schwarzem Nackenband, das lediglich im JK fehlt. Im Flug wenig kontrastreich mit verwaschen abgesetzter weißer Schwanzendbinde (von unten aber deutlicher), hellen Unterflügeldecken und einheitlich beiger Körperunterseite. S Balzt dumpf, aber heller als 4 dreisilbig „du-duuu du", meist von erhöhter Warte; ruft im Flug heiser „chrää". L Lebt nahezu ausschließlich in Städten und Dörfern, kann von März bis November brüten. V BJ, ist erst etwa 1950 vom Balkan nach Mitteleuropa und seitdem weit darüber hinaus eingewandert.

7 Palmtaube   G 24 cm, Sp 42 cm

Streptopelia senegalensis K Durch langen Schwanz und kurze Flügel ähnlich einer kleinen Ausgabe von 6, aber viel dunkler, mit ähnlicher weißer Schwanzendbinde wie 5, aber großem, blaugrauem Feld auf dem Oberflügel und kennzeichnendem schwarz gesprenkeltem Schal auf der Vorderseite des Halses. Sehr vertraut, auch in dicht bebauten Städten zu sehen. S Balzt mit fünfsilbigem, schnellem, gedämpftem Gurren, dritte und vierte Silbe etwas höher „dododuuduudo". L Hauptsächlich von Nordafrika bis Mittelasien verbreitet, brütet in Europa nur in Istanbul auch auf europäischer Seite des Bosporus (sowie in anderen türkischen Städten, wohl meist ausgesetzt). V -.

1

2

Variationen

3

4

5

JK

7

6

JK

1 Schleiereule   **G** 36 cm, Sp 88 cm

 Tyto alba **K** Mittelgroße, insgesamt sehr helle Eule der Kulturlandschaft und des Siedlungsbereichs. Heller, herzförmiger Gesichtsschleier mit schwarzen Augen, Unterseite in Westeuropa weiß (Unterart *alba*), in Mittel- und Osteuropa orangegelb (Unterart *guttata*), Oberseite grau und gelblichbraun ohne deutliche Musterung. Auch im Flug sehr einfarbig, Flügel ober- und unterseits ohne auffallende dunkle Abzeichen. **S** Ruft fauchend „schrch" und heiser „schrii"; Jungvögel betteln mit schnarchenden Lauten. **L** Offene Landschaft, benutzt als Brutplatz Nischen an und in Gebäuden. **V** BJ.

2 Zwergohreule   **G** 20 cm, Sp 50 cm

 Otus scops **K** Kleine, rindenfarbige Eule offener, gehölzbestandener Landschaften Südeuropas mit kurzen, dicken Federohren und gelber Iris. Das braune, mit feinen schwarzen Markierungen versehene Gefieder kann rötlich bis gräulich getönt sein. Flugweise weniger wellenförmig als Steinkauz (oft im selben Lebensraum), direkter und auf längeren, schlankeren Flügeln. **S** Balz alle 3 Sekunden flötend „tjuuk", oft von Paaren im Duett zu hören, klingt ähnlich Geburtshelferkröte. **L** Baumbestandene Kulturlandschaften Südeuropas, auch Alleen und alte Gärten; überwintert in Afrika. **V** In Süddeutschland ausnahmsweise bz 4-9, sonst A.

3 Waldohreule   **G** 34 cm, Sp 92 cm

Asio otus **K** Verbreitetste und häufigste Ohreule Europas, wie eine Kleinausgabe von 5, aber viel kleiner (und häufiger), schlanker und schmalflügeliger mit leichtem, möwenähnlichem, gaukelndem Flug. Gefieder rindenartig gemustert, lange Federohren (im Flug und in entspannter Haltung aber angelegt), Iris orange. Im Flug im Unterschied zu 4 Bauch gestreift, Flügelspitze und Schwanz eng gebändert. Noch nicht flugfähige Ästlinge stehen im Frühjahr oft am Boden oder niedrig auf Bäumen und machen sich durch ihre Bettelrufe bemerkbar. Kleine Trupps bilden im Winter oft Schlafgemeinschaften in dichten Baumgruppen. **S** Balzt alle 3 Sekunden dumpf „huu", ♀ ruft nasal „pääh"; Warnruf „kwäck kräck", Bettelruf der Jungvögel „pii-äh". **L** Nadelwälder, Feldgehölze, auch Parks, brütet oft in verlassenen Krähennestern. **V** BJZW.

4 Sumpfohreule   **G** 37 cm, Sp 100 cm

 Asio flammeus **K** Bewohnt offenes, oft feuchtes Gelände, jagt schon in der Dämmerung und sogar tagsüber. Kann leicht mit 3 verwechselt werden, ist aber heller mit kurzen, oft unsichtbaren Federohren und hat gelbe, schwärzlich umrandete Augen. Unterscheidet sich im Flug von 3 durch einfarbig dunkle Flügelspitze, breit weißen Flügelrand, kaum gestreiften Bauch und grobe Schwanzbänderung. **S** ♂ singt im Balzflug „dudududu …", oft verbunden mit Flügelklatschen, ♀ ruft „tschii-op"; Warnruf „tschäff". **L** Moore, Heiden, Feuchtwiesen, offene Landschaft (Bodenbrüter). **V** bzw, nur lokal und selten, überwiegend im Norden.

5 Uhu   **G** 66 cm, Sp 155 cm

 Bubo bubo **K** Größte Eule, schwer und massig mit plustrigem Gefieder und langen Federohren, allenfalls mit der viel kleineren und schlankeren 3 verwechselbar. Oberseite wie Kiefernrinde gefärbt, Unterseite rostgelb, Iris orange. Fliegt schnell mit flachen Schlägen der breiten Flügel, Federohren dabei angelegt. **S** ♂ balzt meist in der Dämmerung laut und tief „uu-hu", ♀ antwortet etwas höher und ruft auch rau „rräh-he", warnt scharf „kwä kwä", auch wiederholt und mit Schnabelknappen; Jungvögel betteln „tschu-üsch". **L** In weiten Teilen Europas in Bergland und einsamen Wäldern, oft mit Felswänden (Brutplatz); in den letzten Jahrzehnten in Deutschland ausgesetzte Vögel brüten inzwischen aber recht vertraut selbst in Städten und an Kraftwerken. **V** bj.

6 Schneeeule   **G** 60 cm, Sp 138 cm

 *Bubo scandiacus* **K** Sehr große Eule der Tundra und des offenen Berglands in Nordeuropa, oft tagsüber aktiv und frei auf niedrigen Warten stehend. Durch Größe, überwiegend weißes Gefieder und gelbe Augen unverwechselbar (außer mit manchmal sehr weißen Mäusebussarden). Altes ♂ fast ganz weiß, ♀ auf dem Bauch schwach gebändert und oberseits kräftig quer gefleckt (sowie deutlich größer), bei unausgefärbten Vögeln schwarzbraune Bänderung und Fleckung deutlicher. **S** ♂ balzt dumpf stöhnend „gooh" und warnt entenähnlich „kräk-kräk-kräk"; ♀ warnt „bjij, bjij bjij", hungrige Jungvögel quietschen. **L** Nordeuropäische Tundra, besonders Regionen mit vielen Lemmingen und Wühlmäusen. **V** A, oft auch aus Gefangenschaft entflohen.

alba

guttata

1

grau   rötlich

2

Ästling

3

5

4

6

♂   ♂   ♀

1 Waldkauz **G** 40 cm, Sp 90 cm

Strix aluco **K** Häufige, in Wäldern und Parks weit verbreitete Eule von kompakter Gestalt, mit rundem Kopf und schwarzen Augen. Grundton des Gefieders variiert von grau- bis rotbraun, auf den inneren Schulterfedern weiße Flecken wie eine Perlenschnur. Im Flug breitflügelig und kurzschwänzig, Flügel ohne hellen Bereich auf dem Handflügel. **S** ♂ balzt mit dem aus gruseligen Filmen bekannten „huuh, hu-huhu huuh"; ♀ ruft „kju-wit", Jungvögel betteln fauchend „psiib". **L** Wälder, Parks mit alten Bäumen (Höhlenbrüter), tagsüber manchmal auch in Mauernischen. **V** BJ.

2 Habichtskauz **G** 55 cm, Sp 115 cm

Strix uralensis **K** Großer Kauz alter Wälder, nur mit 1 und 3 zu verwechseln. Größer, fahler und gelblicher als 1, längerer Schwanz leicht keilförmig, schwarze Augen von blassem Gesichtsschleier umgeben. Im bussardähnlichen Flug Schwanz und Oberflügel gleichmäßig gebändert. Am Nest sehr aggressiv. **S** Balzt siebensilbig „wuhu, wuhu o-wuhu"; ♀ ruft krächzend „kruäw". **L** Brütet in nordeuropäischer Taiga, lokal im Bergland in Südost-Europa, brütet in Nistkästen, Baumhöhlen oder alten Greifvogelnestern, am Brutplatz extrem aggressiv. **V** Neuerdings ausgesetzte Vögel im Nationalpark Bayerischer Wald.

3 Bartkauz **G** 64 cm, Sp 138 cm

Strix nebulosa **K** Größter Kauz mit gewaltigem, rundem Kopf, durch konzentrische Kreise geziertem Gesichtsschleier und gelben Augen. Gefieder grau mit dunkler grauer Musterung. Kann im Flug nur mit 2 und Uhu verwechselt werden, hat aber aufgehellte Handflügelbasis und breite dunkle Schwanzendbinde. **S** Balzt mit einer Serie von 10-12 tief pumpenden Tönen, zum Ende abfallend, nur 400 Meter weit hörbar, ♀ antwortet dünn „tchepp-tschep-tchep"; Warnruf tief murrend „grrroou". **L** Alte nordeuropäische Taiga mit offenen Flächen, brütet oft auf Baumstümpfen oder alten Greifvogelnestern, dort vertraut oder aggressiv. **V** -.

4 Raufußkauz **G** 25 cm, Sp 56 cm

Aegolius funereus **K** Kleiner Kauz dunkler Wälder mit großem, etwas eckigem Kopf mit hellem Gesicht und gelben Augen, oberseits massiv dunkelbraun mit weißlichen Fleckenreihen, unterseits diffus dunkel gefleckt. Ästlinge sind auffallend schokoladenbraun, im Ge-

gensatz zu anderen kleinen Eulen auch auf dem Bauch. **S** Singt weit hörbar mit Okarinaklang leicht ansteigend „pu pu pu-pupupupu" mit gewissen Variationen und ruft schnalzend „zjuck"; Ästlinge betteln kurz „ksi". **L** Bewohnt dichte Nadel- und Mischwälder, oft im Bergland, mit als Brutplatz dienenden Höhlen (oft vom Schwarzspecht). **V** BJ.

5 Steinkauz **G** 25 cm, Sp 53 cm

Athene noctua **K** Kleiner Kauz offener Landschaften mit langen Beinen, kurzem Schwanz und breitem, flach gerundetem Kopf. Gefieder oberseits graubraun mit weißer Sprenkelung, unterseits weißlich mit breiten braunen Stricheln, Gesichtsschleier verwaschen, dafür gelbe Augen mit weißen „Augenbrauen" auffallend. Steht oft in fast waagerechter Körperhaltung und knickst bei Erregung mit dem Körper. Auch tagaktiv, steht dann gern frei auf Warten und zeigt einen ausgeprägten Wellenflug. **S** Balzt lang gezogen und ansteigend „guh-ug"; ruft scharf „kiju" und warnt hart und hoch „ki kikit", Jungvögel äußern zischende Bettelrufe. **L** Offene Landschaft, oft mit Kopfweiden oder Ställen als Brutplatz, auch Dörfer. **V** BJ, abnehmend.

6 Sperlingskauz **G** 17 cm, Sp 35 cm

Glaucidium passerinum **K** Kleinste europäische Eule, nur knapp starengroß und fast nur in der Dämmerung aktiv. Kleiner runder Kopf, manchmal winzige Federohren sichtbar, Auge gelb mit kurzem weißem Überaugenstreif, Gefieder weiß geperlt und gebändert. Steht gern auf Warten und hebt dabei den Schwanz leicht an. Flug schnell, über größere Entfernungen wellenförmig, an Star oder Kleinspecht erinnernd. **S** Herbstbalz eine Serie tonleiterartig ansteigender Pfiffe, sonst etwa in Sekundenabstand gimpelähnlich flötend „hjük", manchmal mit eingestreutem leisem „huhuhu"; ♀ ruft lang und dünn „ziiih", Bettelruf ähnlich, aber kürzer. Bei Dunkelheit stumm. **L** Nadel- und Mischwälder mit Lichtungen und alten Spechthöhlen als Brutplatz, meist im Bergland. **V** BJ, lokal.

7 Sperbereule **G** 39 cm, Sp 76 cm

Surnia ulula **K** Durch gebänderte Unterseite, langen Schwanz und spitze Flügel sperberähnliche Eule der nördlichen Taiga. Oft tagaktiv, kann auch im Flug leicht mit Sperber verwechselt werden, doch Kopf groß mit dunkel umrahmtem weißem Gesicht. **S** Balzt mit langem Triller; warnt falkenähnlich „kikikiki", bettelt „pssii-ip". **L** Offene Taiga. **V** A.

SEGLER

1 Mauersegler G 18 cm, Sp 42 cm

Apus apus **K** Häufigster Segler, in fast ganz Europa und in nahezu sämtlichen Lebensräumen anzutreffen, fast immer nur im Flug und meist in Trupps. Jagt oft zusammen mit Schwalben, ist aber größer, hat reißenderen Flug auf sichelförmigen Flügeln, nur wenig gegabelten Schwanz und ist insgesamt schwärzlich, nur an der Kehle weißlich. **S** Ruft schrill „srrieh". **L** Brütet in Gebäudenischen, auch an Felsen, selten in Baumhöhlen; jagt überall. **V** BZ 5-8.

2 Fahlsegler G 17 cm, Sp 42 cm

Apus pallidus **K** Südeuropäischer Segler, kaum von 1 unterscheidbar, etwas bräunlicher, heller Kehlfleck größer, hellere Arm- und innere Handschwingen von dunkleren äußeren Handschwingen und dunklerem Mantel leicht abgesetzt, dunkle Augenumgebung von helleren Kopfseiten abgehoben, Flügel stumpfer. **S** Tiefer als 1 abfallend „vriije". **L** Städte und Felsen in Südeuropa. **V** A, aber bz 4-10 in der Südschweiz.

3 Alpensegler G 22 cm, Sp 55 cm

Apus melba **K** Größter Segler, fast falkenähnlich, durch braune Oberseite und weiße Unterseite mit dunklem Brustband unverwechselbar. **S** Ruft trillernd an- und abschwellend „tritritrititi". **L** Südalpen, Felsen und Städte Südeuropas. **V** bz 4-9, in Deutschland nur an Gebäuden in einigen Städten Baden-Württembergs, z.B. Freiburg, aber häufiger Österreich und Schweiz.

4 Kaffernsegler G 15 cm, Sp 35 cm

Apus caffer **K** Kleiner, schwarzer Segler, Kehle, Armflügel-Hinterrand und schmal rechteckiger Bürzel kontrastreich weiß abgesetzt, langer Schwanz tief gegabelt. **S** Ruft eher tief und holprig beginnend „tchit-tchit-tchit-tjürrr". **L** Afrikanische Art, brütet in Europa nur lokal in Südspanien in alten Rötelschwalbennestern. **V** -.

5 Haussegler G 13 cm, Sp 33 cm

Apus affinis **K** Sehr selten, von 4 unterschieden durch kürzeren, gerade abgeschnittenen Schwanz, größeres, bis auf die Hinterflanken reichendes weißes Bürzelfeld und fehlenden hellen Armflügel-Hinterrand. **S** Ruft hell zwitschernd. **L** Afrikanische und asiatische Art in Städten und an Felswänden, in Europa erst neuerdings lokaler Brutvogel in Südspanien. **V** A.

KUCKUCKE

6 Kuckuck G 34 cm, Sp 57 cm

Cuculus canorus **K** Oberseite, Kopf und Brust grau, Bauch quergebändert. ♀ auch auf der Brust rostgelb gebändert, in einer seltenen Morphe Oberseite und Brust rostbraun und insgesamt schwärzlich gebändert. Auch im JK manchmal bräunlich und immer mit weißem Nackenfleck. Im Flug durch spitze Flügel und langen Schwanz falkenähnlich, aber schnelle, etwas kraftlose Flügelschläge kaum über der Horizontalen, kleiner Kopf vorgestreckt und leicht angehoben, kein Gleitflug. **S** ♂ singt gereiht das bekannte „kuckuck" oder „guu-ku", bei Verfolgungsflügen fauchend „gauch"; ♀ ruft glucksend „bübübübü", Jungvögel betteln hoch „srii". **L** Bewohnt fast alle Lebensräume, in denen für die Eiablage geeignete Sperlingsvögel als Wirte brüten. **V** BZ 4-9.

7 Häherkuckuck G 37 cm, Sp 60 cm

Clamator glandarius **K** Langschwänziger als 6, oberseits mit weißen Flecken und Binden übersät, unterseits ungebändert hell. Bei Altvögeln Scheitel grau mit angedeutetem Schopf, vom JK bis 1. **S** Scheitel und Oberseite schwärzlich, Handschwingen auffallend rostbraun statt grau. Oft am Boden. **S** Ruft laut ratternd „tjerr tjerr tjerr tje tje". **L** Offene Landschaften Südwest-Europas und Ostgriechenlands, legt Eier bevorzugt in Elsternester. **V** A.

NACHTSCHWALBEN

8 Ziegenmelker G 27 cm, Sp 56 cm

Caprimulgus europaeus **K** Liegt tagsüber lang gestreckt und rindenfarbig getarnt auf dem Boden oder einem Ast. Jagt nachts Insekten, Flugbild falkenähnlich, ♂ mit weißen Flecken auf äußeren Handschwingen und Schwanzecken. **S** ♂ singt nachts ausdauernd schnurrend „errrrrr-örrrrrrr-errrrrr", dazwischen im Flug „fiorr-fiorr-fiorr" und Flügelknallen; ruft auch froschähnlich „krruit". **L** Heiden, Moore, Waldränder, offenes Gelände. **V** BZ 5-9, abnehmend.

9 Rothals-Ziegenmelker G 32 cm, Sp 62 cm

Caprimulgus ruficollis **K** Größer und langschwänziger als 8, mit rötlichem Halsband, grauem Flügelbug und gleichmäßig breiten Flügelbinden; auch ♀ mit weißen Flügel- und Schwanzabzeichen, aber schwächer. **S** ♂ singt ausdauernd zweisilbig „kjotok-kjotok ...", ♀ ruft leiser „tsche-tsche-tsche ...". **L** Verbuschte Heide und Pinienwälder. **V** -.

1

4

3

5

2

7

6

Jungvogel in
Teichrohrsänger-
Nest

♀ braune Morphe

JK

9

♂

8

♀

♂

♂

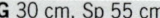

RACKEN

1 Blauracke   G 30 cm, Sp 55 cm

Coracias garrulus **K** Überwiegend blauer Vogel etwa von der Größe und Gestalt einer Dohle, der gern frei auf Warten, z.B. Leitungsdrähten steht. Mantel und Schulterfedern braun, sonstiges Gefieder überwiegend türkisblau mit dunkelblauen Partien auf Flügeln und Schwanzbasis. JK blasser und bräunlicher mit gestrichelter Brust. **S** Ruft krächzend „rak-ak", „rrahk", kiebitzartig gaukelnder Balzflug. **L** Offene Landschaft mit alten Bäumen (Höhlenbrüter) und Ansitzwarten (fängt am Boden Insekten und kleine Wirbeltiere) in Süd- und Osteuropa. **V** Früher b, heute A, aber b in Ostösterreich.

SPINTE

2 Bienenfresser   G 26 cm, Sp 38 cm

Merops apiaster **K** Mittelgroßer, sehr schlanker und exotisch bunter Vogel mit langem, sanft abwärts gebogenem Schnabel, schmalen Flügeln und langem Schwanz, dessen mittlere Steuerfedern bis zu 3 cm verlängert sind. Gelbe Kehle durch dunkles Halsband begrenzt, Oberseite im blasseren JK grünlich. Gesellig, steht oft auf Drähten oder jagt im Flug Insekten. **S** Fällt häufig durch die Stimme auf, rollend „prrüt" und flüssig „glütt". **L** Offene Landschaft mit Steilwänden für die meist in Kolonien angelegten Brutröhren. **V** bz 5-9, lokal besonders im Süden und Osten, auch Ostösterreich.

3 Blauwangenspint   G 24 cm, Sp 37 cm

Merops persicus **K** Ähnlich 2, doch Gefieder überwiegend smaragdgrün ohne Braun auf Scheitel und Mantel, Kehle rotbraun, Schwanzspieße bis zu 8 cm verlängert. Im Flug Unterflügeldecken intensiv statt blass rostbraun, Flügel mit gleichmäßig schmalem statt zum Körper hin breiter werdendem schwarzen Hinterrand. **S** Ruft etwas härter und höher als 2. **L** Brütet in Halbwüsten Nordafrikas und Mittelasiens, in Europa nur östlich des Schwarzen Meeres. **V** A.

EISVÖGEL

4 Eisvogel   G 18 cm, Sp 22 cm

Alcedo atthis **K** Klein und untersetzt mit großem Kopf, langem Dolchschnabel, kurzen, korallenroten Beinen und Stummelschwanz, durch metallisch blaue Ober- und orangerote Unterseite exotisch anmutend. Unterschnabelbasis beim ♀ rötlich, Gefieder im JK

weniger glänzend, Schnabel anfangs kürzer mit weißlicher Spitze. Jagt auf Warten am Gewässerrand stehend oder aus dem Rüttelflug nach Kleinfischen und Wasserinsekten. Fliegt pfeilschnell und geradlinig meist dicht über der Wasseroberfläche. **S** Ruft hoch und durchdringend „ti ti" und „zii". **L** Gewässer aller Art, gräbt Brutröhre in Steilwände. **V** BJZW.

WIEDEHOPFE

5 Wiedehopf   G 27 cm, Sp 46 cm

Upupa epops **K** Durch aufrichtbare „Indianerhaube", langen, sanft gebogenen Schnabel, zimtbraunes Gefieder und schwarzweiße Bänderung der runden Flügel unverwechselbar. Stochert nach Wirbellosen und deren Larven, fliegt meist niedrig, etwas flapsig und unstet. **S** Singt dreisilbig hohl „hup-hup-hup"; ruft heiser „schaar" und trocken „terr". **L** Offene Landschaft mit Gehölzen, gern Weinbaugebiete oder Wiesen mit Weidevieh und Bruthöhlen in Bäumen, Ställen, Stein- oder Erdhaufen. **V** bz 4-9, nur noch lokal besonders im Südwesten und Osten.

PAPAGEIEN

6 Halsbandsittich   G 40 cm, Sp 45 cm

Psittacula krameri **K** Ein vielerorts eingeführter Papagei, mittelgroß und langschwanzig, leuchtend grün und mit typischem Papageienschnabel. ♂ mit schwarzem Kinn und Halsring sowie bläulichem und rosa Band im Nacken und bis zu 28 cm langem Schwanz, ♀ und Jungvögel mit einfarbig grünem Kopf und kürzerem Schwanz. Tritt meist in Gruppen auf und bildet oft große Schlafgemeinschaften. **S** Ruft laut kreischend „kiio", „ki-ak". **L** Heimat Asien und tropisches Afrika, in vielen Regionen Europas eingebürgert, meist in Parks mit alten Bäumen (Höhlenbrüter). **V** bj, besonders in Südwest-Deutschland.

7 Alexandersittich   G 58 cm

Psittacula eupatria **K** Größer als 6, Schwanz bis zu 35 cm lang, rotbrauner Streif am Flügelbug, Schnabel höher, auch Unterschnabel rot. **S** Ruft „triiu", „kiiarr". **L** Heimat Südasien, mancherorts in Parks eingebürgert. **V** bj, besonders Rheinland.

8 Mönchssittich   G 33 cm

Myiopsitta monachus **K** Kleiner als 6 und 7, Gesamteindruck grün, aber Stirn und Brust grau, Schwungfedern blau. **S** Ruft metallisch raspelnd „tschääp". **L** Heimat Südamerika, vielerorts eingebürgert. **V** bj, lokal im Rheinland.

JK

2

1

JK

4

3

♂ ♀

6

5

8

♂

7

♂

SPECHTE

1 Grünspecht   G 33 cm, Sp 48 cm

Picus viridis **K** Ein großer Specht mit überwiegend grünem Gefieder und feuerrot leuchtender, bis in den Nacken reichender Scheitelfärbung und schwarzer Maske. Auge weißlich, im wellenförmigen Flug gelblicher Bürzel und gebänderte äußere Steuerfedern sichtbar. Bartstreif beim ♀ ganz schwarz, beim ♂ mit roter Füllung. Im JK im Gegensatz zu 2 im JK oberseits weißlich und unterseits schwärzlich gefleckt. Hält sich viel am Boden auf, um nach Ameisen zu suchen. **S** Gesang laut und hell lachend „klüklüklüklüklü", nicht deutlich abfallend, aber am Schluss oft etwas beschleunigt, Flugruf „kjükjükjück"; trommelt selten, mit 1,5 Sekunden etwa doppelt so lang wie Buntspecht und sehr schwach. **L** Offene Wälder, alte Obstplantagen und Parks. **V** BJ.

2 Iberiengrünspecht   G 32 cm

Picus sharpei **K** Vertritt 1 auf der Iberischen Halbinsel und wurde früher als dessen Unterart betrachtet. Insgesamt fast identisch, aber mit grauer Augenregion statt schwarzer Maske, schwacher bis fehlender Bänderung von Flanken und Steiß, etwas kürzerem Schnabel und beim ♂ nicht oder nur unten schwarz begrenztem Bartstreif. Gelegentlich vorkommende Hybriden zwischen 1 und 3 sehen meist sehr ähnlich aus! **S** Wie 1. **L** Von den Pyrenäen über die gesamte Iberische Halbinsel. **V** -.

3 Grauspecht   G 30 cm, Sp 39 cm

Picus canus **K** Ein überwiegend grüner Specht, der nur mit dem größeren 1 verwechselt werden kann. Kopf grau mit nur dünnem schwarzem Zügel- und Bartstreif, Auge bräunlich, Grün der Oberseite matter, Unterseite grauer und ohne Flankenbänderung, im Flug ungebänderte äußere Steuerfedern. Nur beim ♂ Stirn rot, beim ♀ grau. JK wie Alterskleid, nur etwas matter gefärbt. Ebenfalls oft am Boden, aber häufiger als 1 auch hoch in Bäumen. **S** Gesang eine Serie abfallender Pfiffe, am Schluss langsamer werdend „kjükjükjükjükjü-kjü-kjü kjü", im Gegensatz zu 1 eher traurig als lachend, ruft auch „tük" und in Serie laut „kja"; trommelt oft, gleichmäßig schneller und recht lauter Wirbel dauert 1,2-1,5 Sekunden. **L** Alte Wälder und Parks, oft mit mehr Nadelholz und in höheren Lagen als 1. **V** BJ, fehlt in weiten Teilen der Norddeutschen Tiefebene.

4 Schwarzspecht   G 43 cm, Sp 70 cm

Dryocopus martius **K** Größter Specht, etwa krähengroß und durch ganz schwarzes Gefieder unverwechselbar. Nur Schnabel und Auge elfenbeinweiß, ferner beim ♂ die gesamte Kopfplatte, beim ♀ nur der Hinterkopf feuerrot. Im JK schon wie Altvögel, nur etwas matter schieferschwarz und oft mit weißlicher Kehle. Flug nicht wellenförmig wie bei anderen Spechten, sondern waagerechter, etwas unstet und krähenartig, aber Hals und Schwanz lang, Flügelbasis stark eingeschnürt. Nisthöhle mit großem stark ovalem statt wie bei anderen Spechten fast rundem Einflugloch. **S** Gesang ein lautes, unbändiges Lachen „kloi-kloi klöklöklöklö", zögernder beginnend als 1, dafür aber am Schluss konstant bleibend, ruft ferner auch im Flug „grigrigri" und lang „klii-öh"; Trommelwirbel laut, eher langsam und 2-3 Sekunden andauernd. **L** Alte Laub-, Misch- und Nadelwälder. **V** BJ.

5 Wendehals   G 17 cm, Sp 26 cm

Jynx torquilla **K** Erinnert mehr an einen Sperlingsvogel als an andere Spechte, trägt ein rindenfarbiges Tarngefieder, hat einen schwachen Schnabel (zimmert seine Nisthöhle nicht selbst), hängt nicht an Stämmen, sondern steht auf Zweigen (oft hoch in Baumkronen versteckt, dann ockergelbe Kehle und weißlicher Bauch mit schmaler Querbänderung kennzeichnend) und hüpft bei der Ameisenjagd (Hauptnahrung) am Boden. Weitere Kennzeichen sind der bis auf die Halsseite reichende dunkle Augenstreif, die drei dunklen Längsstreifen auf der Oberseite und im singvogelartigen, raschen, flachen Bogenflug der gebänderte Schwanz. **S** Singt nasal quäkend laut „wäähd wäähd wäähd wäähd …", warnt hart „teck" und zischt bei Bedrohung in der Bruthöhle; trommelt nicht. **L** Bewohnt offene Wälder, Obstplantagen, alte Parks und Gärten, sofern genügend Ameisen am Boden erreichbar sind. Zimmert die Nisthöhle nicht selbst, bezieht auch Nistkästen. Einzige ziehende Spechtart, überwintert südlich der Sahara. **V** BZ 4-9, stark abnehmend.

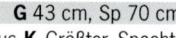

JK

1

2

3

4

5

1 Dreizehenspecht   G 23 cm, Sp 33 cm

Picoides tridactylus **K** Schwarzweißer Specht ohne Rot im Gefieder, nur ♂ auf Scheitel goldgelb meliert, etwas kleiner als 3. Kopf mit dachsähnlichem Streifenmuster, Flügel überwiegend schwarz, weiße Unterseite schwärzlich gebändert. Nordeuropäische Unterart *tridactylus* mit weißem Band vom Nacken bis zum Bürzel, dieses bei der mittel- und südeuropäischen Unterart *alpinus* schmaler sowie massiv dunkel gebändert. Besitzt nur eine nach hinten weisende Zehe. **S** Ruft weicher als 3 „kip", Trommelwirbel mit 1-1,5 Sekunden etwa zwischen 2 und 3, kräftiger und langsamer als 3, am Schluss leicht beschleunigt, ähnlich Schwarzspecht, aber nur halb so lang. **L** Naturnahe alte Wälder mit viel Nadel- und Totholz, häufig in nördlicher Taiga, im Süden fast nur Bergwälder. **V** bj, in Deutschland nur Alpen, Böhmer- und neuerdings Schwarzwald.

2 Weißrückenspecht   G 26 cm, Sp 39 cm

Dendrocopos leucotos **K** Größter schwarz-weiß-roter Specht, am besten gekennzeichnet durch die breite weiße Bänderung auf Flügeldecken, Schultern und Rücken (statt des weißen längsovalen Felds auf den Schulterfedern bei 3, 4 und 5). Steiß rosarot, Flanken gestrichelt, Scheitel bei ♂ rot, bei ♀ schwarz, im JK aber immer rot. Weißer Rücken und Bürzel meist wenig auffällig, bei der südost-europäischen Unterart *lilfordi* Bürzel sogar schwarz und Rücken dunkel gebändert. **S** Ruft tiefer und weicher als 3 „güg"; Trommelwirbel länger als bei 3, dauert etwa 1,5-2 Sekunden und wird am Ende schneller. **L** Alte Laub- und Mischwälder mit viel Totholz, oft in Gewässernähe oder im Bergland, besonders in Osteuropa. **V** bj, in Deutschland nur Alpen und Böhmerwald.

3 Buntspecht   G 24 cm, Sp 36 cm

Dendrocopos major **K** Häufigster und bekanntester Specht Europas, fällt sofort durch sein immer schwarz, weiß und rot gefärbtes Gefieder auf. Typisch sind die langen, ovalen, weißen Schulterfelder und der vom Steiß zu den Unterschwanzdecken ausgedehnte rot leuchtende Bereich. Der rote Nackenfleck des ♂ fehlt dem ♀, während das JK durch einen komplett roten Scheitel gekennzeichnet ist und Verwechslung mit 2 und 5 ermöglicht. **S** Ruft kurz und scharf „kick", auch in Serie; schneller, plötzlich endender Trommelwirbel mit 0,4-0,8 Sekunden Dauer recht kurz. **L** Gehölzbestandene Bereiche aller Art, von Wäldern bis zu Gärten, im Winter sogar an Futterhäusern. **V** BJ.

4 Blutspecht   G 24 cm, Sp 36 cm

Dendrocopos syriacus **K** Kommt im südöstlichen Europa neben 3 vor und ist diesem in allen Kleidern sehr ähnlich, zeigt aber nur auf den beiden äußeren Steuerfedern etwas Weiß (vgl. Zeichnung) und besitzt keine Verbindung zwischen schwarzem Wangenstreif und Hinterkopf. Ferner Steiß blasser rot, Hinterflanken oft gestrichelt, oft nur drei (statt meist fünf) weiße Binden im bräunlicheren Handflügel, Borsten an Oberschnabelbasis weißlich (statt schwarz). Im JK Brust oft rötlich. Die nicht seltenen Hybriden mit 3 sind oft nur am erhöhten Weißanteil im Schwanz als solche erkennbar. **S** Ruft weicher als 3 „püg", trommelt höher und sich beschleunigend mit 0,8-1,4 Sekunden fast doppelt so lang. **L** Bewohnt eher offenes Gelände, z.B. Parks, Obstplantagen, Weingärten und Alleen in Südost-Europa, hat sich zu Beginn des vorigen Jahrhunderts nach Nordwesten ausgebreitet. **V** -, aber BJ in Ostösterreich.

5 Mittelspecht   G 21 cm, Sp 33 cm

Dendrocopos medius **K** Nur etwas kleiner als der ähnliche 1, aber mit schwächerem Schnabel, weder bis zum Schnabel noch bis zum Hinterkopf reichendem Wangenstreif, blass rosa Steiß und gestrichelten Flanken. Alle Kleider nahezu identisch, also auch bei ♀ und im JK ganzer Scheitel rot, ♀ kaum blasser. **S** Balzt quäkend „wääd wääd wääd …", ruft „kik gägägägäg" und „kik-guug"; trommelt nur ausnahmsweise, dann eher langsam, gleichmäßig und von etwa 2 Sekunden Dauer. **L** Bevorzugt Eichenwälder, auch sehr alte Buchenwälder. **V** BJ.

6 Kleinspecht   G 15 cm, Sp 26 cm

Dryobates minor **K** Kleinster Specht, erinnert manchmal an einen untersetzten Sperlingsvogel, besonders im Flug. Oberseite durch weiße Querbänderung sehr hell, Steiß ohne jegliches Rot (sonst aber wie eine Bonsaiausgabe von 2), Flanken gestrichelt, nur ♂ mit rotem Scheitelfleck. **S** Singt hell „kikikikiki", etwas an Turmfalken erinnernd, ruft manchmal leiser als 3 „gig"; trommelt mit 1-2 Sekunden länger, aber leiser und höher als 3, dafür mit bis zu 20 Wirbeln pro Minute häufiger, oft von Rufserien unterbrochen. **L** Laubwälder, Parks, Gärten, gern in Gewässernähe und im Winter sogar in Schilfbeständen. **V** BJ.

alpinus ♂

♀

1

2

♂

lilfordi

♀

3

JK

♂

♂

♀

♂

5

4

♀

6

♀

♂

♂

PIROLE

1 Pirol **G** 24 cm

Oriolus oriolus **K** Knapp so groß wie eine Amsel und auch in der Flugweise drosselähnlich. ♂ unverkennbar gelb und schwarz, ♀ gelblich grün, Bürzel und Schwanzspitze gelb, JK noch matter grünlich, ♂ im 1. S noch ähnlich ♀. Oft in Baumkronen versteckt und dann nur zu hören. **S** Der Gesang klingt laut und voll flötend wie „düde-lio" („Vogel Bülow"), der Ruf heiser krächzend „chrääjk". **L** Alte Laubwälder, Parks. **V** BZ 5-8.

WÜRGER

2 Neuntöter **G** 17 cm

Lanius collurio **K** Häufigster Würger Europas, steht aufrecht auf erhöhten Warten und hält nach Insekten Ausschau, die im Flug oder am Boden erbeutet werden, dreht dabei oft den Schwanz. ♂ mit rotbraunem Mantel, grauem Kopf und schwarzer Maske sowie schwarzem Schwanz mit viel Weiß an der Basis, ♀ blasser ohne deutliches Kopfmuster, unterseits quer gewellt, wenig Weiß im Schwanz, JK ähnlich, aber auch oberseits gewellt. **S** Singt leise plaudernd mit Imitationen, ruft gedehnt „wääd" und „schack-schack". **L** Offene Landschaft, Hecken, Waldränder, oft Dornengebüsch. **V** BZ 5-9.

3 Rotkopfwürger **G** 18 cm

Lanius senator **K** Scheitel und Nacken rotbraun, Mantel dunkel mit großen weißen Schulterflecken, Bürzel weiß, ♀ lediglich etwas blasser gefärbt. Im JK ähnlich 2, aber durchschnittlich grauer mit angedeuteter Aufhellung von Schultern und Bürzel. Unterart *badius* auf den westlichen Mittelmeerinseln ohne weiße Handschwingenbasis. **S** Singt laut und variabel, auch mit Imitationen; warnt trocken „schrrrrt" und „wä-wä-wä". **L** Offene Wälder, Alleen, Obstbäume in Südeuropa. **V** Nur in Südwest-Deutschland extrem seltener bz 4-9, sonst A.

4 Maskenwürger **G** 18 cm

Lanius nubicus **K** Gesamte Oberseite schwarz, nur Stirn und Schultern weiß, Flanken orange; ♀ blasser, JK ähnlich 3 im JK, aber heller, grau ohne Brauntöne, Bürzel dunkel und schwarzer Schwanz länger. Meist im Gebüsch versteckt. **S** Gesang raue, wiederholte Strophen; ruft ähnlich Bekassine „tschrääh" und trocken ratternd. **L** Offene Wälder und Gebüsch, in Europa nur in Ostgriechenland. **V** -.

5 Schwarzstirnwürger **G** 20 cm

Lanius minor **K** Ähnlich 6 grau mit schwarzer Maske, doch auch Stirn schwarz, im AK unterseits rosa getönt. Flügel relativ länger, Schwanz aber deutlich kürzer. Im oberseits gewellten JK Stirn noch grau, aber an Proportionen von 6 unterscheidbar. Im Gegensatz zu 6 nur im Sommer anwesend. **S** Singt ähnlich 3, auch mit kreischenden Tönen; warnt schackernd „tschek". **L** Offene Landschaften mit Gehölzen und Leitungen in Südost-Europa, dort BZ 4-9. **V** Früher in Süddeutschland b, heute A, jedoch b in Ostösterreich.

6 Raubwürger **G** 24 cm

Lanius excubitor **K** Einziger in Mitteleuropa überwinternder Würger, steht gern auf Büschen und Leitungen, jagt Mäuse und Vögel. Groß, langschwänzig, grau, weiß und schwarz, Stirn grau. Im JK unterseits grau gewellt. **S** Einfacher Gesang aus schrillen und rauen Tönen zusammengesetzt; ruft „schrrrp". **L** Offenes Gelände mit Gehölzen und Ansitzwarten. **V** bjW.

7 Mittelmeer-Raubwürger **G** 24 cm

Lanius meridionalis **K** Sehr ähnlich 6 und diesen von Iberien bis Südfrankreich vertretend. Oberseits dunkler grau, unterseits graurosa getönt, Weiß nur auf Hand-, nicht auf Armflügel. **S** Ähnlich 5. **L** Offenes, trockenes oder wüstenartiges Gelände. **V** -.

KRÄHENVERWANDTE

8 Eichelhäher **G** 34 cm

Garrulus glandarius **K** Häufig und allgemein bekannt, aufmerksam, nicht scheu. Sehr bunt mit milchkakaobrauner Grundfärbung, schwarz und blau gemustertem Flügelfeld, schwarzem Bartstreif. Im Flug weiße Felder auf Bürzel und Armflügel kennzeichnend. **S** Ruft rätschend „chrää" und wie Bussard „hiäh", selten auch leise plaudernder Gesang. **L** Wälder aller Art, Parks, besonders im Herbst auch an Haselnüssen in Gärten. **V** BJZW.

9 Unglückshäher **G** 28 cm

Perisoreus infaustus **K** Nur gut drosselgroßer Häher mit düster graubraunem Gefieder und Rostrot auf Flügeln, Bürzel und Schwanz, erinnert daher an einen großen Rotschwanz. Heimlich, aber neugierig. **S** Meist stumm, ruft selten etwas klagend „kiä". **L** Ganzjährig in skandinavischen Nadelwäldern und der Taiga, zieht nicht. **V** -.

1 Elster   G 46 cm

Pica pica **K** Hübsch schwarzweiß mit Metallglanz, extrem langschwänzig, aber kurz- und rundflügelig, daher unverwechselbar. **S** Leise zwitschernder Gesang selten zu hören, dafür häufig lautes, heiseres Schackern „tschek-tschäk-tschäk". **L** Offenes Gelände mit Gehölzen, auch in Städten, Nest ein auch oben geschlossener Reisigbau. **V** BJ.

2 Blauelster   G 33 cm

Cyanopica cyanus **K** Meist in kleinen Gruppen zu sehen und am langen azurblauen Schwanz sowie den ebenso gefärbten Flügeln sofort zu erkennen, ebenso an der schwarzen Kapuze (im JK weißlich meliert) und weißen Kehle. **S** Stimmfreudig, u.a. ähnlich Eichelhäher rau „wrüi", hell „kui" und rollend „krr-rii". **L** Ganzjährig in offenen Wäldern der Iberischen Halbinsel. **V** -.

3 Tannenhäher   G 33 cm

Nucifraga caryocatactes **K** Etwa so groß wie Eichelhäher, aber mit längerem schlankem Schnabel und besonders im Flug auffallendem kurzem Schwanz mit weißer Endbinde. Gefieder sonst dunkelbraun mit typischer weißer Tropfung (einem gewaltigen Star nicht unähnlich). Manchmal Einflüge der wenig scheuen sibirischen Unterart *macrorhynchos* mit längerem, schlankerem, geraderem Schnabel und breiterer Schwanzendbinde. **S** Ruft hölzern „rrraaa", selten leise plaudernder Gesang. **L** Nadelwälder der Taiga und im Bergland, im Herbst auch Gärten. **V** BJ in Alpen und Mittelgebirgen.

4 Dohle   G 33 cm

Coloeus monedula **K** Kleine Krähe mit grauem Nacken, kurzem Schnabel und heller Iris, die im Trupp zwischen anderen Krähenarten durch die geringe Größe, den Ruf und die schnelleren Flügelschläge auffällt. Unterart *soemmerringii* („Halsbanddohle") in Osteuropa unterseits grauer mit hellerem Nacken und weißlichem Halbmond auf den Halsseiten **S** Ruft hell und kurz „kjak". **L** Bewohnt die Kulturlandschaft, brütet in Baumhöhlen, Gebäudenischen, Schornsteinen einzeln oder in kleinen Kolonien. **V** BJZW.

5 Alpenkrähe   G 39 cm, Sp 74 cm

Pyrrhocorax pyrrhocorax **K** Eher kleine Krähe von schlanker Gestalt mit metallisch schwarzem Gefieder, roten Beinen und schlankem, leicht gebogenem rotem Schnabel (dieser im JK noch orangegelb). Von 6 ferner un-

terschieden durch längere, den kürzeren Schwanz überragende Flügel, im Flug durch sechs (statt fünf) sichtbare tief gefingerte Handschwingen und geraden (statt geschwungenen) Flügelhinterrand. **S** Ruft „kiach", peitschender als 4. **L** Hochgebirge in Süd-, Küstenklippen in Westeuropa, immer mit benachbarten kurzrasigen Wiesen; Einzelpaare oder lockere Kolonien. **V** -, in den Alpen nur noch bj in der Südschweiz (Wallis).

6 Alpendohle   G 38 cm, Sp 70 cm

Pyrrhocorax graculus **K** Schwarz mit gelbem Schnabel und roten Beinen (wie eine Riesenamsel). Gesellig, sehr vertraut und von rastenden Bergwanderern magisch angezogen. **S** Ruft durchdringend „zi-eeh" und hell klirrend „schirrrr". **L** Hochgebirge; meist Koloniebrüter. **V** bj, in Deutschland nur Alpen.

7 Saatkrähe   G 45 cm, Sp 87 cm

Corvus frugilegus **K** Große Krähe mit auffallend dreieckigem Kopfprofil und struppig abstehender hinterer Flankenbefiederung, Schnabel länger und schlanker als bei 8, im AK an der Basis typisch unbefiedert grau. **S** Ruft heiser und nasal „gaah" und „grah". **L** Offene Kulturlandschaft mit Gehölzen; Koloniebrüter. **V** bjZW.

8 Rabenkrähe   G 47 cm, Sp 92 cm

Corvus corone **K** Häufigste und bekannteste Krähe in Mittel- und Westeuropa, rundum schwarz gefärbt. **S** Ruft krächzend „krrah" und guttural „grrrr". **L** Alle Landschaften, auch Städte; Einzelbrüter. **V** BJ westlich der Elbe.

9 Nebelkrähe   G 47 cm, Sp 92 cm

Corvus cornix **K** Häufigste und bekannteste Krähe in Nord-, Ost- und Südost-Europa, Schwesterart von 8. Durch die graue Färbung von Mantel, Rücken und Bauch unverwechselbar. **S** Wie 8. **L** Alle Landschaften, auch Städte; Einzelbrüter. **V** BJ östlich der Elbe.

10 Kolkrabe   G 61 cm, Sp 122 cm

Corvus corax **K** Größte Krähe und gleichzeitig größter Sperlingsvogel, gut bussardgroß, mit mächtigem Schnabel, struppigem Kehlgefieder, im Flug keilförmigem Schwanz, langen Flügeln und weit hervorstehendem Kopf. Führt lebenslange Ehe (20 Jahre!), daher meist paarweise oder im Familienverband zu sehen. **S** Ruft tief und sonor „korrk", schallend „klong" und gereiht „korrp korrp korrp". **L** Ruhige Wälder, Gebirge; Einzelbrüter. **V** BJ.

2

1

macro-
rhynchos

3

5

JK

soemmerringii

4

6

7

JK

8

JK

JK

10

9

MEISEN

1 Kohlmeise   G 14 cm

Parus major **K** Die bekannteste und größte Meise, gekennzeichnet durch gelbe Unterseite mit schwarzem Längsstreif (beim ♂ breiter), schwarzen Kopf mit weißem Wangenfeld (im JK gelblich ohne untere schwarze Begrenzung) und moosgrünen Mantel. **S** Singt „zizidäh zizidäh" oder „tita tita"; ruft u.a. „pink", „tsi-zuhi", „zähzähzäh". **L** Gärten, Parks, Wälder; besucht häufig Futterhäuser. **V** BJ.

2 Blaumeise   G 12 cm

Parus caeruleus **K** Weit verbreitete, häufige und allgemein bekannte Meise mit weiß umrahmtem blauem Scheitel, schwarzem Augenstreif, deutlichem Blauton auf Flügeln und Schwanz und gelber Unterseite mit nur angedeutetem Längsstrich. JK blasser und am Kopf stark gelblich. Turnt sehr agil im Gezweig, oft in Gruppen. **S** Gesang silberhell klingelnd „zi zie zirrrr"; Rufe vielfältig, oft „sisididi" und „zi-tschrrr". **L** Gärten, Wälder; besucht oft Futterhäuser. **V** BJ.

3 Lasurmeise   G 13 cm

Parus cyanus **K** Sehr helle östliche Meise, ähnlich 2, aber ohne Gelb, Scheitel ganz weiß, Flügelbinde und Schirmfederspitzen breit weiß, ebenso der nur an der Basis und in der Mitte blaue Schwanz. Gelegentlich vorkommende Hybriden mit 2 zeigen weniger Weiß und meist bläulichen Scheitel. Wird oft mit Schwanzmeise verwechselt. **S** Ähnlich 2. **L** Laub- und Mischwälder, oft in Gewässernähe. **V** A.

4 Tannenmeise   G 11 cm

Parus ater **K** Kleine, Nadelbäume bevorzugende Art mit großem weißem Nackenfleck (im JK gelblich), beiger Unterseite ohne Längsstrich und zwei Flügelbinden (als einzige Meise!). Kopf recht groß mit oft leicht gesträubtem Hinterscheitel. Oberseite blaugrau, aber in Spanien (Unterart *vieirae*), auf den Britischen Inseln und Irland (*britannicus* und *hibernicus*) oliv getönt, auf Zypern (*cypriotes*) wie die Unterseite bräunlich. **S** Singt „wietze-wietze"; ruft spitz pfeifend „tii-e" und traurig „tüüh". **L** Nadel- und Mischwälder, auch Nadelbaumgruppen in Parks und Gärten. **V** BJ; manchmal im Herbst Invasionen aus Nordost-Europa, dann überall anzutreffen.

5 Haubenmeise   G 12 cm

Parus cristatus **K** An der spitzen Federhaube auf dem schwarzweiß gemusterten Kopf sofort kenntlich, Oberseite

hellbraun, Unterseite weißlich, keine Flügelbinde. **S** Gesang selten zu hören, pfeifend z.B. „didu-didu-didu-djü", vermischt mit „zizi-gürrrl"; ruft unverwechselbar brodelnd „gürrr". **L** Nadel- und Mischwälder, Parks mit Koniferenbeständen; ortstreu, kann die Nisthöhle selbst zimmern. **V** BJ.

6 Sumpfmeise   G 12 cm

Parus palustris **K** Eher kleine graubraune Meise mit glänzend schwarzer Kopfplatte und hellen Kopfseiten sowie kleinem schwarzen Kinnfleck. Kann nur mit 7 verwechselt werden, s. dort. **S** Gesang eine Folge etwa sechs gleicher Töne, „tjüptjüptjüp …" oder „titätitätitä …"; ruft niesend „pitschü" und „tsi-tschü". **L** Wälder, Gärten; besucht Futterhäuser. **V** BJ.

7 Weidenmeise   G 12 cm

Parus montanus **K** Weit verbreitete graubraune Meise, ähnlich 6, aber Kopfplatte matt statt glänzend schwarz und weiter in den Nacken reichend, Kopfseiten ausgedehnter und reiner weißlich, Kinnfleck größer, Kopf und Hals dicker, aufgehelltes Armschwingenfeld, Schwanzspitze leicht gestuft; bestes Kennzeichen andere Stimme. Westliche Unterarten brauner, östliche grauer gefärbt. **S** Singt wehmütig pfeifend „tjü tjü tjü …"; ruft gedehnt nasal „däääh" oder „zizi däääh däääh". **L** Wälder und Parks, zimmert Nisthöhle selbst; besucht Futterhäuser. **V** BJ.

8 Balkanmeise   G 13 cm

Parus lugubris **K** Braungraue Meise des Balkan mit im Vergleich zu 6 und 7 etwas schäbig erscheinendem Gefieder, Kinnlatz weiter ausgedehnt, Kopfplatte matt braunschwarz (beim ♀ bräunlicher) und weit auf die Kopfseiten herabgezogen, daher nur schmaler weißer Wangenkeil. Eher scheu und nicht gesellig. **S** Singt rauer und langsamer als 6 „tschirv-tschirv-tschirv …"; ruft „zrih-zrih-zrih" und ratternd „tscherrr-rr". **L** In offenen Laub- und Mischwäldern des Balkan, auch im Kultur- und Bergland. **V** -.

9 Lapplandmeise   G 13 cm

Parus cinctus **K** Warm graubraune Meise des nördlichsten Europa mit rostgelben Flanken, matt schwarzbrauner Kopfplatte und großem schwarzem Kinnlatz, sonst ähnlich 7; Gefieder flauschiger als bei anderen Meisen. **S** Singt dünn schwirrend „tschi-ürrr tschi-ürrr …"; ruft weniger lang gezogen als 7 „ti-ti tää tää". **L** Brütet spärlich in den nördlichsten alten Nadelwäldern Skandinaviens und der russischen Taiga bis zur Fjällbirkenzone. **V** -.

1 ♀ ♂ JK

2

3 JK

4

5

6

7 östlich westlich

8

9

BEUTELMEISEN

1 Beutelmeise   **G** 11 cm

 Remiz pendulinus **K** Meisenähnlicher kleiner Vogel mit grauem Kopf und schwarzer Maske, rotbraunem Mantel und dünnem Schnabel. ♀ nur etwas blasser gefärbt, im JK Kopf sandbraun ohne Maske. **S** Singt leise und hoch „ziu-siu sirr siiu"; ruft sehr hoch, lang gezogen und abfallend „ziiiiü". **L** Gehölze an Gewässern, Sumpfgebiete, Schilf; webt kunstvolles Hängenest mit seitlicher Eingangsröhre ähnlich einer Wollsocke an meist über dem Wasser hängenden Zweigspitzen. **V** BZ 4-9.

BARTMEISEN

2 Bartmeise   **G** 15 cm

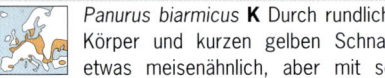 *Panurus biarmicus* **K** Durch rundlichen Körper und kurzen gelben Schnabel etwas meisenähnlich, aber mit sehr langem, recht breitem Schwanz und zimtbraunem Gefieder. Nur ♂ mit grauem Kopf und schwarzem „Bart"; im JK Mantel und Schwanzkanten schwarz. Turnt geschickt an Schilfstängeln, fällt oft durch die Rufe auf. **S** Gesang leise zwitschernd „tschip tschip tschir"; typische Rufe nasal „tsching" und „dschüü". **L** An ausgedehnte Schilfgebiete gebunden, baut dort ein offenes Halmnest. **V** bj.

SCHWANZMEISEN

3 Schwanzmeise   **G** 14 cm

 Aegithalos caudatus **K** Mit kleinem, rundlichem, weißlichem Körper, winzigem Schnabel und extrem langem, schmalem Schwanz kaum verwechselbar. Nur bei Unterart *caudatus* im nordöstlichen Europa Kopf ganz weiß, bei allen anderen wie bei *europaeus* in Mitteleuropa mit dunklem Scheitelseitenstreif, einige südliche Unterarten mit grauem Mantel, z.B. *irbii* (Südspanien). Meist in rastlos umherstreifenden, ständig rufenden Trupps zu sehen. **S** Gesang dünn trillernd „wiwiwiwiwi"; kennzeichnende Rufe trocken surrend „tsrrr" und hoch „srih-srih-srih". **L** Gebüschreiche Wälder, auch Parks; baut mit Flechten verkleidetes Kugelnest in Astgabeln. **V** BJW.

SCHWALBEN

4 Mehlschwalbe   **G** 14 cm

 Delichon urbicum **K** Im Flug an den nach hinten gebogenen, schmalen Schwalbenflügeln, dem nicht sehr tief gegabelten Schwanz und dem Kontrast zwischen weißer Unter- und schwarzer Oberseite mit leuchtend weißem Bürzel sofort erkennbar; Oberseite schimmert aus der Nähe metallisch blauschwarz. **S** Ruft kurz „prrit", beim unauffällig zwitschernden Gesang wiederholt. **L** Brütet in Städten und Dörfern, jagt dort, in offener Landschaft und hoch im Luftraum; Lehmnest außen an Gebäudevorsprüngen, kugelig mit kleinem Einflugloch. **V** BZ 4-10.

5 Rauchschwalbe   **G** 19 cm

 Hirundo rustica **K** Bekannteste Schwalbe mit langen, spitzen Flügeln und tief gegabeltem Schwanz, die äußeren Steuerfedern besonders beim ♂ schmal und stark verlängert. Oberseite einfarbig metallisch blauschwarz, Unterseite weiß mit dunklem Brustband und rostroter, im JK rostbeiger Kehl- und Gesichtsfärbung; Schwanzspieße im JK kürzer. **S** Zwitschernder, flüssiger Gesang mit kratzenden Lauten und schnurrendem Schluss; ruft flüssig „wit", bei Alarm scharf „zli-vit". **L** Ställe, Dörfer, auch Städte, jagt in offener Landschaft und über Feuchtgebieten; napfförmiges Lehmnest wird innerhalb von Gebäuden errichtet; im Herbst gewaltige Schlafgemeinschaften in Schilfgebieten. **V** BZ 4-10.

6 Rötelschwalbe   **G** 17 cm

 Cecropis daurica **K** Nur in Südeuropa, kann dort mit 5 verwechselt werden, aber Bürzel und Nacken hell rostfarben, Unterschwanz schwarz, Kehle hell, Unterseite gestrichelt. **S** Singt ähnlich 5, doch tiefer und rauer; ruft nasal „twät", warnt kurz „kirr". **L** Felsiges Gelände, Nest mit retortenförmigem Eingang auch unter Brücken und in Gebäuden. **V** A.

7 Uferschwalbe   **G** 13 cm

 Riparia riparia **K** Kleine Schwalbe, oben braun, unten weiß mit braunem Brustband, Schwanz kaum gegabelt. **S** Ruft trocken „kschrr", beim Gesang gereiht. **L** Flüsse, Feuchtgebiete; Koloniebrüter, gräbt Niströhren in sandige Steilufer, oft in Kiesgruben. **V** BZ 4-9.

8 Felsenschwalbe   **G** 14 cm

 Ptyonoprogne rupestris **K** Ebenfalls oberseits braun, aber größer als 7, ohne Brustband, Unterflügeldecken dunkler abgesetzt, weiße Schwanzflecke und dunkle Unterschwanzdecken. **S** Schwatzender Gesang; ruft „pit", „trit" und „tsrij". **L** Klippen und Gebirge Südeuropas; Nest in Felsnischen, selten an Gebäuden. **V** bz 3-9, nur Alpen.

1

JK

2

JK

♂

♀

3

caudatus

4

5

JK

♂

6

7

8

LERCHEN

1 Feldlerche   G 17 cm

Alauda arvensis **K** Bekannteste und häufigste Lerche Europas, graubraun mit weißem Flügelhinterrand und mittellangem Schwanz mit weißen Außenkanten sowie angedeuteter Haube; Handschwingen überragen Schirmfedern weit. Gefieder im JK geschuppt. **S** Gesang ein langes Jubilieren mit hoch rollenden Tönen und Imitationen, meist im Flug aus größter Höhe; ruft „dr-rüp". **L** Offene Landschaft, Felder, Wiesen. **V** BZ 3-10, w.

2 Heidelerche   G 14 cm

Lullula arborea **K** Kleine Lerche, kurzschwänziger als 1, am Hinterkopf zusammenlaufender weißlicher Überaugenstreif, beidseitig weiß eingefasstes Feld an der Vorderkante des Handflügels, nicht Schwanzkanten, sondern -spitzen weiß. Wellenflug ausgeprägter als bei 1. **S** Gesang meist im Flug eine weiche, lieblich jodelnde Tonfolge, lauter und schneller werdend „li li li lililililülülülulu ilü ilü lüilü ...", besonders in der Dämmerung und nachts; Ruf melodisch „düdeloi". **L** Heiden, Bergwiesen, Lichtungen. **V** BZ 3-10, lokal.

3 Haubenlerche   G 17 cm

Galerida cristata **K** Von anderen Lerchen (außer 4 und viel schwächer manchmal 1) durch auffallende spitze Haube unterschieden, Flügel breit und rund, ohne weißen Hinterrand, Schwanz relativ kurz mit bräunlichen Kanten, Schnabel hell, lang und kräftig. Wenig scheu, rennt aber schnell. **S** Gesang einfach aus Einzelrufen und Imitationen, von erhöhter Warte oder im Flug; Rufe melancholisch „düi" und „di di düh". **L** Trockene, offene Landschaft, auch Straßen und Industriegebiete. **V** BJ, stark abnehmend.

4 Theklalerche   G 16 cm

Galerida theklae **K** Muss in Südwest-Europa von der fast identischen 3 unterschieden werden, ist etwas kleiner, kurzschnäbeliger, grauer mit rötlicheren Oberschwanzdecken, kräftigerer Mantel- und Bruststrichelung, eher grauen als rostbeigen Unterflügeldecken und stumpferer Haube. **S** Weicher als 3. **L** Oft in trockenerem Offenland als 3. **V** -.

5 Kurzzehenlerche   G 15 cm

Calandrella brachydactyla **K** Kleiner und heller als 1, ungestreifte Unterseite, dunkler Halsseitenfleck (oft schwer erkennbar), deutlicher Überaugenstreif, Scheitel im frischen Gefieder rostfarben, ungezeichnete helle Kleine und dunkle Mittlere Armdecken. **S** Singt im planlos wirkenden Flug kurze, zwitschernde Phrasen, etwa „tschüt tschüt tschüll-tschill-il-ill drro drri düüe tschüllülüll"; ruft trocken „drüt" oder „trülp". **L** Offene Trockengebiete Südeuropas. **V** A.

6 Stummellerche   G 14 cm

Calandrella rufescens **K** Von der sehr ähnlichen 5 durch deutliche Bruststrichelung und weit vor der Flügelspitze endende Schirmfedern unterschieden, ferner etwas dunkleres, mehr graubraunes Gefieder. **S** Singt abwechslungsreicher, länger und mit mehr Imitationen als 5; ruft surrend „drrrrd". **L** Offenes Gelände in Spanien und Südrussland. **V** A.

7 Kalanderlerche   G 19 cm

Melanocorypha calandra **K** Sehr große Lerche, relativ kurzschwänzig mit dickem Schnabel und großem schwarzem Fleck auf den Halsseiten. Im Flug lange breite Flügel unterseits charakteristisch schwärzlich mit weißer Hinterkante. **S** Melodischer Gesang mit Imitationen aus kreisendem Singflug in großer Höhe, Flügelschläge dabei zeitweise langsam und rudernd; Ruf laut und rau rollend „tschüritt". **L** Steppenartiges Gelände in Südeuropa. **V** A.

8 Dupontlerche   G 17 cm

Chersophilus duponti **K** In Europa nur in Spanien, sehr scheu. Färbung ähnlich 1, jedoch durch längeren, deutlich abwärts gebogenen Schnabel eindeutig gekennzeichnet, ferner schlanker, hochbeiniger, ohne weißen Flügelhinterrand. **S** Singt in der Dämmerung und nachts aus großer Höhe mit kurzen Flötentönen und nasalem Endton; ruft „tju-tjü". **L** Trockenes, steppenartiges Gelände in Zentralspanien. **V** -.

9 Ohrenlerche   G 17 cm

Eremophila alpestris **K** Sofort am typischen Kopfmuster mit schwarzen und gelben Partien erkennbar, auch wenn schwarze Federohren nicht sichtbar sind, ferner Beine und Schnabel schwarz. Färbung bei ♀ und im 1. W blasser, JK kräftig gefleckt mit angedeutetem Bartstreif. Anders als bei nördlicher Unterart *flava* bei *balcanica* in Südost-Europa Bartstreif und Brustband verbunden, Mantel fast ungestrichelt. **S** Singt nur kurze, stotternde Strophen; ruft hoch „pii", „iih-düdi". **L** Nordeuropäische Bergwiesen, Fjälls und Tundra, auch Balkangebirge, im Winter Küsten. **V** W 10-4, besonders Küste, sehr selten mit 1 auf Stoppelfeldern im Binnenland.

LAUBSÄNGER

1 Fitis
G 11,5 cm

Phylloscopus trochilus **K** Sehr häufiger, aber unauffälliger kleiner grünlicher Vogel, der sich agil durch die Zweige bewegt, am besten am Gesang erkennbar. Sehr ähnlich Zilpzalp, aber langflügeliger mit weiter über die Schirmfedern ragenden Handschwingen, oberseits stärker grünlich, Überaugenstreif deutlicher, Beine hell. Im JK insgesamt gelblicher. Nordosteuropäische Unterart *acredula* grauer. **S** Gesang beginnt mit hohen, klaren Tönen, fällt dann ab und endet etwas wehmütig „hilü didelü-dü-dü-düh"; ruft deutlicher zweisilbig als 2 „hu-id". **L** Gärten, Parks, Wälder, Buschgruppen. **V** BZ 4-9.

2 Zilpzalp
G 11 cm

Phylloscopus collybita **K** Neben dem ähnlichen Fitis häufigster Laubsänger, klein und rastlos, oberseits grünlich braungrau, unterseits beige. Flügel kürzer als bei 1, Beine dunkel, Gefieder bräunlicher. In Nordost-Europa Unterart *abietinus* heller und bräunlicher, in Nordrussland fehlen *tristis* („Taigazilpzalp") gelbgrüne Gefiedertöne. **S** Singt „zilp-zalp-zilp-zalp-zalp" mit eingeschobenem, gedämpftem „perre perre"; ruft einsilbig „huit", Jungvögel im Herbst auch höher „hiit". **L** Gärten, Wälder, Parks, Gebüsch, zur Zugzeit oft am Wasser. **V** BZ 3-10, w.

3 Iberienzilpzalp
G 11 cm

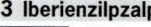

Phylloscopus ibericus **K** Vertritt 2 auf der Iberischen Halbinsel, ist etwas langflügeliger, grünlicher und gelblicher, aber nur an der Stimme sicher unterscheidbar. **S** Gesang in drei Teile gegliedert und oft trillernd beendet, etwa „tjip-tjip-tjip-hüid-hüid-tirr"; ruft abfallend und etwas nasal „piü". **L** Wie 2. **V** A.

4 Waldlaubsänger
G 12 cm

Phylloscopus sibilatrix **K** Langflügelig, oberseits gelbgrün, gelbe Brust scharf vom weißen Bauch abgesetzt, gelber Überaugenstreif und grüner Augenstreif deutlich, Beine hell; meist in Baumkronen versteckt. **S** Zwei Gesangstypen, mit hellem Triller endende Reihe „zip-zip-zip-zwirrrrrrrrrr" und traurig flötende Tonfolge „düh düh düh düh"; ruft scharf „zip" und wehmütig „tüh". **L** Alte Laubwälder. **V** BZ 4-8.

5 Berglaubsänger
G 11 cm

Phylloscopus bonelli **K** Oberseite grauoliv mit stärker gelblichem Bürzel, im Gegensatz zu 4 ganze Unterseite weißlich, auffallend helle Ränder der Schirmfedern, auch Schwungfedern mit grünen Kanten, Kopfmuster sehr schwach und daher offener Gesichtsausdruck. **S** Gesang ein klarer, lachender Triller von einer Sekunde Dauer, langsamer als der Schluss von 4, „svisvisvisvisvi …"; ruft zweisilbig „tü-it". **L** Südwest-europäische Bergwälder, gern Eichen. **V** bz 4-8, in Deutschland Alpen und Südwesten.

6 Balkanlaubsänger
G 11,5 cm

Phylloscopus orientalis **K** Etwas größer als 5, oberseits grauer, etwas langflügeliger, Große Armdecken oft deutlich aufgehellt, doch am sichersten am Ruf unterscheidbar. **S** Singt etwas schneller als 5 und ruft, auch zwischen Gesangsstrophen, völlig verschieden sperlingsartig „tschip" und hölzern „tut". **L** Bewaldete Berghänge auf dem Balkan, von 4-9 anwesend. **V** -.

7 Grünlaubsänger
G 10 cm

Phylloscopus trochiloides **K** Ähnlich 1 mit graugrüner Oberseite, aber mit einer kurzen hellen Flügelbinde (oft unauffällig, manchmal mit zweiter angedeuteter Binde auf Mittleren Armdecken), weißlicher Überaugenstreif deutlicher und länger, Beine graubraun, Unterschnabel hell. **S** Gesang kurz, laut, hoch, schnell, erst etwas an Bachstelze, durch oft angehängten Triller an Zaunkönig erinnernd; ruft ähnlich Bachstelze „si-litt". **L** Osteuropäische und asiatische Wälder. **V** A, meist Ende 5-6, gelegentlich b.

8 Wanderlaubsänger
G 12 cm

Phylloscopus borealis **K** Laubsänger mit einer (manchmal angedeuteter zweiter) Flügelbinde, Gefieder ähnlich 7, doch größer, kräftiger, Flügel länger, Überaugenstreif reicht nicht bis zur Schnabelbasis, wohl aber Augenstreif (beides bei 7 umgekehrt), Unterschnabelspitze dunkel, Beine braunrosa. **S** Singt schwirrend „sresresresresre"; ruft scharf „zrl". **L** Wälder in Nordost-Europa und Asien. **V** A.

9 Gelbbrauen-Laubsänger
G 10 cm

Phylloscopus inornatus **K** Klein, oberseits moosgrün mit zwei deutlichen gelben Flügelbinden und langem Überaugenstreif; vgl. Sommergoldhähnchen im JK. **S** Ruft lispelnd „tsuist". **L** Sibirische Taiga. **V** A, besonders 10 Helgoland.

10 Goldhähnchen-Laubsänger
G 9,5 cm

Phylloscopus proregulus **K** Sehr klein und mit zwei Flügelbinden, unterscheidet sich von 9 durch gelben Längsstreif auf Scheitelmitte und gelben Bürzel; rüttelt oft vor Zweigen **S** Ruft „hüiht". **L** Sibirische Taiga. **V** A, meist 10-11.

acredula

1

1. W

2

abietinus

4

3

5

7

6

8

9

10

GRASSÄNGER

1 Schlagschwirl **G** 15 cm

Locustella fluviatilis **K** Eher zu hören als zu sehen, aber auch arm an auffälligen Kennzeichen: Oberseite ungestreift graubraun, Brust verwaschen gestrichelt, Überaugenstreif undeutlich, Flanken olivbraun verdunkelt, Beine rosa, aber lange braune Unterschwanzdecken mit weißen Spitzen. **S** Singt viel langsamer als 3 mit voneinander getrennten Silben ausdauernd mechanisch wetzend „tze-tze-tze-tze-tze", besonders nachts; ruft „zr" und „dschik". **L** Feuchtes Dickicht, oft am Wasser. **V** bz 5-8, besonders im Osten.

2 Rohrschwirl **G** 14 cm

Locustella luscinioides **K** Wegen ähnlicher Färbung und gemeinsamen Lebensraums leicht mit Teichrohrsänger zu verwechseln, aber dunkler rotbraune Oberseite meist ohne rostbraun abgehobenen Bürzel, Brust und Flanken dunkler braunbeige, Schwanz breit und gerundet mit langen, (anders als 1) einfarbig rostbeigen Unterschwanzdecken. **S** Schwirrender Gesang ähnlich 3, doch tiefer, härter und schneller, oft mit tickenden Tönen eingeleitet; ruft ähnlich Kohlmeise „tsching", „pwingt". **L** Größere Schilfgebiete. **V** bz 4-9.

3 Feldschwirl **G** 13 cm

Locustella naevia **K** Häufigster Schwirl, olivbraune Oberseite deutlich gestreift, helle Unterseite oft mit undeutlichen Brustflecken, Überaugenstreif schwach, kennzeichnender breiter, runder Schwanz mit langen, grob gefleckten Unterschwanzdecken (vgl. 5). Meist in niedriger Vegetation versteckt oder am Boden laufend. **S** Minutenlanges mechanisches, heuschreckenartiges Schwirren „serrrrrrrrrrr", auch nachts; ruft kurz „schitt". **L** Dichte Vegetation innerhalb offener Landschaft. **V** BZ 4-9.

HALMSÄNGER

4 Zistensänger **G** 10 cm

Cisticola juncidis **K** Klein mit kurzen Flügeln, kurzem, rundem Schwanz mit schwarzweißen Spitzen und leicht abwärts gebogenem Schnabel, ganze Oberseite kräftig hell und dunkel gestreift. Meist in bodennahem Pflanzendickicht verborgen. **S** Singt selbst in der Mittagshitze im typischen wellenförmigen Flug in etwa 10 m Höhe monoton „zrip zrip zrip …", pro Bogen ein Ton; ruft laut „tschip". **L** Offenes Gelände in Südeuropa, manchmal Brutvorstöße nach Norden. **V** A.

ROHRSÄNGERVERWANDTE

5 Schilfrohrsänger **G** 12 cm

Acrocephalus schoenobaenus **K** Häufigster der oberseits gestreiften Rohrsänger, dunkle Streifung allerdings oft schwach und diffus. Langer beiger Überaugenstreif, betont durch dunkle Seiten des gestrichelten Scheitels. Brust im JK dunkel gestrichelt. **S** Singt auch nachts an Teichrohrsänger erinnernd, aber abwechslungsreicher, schneller, mit Imitationen und Crescendo erregter Töne, die in melodisches Flöten übergehen, z.B. „zrüzrü-trett krükrükrüpsi trutru-perrrrrrr-errrrr wi-wi-wi lülülü zetre zetre …"; ruft „trrr" und „tjäck". **L** Bevorzugt Schilfgebiete, aber auch in vegetationsreichem Sumpf. **V** B (seltener im Südwesten), Z 4-9.

6 Seggenrohrsänger **G** 12 cm

Acrocephalus paludicola **K** Extrem selten gestreifter Rohrsänger, der leicht mit 5 verwechselt werden kann. Kennzeichnend sind die heller gelbliche Grundfärbung, die dunkle Kopfplatte mit scharfem, schmalem, beigem Scheitelstreif (manchmal bei 5 besonders im JK angedeutet), der kräftiger schwärzlich gestreifte Mantel (einschließlich Bürzel) mit zwei langen gelblichen Längsstreifen, die helle Zügelregion und die Strichelung von Brust und Flanken. JK noch heller ockergelblich ohne Strichelung auf der Unterseite (im Gegensatz zu 5 im JK). **S** Singt träger und monotoner als 5 „err-didi errr-düdü errr …"; ruft „errr" und „teck". **L** Osteuropäische Seggensümpfe. **V** Extrem seltener bz im Nordosten, 4-9, sonst A.

7 Mariskenrohrsänger **G** 13 cm

Acrocephalus melanopogon **K** Ebenfalls oberseits gestreift, aber im Gegensatz zu 5 eher rostbraune Grundtönung, Scheitel und Ohrdecken dunkler, den breiten, rechteckig endenden weißlichen Überaugenstreif und die weiße Kehle betonend. Flanken und Brustseiten ungestrichelt rostbraun getönt, Unterschwanzdecken weißlich, Flügel kürzer, mit die Schirmfedern nur wenig überragenden Handschwingen. **S** Singt etwas weicher und lebendiger als Teichrohrsänger mit eingeschobenen arttypischen ansteigenden, an Brachvogel oder Nachtigall erinnernden Flötentönen „lü lü lüü lüüh"; ruft schmatzend „tscheck" und „krrk". **L** Binsen und Schilfgebiete. **V** A, aber B am Neusiedlersee.

1 Teichrohrsänger G 13 cm

Acrocephalus scirpaceus **K** Häufigster ungestreifter Rohrsänger von typischer Gestalt mit flachem, spitzem Kopf und langem Schnabel, an Schilf gebunden. Oberseite oliv- bis rostbraun, Bürzel wärmer rostbraun, Unterseite weißlich, oft zimt- bis rostfarben, heller Überaugenstreif schwach und nicht bis hinter das Auge reichend, Beine graubraun. **S** Gesang eine metronomartige Aneinanderreihung mehrfach wiederholter, meist rauer Töne, etwa „trr-trr-trr-tri-tri-tri-tiri-tiri", nur gelegentlich mit pfeifenden Imitationen durchsetzt, langsamer und schlichter als Schilfrohrsänger; ruft kurz „tschurrr" und „teck". **L** Große und kleine Schilfbestände. **V** BZ 5-9.

2 Sumpfrohrsänger G 14 cm

Acrocephalus palustris **K** Weniger an Schilf und Gewässer gebunden als 1, diesem extrem ähnlich. Gefieder oberseits eher grünlich olivbraun, Bürzel nicht rostfarben abgehoben (außer im JK), unterseits gelblich grau überhaucht mit oft abgesetzter weißlicher Kehle, Überaugenstreif und Augenring deutlicher, Schirmfedern und Handschwingen deutlicher hell gesäumt, Alula oft dunkel hervorstechend, Beine hellbraun bis strohfarben, Flügel etwas länger (aber bei beiden Arten 7-8 Handschwingenspitzen frei sichtbar). **S** Abwechslungsreicher schneller Gesang tagsüber und nachts mit Tempiwechseln, rauen, pfeifenden, quietschenden und knarrenden Tönen, voller hervorragender Imitationen europäischer und afrikanischer Stimmen, dazwischen kennzeichnend nasal „ti-zää" oder meisenähnlich „tsä-bi"; warnt lang „karrr" und „tschrr". **L** Gebüsch, Sümpfe, Hochstaudenfluren, Brennnesselbestände, nicht nur am Wasser. **V** BZ 5-8.

3 Feldrohrsänger G 13 cm

Acrocephalus agricola **K** Östlicher Rohrsänger, ähnlich 1, aber kleiner, mit längerem gerundetem Schwanz und kürzeren Flügeln. Oberseits recht variabel rost- bis hell graubraun, unterseits weißlich mit bräunlichen Flanken und Unterschwanzdecken, Überaugenstreif sehr lang und markant, oben durch verdunkelte Scheitelseiten betont, Augenring schwach, Halsseiten heller, Schirmfedern breit rostbraun gesäumt, Schnabel kürzer, Unterschnabel mit dunkler Spitze, Beine fleisch- bis hornfarben, Handschwingen (meist nur sechs Spitzen sichtbar) überragen Schirmfedern weniger. **S** Gesang voller Imitationen und daher ähnlich 2, doch mit konstantem Tempo, weicher, langsamer, ohne raue Elemente und ohne das für 2 kennzeichnende „tsä-bii"; ruft anders als 1 „dsack" und „tschick". **L** Meist in landseitigen Bereichen von Schilfgebieten vom Schwarzen Meer ostwärts. **V** A.

4 Buschrohrsänger G 13 cm

Acrocephalus dumetorum **K** Kommt hauptsächlich nordöstlich von 2 vor und ist diesem extrem ähnlich, doch etwas kleiner, flachstirniger und kurzflügeliger, oberseits eher fahl oliv- bis graubraun, unterseits kreideweiß mit nur schwacher Flankentönung, mit deutlichem Augenring und kräftig ausgebildetem, elliptisch verbreitertem Überaugenstreif, ziemlich einfarbigen Flügeln, nur die halbe Schwanzlänge einnehmenden Unterschwanzdecken (statt 2/3), grauen Beinen und deutlich kürzeren Flügeln (6-7 Handschwingenspitzen sichtbar). **S** Gesang vorwiegend nachts, besteht wie bei 2 überwiegend aus brillanten Imitationen, ist aber langsamer, Motive werden singdrosselartig 3-6, manchmal 10-mal wiederholt, bei vielen Individuen ein klares, in großen Tonschritten ansteigendes „loo-lüü-lii-a" eingeflochten, immer aber das typische schnalzende „tscheck tscheck"; ruft weicher als 2 „thek" und „dsik". **L** Ähnlich 2, oft in noch trockeneren Bereichen, gern Brombeergebüsch. **V** A.

5 Drosselrohrsänger G 19 cm

Acrocephalus arundinaceus **K** Allein durch die Größe unverwechselbar, Färbung ähnlich 1, Überaugenstreif deutlich, Schnabel drosselartig groß, Flügel sehr lang. **S** Singt laut knarrend „karre-kiet-karre-karre-kiet kiet"; ruft „krek" und „kerrr". **L** Schilfflächen und -streifen. **V** bz 5-9, stark abnehmend.

BUSCHSÄNGER

6 Seidensänger G 14 cm

Cettia cetti **K** Fast immer in dichter Vegetation versteckt, kaum einmal zu sehen, aber um so lauter zu hören. Kompakt mit rotbrauner Oberseite, bräunlich getönter grauer Unterseite, schwachem Überaugenstreif, kurzem, rundem, oft gestelztem Schwanz (mit nur zehn Steuerfedern!), kurzen rostbeigen Unterschwanzdecken und kurzen, gerundeten Flügeln. **S** Singt plötzlich einsetzend sehr laut und explosiv „plütt-plütt plitti plitti-plittplött"; ruft „pex" und schmetternd „tetetet". **L** Pflanzendickicht am Wasser in Süd- und Südwest-Europa, in manchen Jahren Brutvorstöße nach Norden. **V** A.

1. W

2

1. W

3

1. W

4

5

1. W

6

1 Gelbspötter   G 13 cm

Hippolais icterina **K** In weiten Teilen Europas häufigster Spötter, im Vergleich zu Rohrsängern mit spitzerem Kopf, breiterem Schnabel und kürzeren Unterschwanzdecken. Oberseits grünlich, unterseits gelb, Überaugenstreif undeutlich und Zügel hell, daher offener Gesichtsausdruck; von hellen Rändern der Armschwingen gebildetes Flügelfeld, graue Beine. Im JK manchmal mehr bräunlich und gräulich. Bewegung träge, weniger hektisch als Laubsänger. **S** Abwechslungsreicher Gesang mit Imitationen ähnlich Sumpfrohrsänger, aber aus höherer Vegetation und nicht nachts, dazwischen eingeflochten typisches miauendes „giiäh" und der Ruf „tätäroit" oder „didero-id"; ruft auch „tätätä" und „täck". **L** Offene Laubwälder, Parks, Gärten. **V** BZ 5-9.

2 Orpheusspötter   G 13 cm

Hippolais polyglotta **K** Vertritt 1 im Südwesten Europas, ist etwas rundköpfiger, auf der grünlichen Oberseite eher mit Braun- als Graustich, unterseits hell gelb (manchmal auch beige), ohne helles Armflügelfeld und mit bräunlichen Beinen. Wichtigster Unterschied neben der Stimme sind die kürzeren, nicht bis zu den Spitzen der Oberschwanzdecken reichenden, die Schirmfedern nur etwa halb so weit wie bei 1 überragenden Flügel. **S** Singt melodischer, schwatzender und schneller als 1, zu Beginn und eingestreut immer der typische sperlingsartig schilpende Ruf „trrrt", nie miauend „gii-äh"; ruft auch „tet" und „tschret". **L** Oft wärmere, trockenere Gebüsche und niedrigere Gehölze als 1. **V** bz 5-8 in Südwest-Deutschland, sonst A.

3 Olivenspötter   G 17 cm

Hippolais olivetorum **K** Größter Spötter mit kräftigem, langem Schnabel und sehr langen Flügeln, oberseits braungrau, unterseits weißlich, Beine grau. Nur mit dem viel kleineren 4 zu verwechseln, hat aber angedeutetes helles Armflügelfeld, gewölbte Unterschwanzdecken und sehr dunkle Schwung- und Steuerfedern. **S** An Drosselrohrsänger erinnernder lauter, rauchiger Gesang mit Wiederholungen, z.B. „kutschock tschü tschi tschack kerr kerr"; ruft tief und hart „tschack". **L** Unterholzreiche offene Wälder, Mandel- und Olivenhaine auf dem Balkan. **V** -.

4 Blassspötter   G 12 cm

Hippolais pallida **K** Erinnert weniger an Spötter als an blassen Teichrohrsänger, hat aber gerade abgeschnittenen Schwanz mit grauen Kanten und breitere Schnabelbasis. Ferner oberseits grau mit Oliv-, aber nie Rostton, unterseits einfarbiger weißlich, Überaugenstreif deutlicher, Unterschnabel gelblich, Beine graubraun, nicht so weit über die Schirmfedern ragende Handschwingen. Schlägt Schwanz abwärts. **S** Singt ohne Imitationen ähnlich Teichrohrsänger, doch rauer schwatzend und langweiliger, manchmal mit ansteigenden, wiederholten Tonfolgen; ruft schnalzend „tzack" und ratternd „krrrt". **L** Brütet von Ungarn bis zum Balkan in verbuschtem, offenem Wald und Obstplantagen. **V** A.

5 Isabellspötter   G 13 cm

Hippolais opaca **K** Spanischer Spötter, dort nur mit Teichrohrsänger verwechselbar (aber anderer Lebensraum), sonst extrem ähnlich 4, jedoch etwas größer, hochbeiniger, mit eher sandbrauner Oberseite, schwächerem Überaugenstreif, längerem und an der Basis breiterem Schnabel mit von unten konvexen statt konkaven Seiten. **S** Singt schneller und melodischer als 4 mit mehr Flötentönen. **L** Offener Wald, Plantagen, Gärten. **V** -.

6 Buschspötter   G 11 cm

Hippolais caligata **K** Kleinster Spötter, laubsängerähnlich, oberseits braun, heller Überaugenstreif deutlich und durch dunklen Zügel sowie dunklen Scheitelseitenstreif betont (ähnlich Feldrohrsänger), Schwanzkanten weißlich, Beine braunrosa, Unterschnabel hell mit dunkler Spitze, schlägt den Schwanz oft leicht aufwärts. **S** Gesang leise, schnell, schwatzend, brodelnd, ohne Imitationen, ähnlich leiser Gartengrasmücke, beginnt oft mit „di-di-di"; ruft raspelnd „dsrak". **L** Brütet in Osteuropa in Gebüsch, niedrigem Gestrüpp, Staudenfluren am Wasser und in der Waldsteppe. **V** A.

7 Steppenspötter   G 12 cm

Hippolais rama **K** Ähnlich 6, etwas größer, langschwänziger, oberseits grauer, unterseits weißlicher, mit kürzerem Überaugenstreif, längerem Schnabel ohne dunkle Unterschnabelspitze, dadurch wiederum 4 extrem ähnlich, schlägt den Schwanz jedoch auf- statt abwärts, hat kürzere Flügel mit meist nur 5 (statt 6) vor den Schirmfedern sichtbaren Handschwingenspitzen und keinen deutlichen Olivton auf der Oberseite. **S** Singt schneller und strukturierter als 6, an Schilfrohrsänger erinnernd; ruft „zak". **L** Südöstlich von 6 in Halbwüsten und Steppen mit Büschen und Bäumen vom Wolgadelta bis Mittelasien. **V** A.

1

1. W

1. W

2

1. W

3

1. W

4

1. W

5

1. W

6

7

GRASMÜCKEN

1 Mönchsgrasmücke   **G** 14 cm

Sylvia atricapilla **K** Eine der häufigsten und, da auch in Gärten brütend, bekanntesten Grasmücken. Insgesamt grau, oberseits mit bräunlichem Ton, unterseits heller, an den Flanken leicht olivgrau verdunkelt, keine weißen Schwanzkanten. Sofort an der Kopfplatte zu erkennen, diese beim ♂ im AK schwarz, beim ♀ und ♂ im JK braun. Kann mit Sumpf- und Weidenmeise verwechselt werden, die aber weiße Kopfseiten und schwarzes Kinn haben. Zur Brutzeit oft heimlich, danach aber gern an Beerensträuchern. **S** Wohltönend plaudernder, perlender Gesang endet mit klaren, langen, etwas wehmütigen Flötentönen; warnt hart „teck" und „täck-äck-äck". **L** Gärten, Parks, Wälder. **V** BZ 4-10, vereinzelt w.

2 Gartengrasmücke   **G** 14 cm

Sylvia borin **K** Unauffälligste Grasmücke mit einfarbig graubraunem Gefieder ohne besondere Abzeichen, aber in fast ganz Europa häufig. Recht kräftig gebaut, Kopf gerundet, Halsseiten grau aufgehellt, angedeuteter Augenring, Beine und Schnabel grau. Lebt sehr zurückgezogen, bleibt meist im Blattwerk verborgen. **S** Gesang laut, weich und melodisch zwitschernd und plaudernd, auch mit raueren Tönen, länger als 1 und ohne deren klar flötendes Schlussmotiv; warnt „tschäk-tschäk" und „chärrr". **L** Offene Wälder, Parks. **V** BZ 5-9.

3 Sperbergrasmücke   **G** 16 cm

Sylvia nisoria **K** Östliche Art, groß und langschwänzig, Spitzen von Schwanz, Schirmfedern und Armdecken immer hell, Ober- und Unterschwanzdecken immer geschuppt. Im AK immer gelbe Iris, graue Oberseite und gesperberte Unterseite. Im JK Iris dunkel, Oberseite graubraun, Unterseite rahmfarben, hat aber anders als die sonst ähnliche 2 helle Schirmfederränder und Armdeckenspitzen. **S** Rauer, kurzer Gesang mit eingefügtem, ratterndem Artruf „rrrt-t-t-t". **L** Offenes Gelände mit Gebüsch, gern Dornenhecken, oft gemeinsam mit Neuntöter, vom östlichen Mitteleuropa ostwärts. **V** bz 5-9 in Ostdeutschland, sonst A.

4 Klappergrasmücke   **G** 13 cm

Sylvia curruca **K** Kleine, kurzschwänzige, häufige Grasmücke, in allen Kleidern praktisch identisch gefärbt. Oberseite einschließlich Flügel graubraun, Kopf heller grau, Ohrdecken dunkler, manchmal weißer

Überaugenstreif angedeutet, Unterseite weißlich, Beine dunkelgrau, Iris dunkel; hat nie Rosttöne im Gefieder. **S** Gesang ein einfaches, monotones, hölzernes Klappern auf einem Ton „de-dedededede", manchmal mit leise plauderndem Vorgesang, oft abgewechselt mit sehr hohem, mäuseartigem „zizizizi"; warnt schnalzend „tett". **L** Gärten, Parks, Waldränder. **V** BZ 4-9.

5 Dorngrasmücke   **G** 14 cm

Sylvia communis **K** Häufige Grasmücke offener Landschaft in fast ganz Europa. Hat in allen Kleidern breit rostbraune Säume der Flügeldecken und Schirmfedern, helle, gelblich bis rötlich braune Beine, helle Schnabelbasis und im AK auch aufgehellte Iris. ♂ mit grauem Kopf, weißer Kehle und rosa getönter Brust, ♀ etwas matter gefärbt, Kopf braungrau, Brust beige, im JK oft Kopf und Mantel einheitlich blass graubraun. Kann mit 4 und Brillengrasmücke verwechselt werden. **S** Der kurze, rau zwitschernde Gesang in holprigem Rhythmus wird oft im Singflug vorgetragen; ruft „wäääd wääd", warnt „dschäär". **L** Gebüsch in offener Landschaft, gerne Dornenhecken. **V** BZ 5-9.

6 Orpheusgrasmücke   **G** 15 cm

Sylvia hortensis **K** Große südwestliche Grasmücke mit braungrauer Oberseite, beiger Unterseite mit braunrosa Tönung, ungefleckten Unterschwanzdecken, Kopfplatte einschließlich Ohrdecken düster, beim ♂ schwärzlich. Größer als Samtkopf-Grasmücke, Beine schwärzlich, Iris meist hell, kein roter Lidring. **S** Lauter, drosselähnlicher Gesang aus mehrfach wiederholten, recht tiefen Silben, z.B. „turo-turo-turo tschrie-tschrie pjüpjüpjü"; ruft „tschack", warnt rasselnd „trrrr". **L** Offene Wälder, hohe Macchie, Gebüsche in Südwest-Europa. **V** A.

7 Nachtigallengrasmücke   **G** 16 cm

Sylvia crassirostris **K** Sieht in allen Kleidern 6 sehr ähnlich und vertritt sie im östlichen Mittelmeerraum, aber Schnabel länger und kräftiger, Schwanz länger, Oberseite sauberer grau, Kopf oft dunkler, Unterseite weißlicher, aber Unterschwanzdecken deutlich geschuppt, Iris oft verdunkelt. Im JK ähnlich 3 im JK, aber Ohrdecken dunkel und keine Sperberung. **S** Singt melodischer, länger und abwechslungsreicher als 6, oft an Nachtigall erinnernd, z.B. „trü trü trü schiwä schiwä ju-ju-ju-brü-trüjn", ruft tiefer als 1 „tschäck" und schnarrend „trrr". **L** Gebüsch mit einzelnen Bäumen, offener Laubwald. **V** -.

♀

♂ 1. W

1

2

1. W

♂

♀ / ♂ 1. S

3

1. W

4

1. W

6

♀

♂

♀ / 1. W

♂

5

♂

7

1 Samtkopf-Grasmücke G 13 cm

Sylvia melanocephala **K** Häufige Grasmücke im Mittelmeerraum, meist auch im Winter anwesend. In allen Kleidern mit rotem Augen- und Lidring sowie weiß abgesetzter Kehle. ♂ mit schwarzer Kapuze, Oberseite und Flanken grau, beim ♀ Kapuze grau, Oberseite und Flanken braungrau mit schwärzlichem Kopf und rotem Auge. **S** Kurzer, rau schwatzender, schneller Gesang mit kurzen flötenden und knirschenden Tönen durchsetzt, auch im Flug vorgetragen; warnt „terett tret-tret-tret" und „tr-tr-tr". **L** Häufig in Gebüsch und lockerem Niederwald in Südeuropa. **V** A.

2 Maskengrasmücke G 13 cm

Sylvia rueppelli **K** Kommt lediglich in Südgriechenland vor und kann nur mit 1 verwechselt werden, zeigt aber immer deutliche weißliche Ränder von Schirmfedern, Armschwingen und Armdecken. ♂ durch schwarze Kehle und weißen Bartstreif unverwechselbar, ♀ insgesamt grauer als 1, Augenring unauffällig, Kehle oft grau oder dunkel gefleckt. **S** Singt ähnlich 1, etwas langsamer und einförmiger, oft im schmetterlingsartigen Flug; ruft ratternd „chrrr" und schnalzend „zit". **L** Bewohnt von 3-9 offenen Eichenwald und dichtes Gebüsch, oft an steinigen Hängen. **V** -.

3 Schuppengrasmücke G 13 cm

Sylvia melanothorax **K** Brütet nur auf Zypern und ähnelt 1 und 2 sehr. ♂ sofort an der von der Kehle bis zu den Unterschwanzdecken reichenden groben Schuppung der Unterseite kenntlich, diese bei ♀ schwächer und auf dem Bauch meist fehlend, aber auch schon im JK auf den Unterschwanzdecken vorhanden und dann von 1 auch an rosa statt grauer Schnabelbasis und hellen Schirmfederrändern unterscheidbar. **S** Gesang langsam, holprig und trocken, wie der Ruf „chrr chrr" weniger rau als bei 1. **L** Dichtes Gebüsch auf Zypern. **V** -.

4 Weißbart-Grasmücke G 12 cm

Sylvia cantillans **K** Hübsche und häufige Grasmücke des Mittelmeerraums. ♂ oberseits blaugrau, unterseits rostorange mit kontrastierendem weißem Bartstreif und rotem Lidring (bei ostmediterraner Unterart *albistriata* Bartstreif noch breiter, aber Bauch und Flanken heller). ♀ genauso gefärbt, lediglich insgesamt blasser mit weißlichem Augenring. Im JK bräunlicher, Schirmfedern braun gesäumt. ♀ und JK von 5 an graubraunen statt rotbraunen Flügeln

unterscheidbar. **S** Singt abwechslungsreicher als 1, auch mit klaren, hellen Tonfolgen, von Buschspitze oder im Flug; ruft „tsche" und „cherr tetet", oft gereiht und gedämpfter als 1. **L** Gebüsch in Südeuropa, auch bis ins Gebirge. **V** A.

5 Brillengrasmücke G 12 cm

Sylvia conspicillata **K** Westmediterrane Art, erinnert durch rostbraune Flügel und weißen Augenring an die viel größere Dorngrasmücke. ♂ hat jedoch schwarze Augen- und Zügelregion und intensiver braunrosa Brust, ♀ geringeren Überstand der Handschwingen über die ausgedehnter rostbraunen Schirmfedern. **S** Singt oft im Flug hoch zwitschernd und mit klaren Tönen einsetzend; ruft lang klappernd „trrrrtrrr". **L** Niedriges Gestrüpp, halbwüstenartige, salzige Buschsteppen im westlichen Mittelmeerraum und isoliert auf Zypern. **V** A.

6 Provencegrasmücke G 13 cm

Sylvia undata **K** Kleine, etwas düstere südwestliche Grasmücke mit langem, oft gestelztem Schwanz. ♂ oberseits grau, unterseits weinrot, Kehle weiß gestrichelt und Lidring rot, ♀ matter gefärbt, oberseits mit Braunstich, JK oberseits noch brauner, Kehle braunbeige, Unterseite grau. Atlantische Unterart *dartfordiensis* von Südengland bis Nordportugal oberseits brauner. **S** Singt von Buschspitze oder im Flug kurz und kratzend; Ruf gedehnt und heiser „tchää-är". **L** Niedriges Gebüsch, gerne Ginster. **V** A.

7 Sardengrasmücke G 13 cm

Sylvia sarda **K** Inselart des westlichen Mittelmeers, ähnlich 6, doch gesamte Unterseite einschließlich der ungestrichelten Kehle grau. Geschlechter ähnlich, ♂ auf Vorderkopf oft schwärzlicher. Im JK grauer als 6 im JK, Kehle weißlicher. **S** Gesang ein kurzes Schwatzen mit Schlusstriller; Ruf hart „tek". **L** Ganzjährig auf Sardinien und Korsika in Macchie bis ins Gebirge. **V** -.

8 Balearengrasmücke G 12 cm

Sylvia balearica **K** Auf die Balearen beschränkte Grasmücke, sieht fast wie 7 aus, ist aber kleiner, langschwänziger, mit scharf abgesetzter weißlicher Kehle, Schnabelbasis gelborange (statt rosa). **S** Singt ähnlich 6, doch mit rollendem Triller endend; ruft eher zweisilbig, weicher und nasal „tsr-sr". **L** Verbuschte steinige Hänge und Küstenfelsen auf den Balearen (außer Menorca). **V** -.

1

2

3

4 albistriata

5

6 dartfordiensis

Dorn-
grasmücke ♀
zum Vergleich

7

8

JK

GOLDHÄHNCHEN

1 Wintergoldhähnchen   G 9 cm

Regulus regulus **K** Kleinster Vogel Europas, wirklich winzig mit grünlichem Gefieder und weißlichen Flügelbinden. Im AK Scheitel schwarz umrahmt, in der Mitte beim ♂ orange, beim ♀ gelb leuchtender Scheitelstreif, diffuser heller Augenring hebt das große dunkle Auge hervor. Im nur kurz getragenen JK Kopf ungemustert gräulich. Turnt meist durch das Innere von Nadelbaumkronen und fällt durch die hohe Stimme auf. **S** Singt sehr hoch und auf zwei Tönen vibrierend „sisisisisi", oft mit kurzem Endschnörkel; ruft hoch „sri-sri-sri". **L** Nadel- und Mischwälder, auch Gärten mit Nadelbäumen. **V** BJZW, anders als 2 auch im Winter anwesend.

2 Sommergoldhähnchen   G 9 cm

Regulus ignicapilla **K** Klein wie 1 und diesem sehr ähnlich, aber in allen Kleidern mit schwarzem Augen- und weißem Überaugenstreif (Merksatz: *Sommergoldhähnchen* Streif, *Wintergoldhähnchen* weiß). JK ohne typische Scheitelfärbung, dann ähnlich Gelbbrauen-Laubsänger. **S** Singt sehr hoch, schneller werdend und ansteigend „si si-sisisisisihrr" (Merksatz: *Sommergoldhähnchen* steigt, *Wintergoldhähnchen* wankt); ruft geringfügig tiefer als 1, bei Reihung leicht ansteigend. **L** Nadel-, Misch-, teilweise Laubwälder, Parks. **V** BZ 3-10.

BAUMLÄUFER

3 Waldbaumläufer   G 13 cm

Certhia familiaris **K** Kleiner, oberseits rindenfarbig getarnter, unterseits weißer Vogel mit weißem Überaugenstreif, der spiralförmig und ruckartig an Baumstämmen emporklettert, sich dabei wie ein Specht mit dem Schwanz abstützt und mit dem schlanken, leicht abwärts gebogenen Schnabel in rissiger Rinde nach Insekten sucht. Extrem ähnlich 4, aber Oberseite eher rostbraun, Unterseite sauber weiß, Überaugenstreif deutlicher. **S** Gesang hoch und scharf, viel länger als bei 4 und mit blaumeisenähnlichem Triller endend „zi zi zisirri-zisirirr"; ruft langsamer gereiht als 4 „srri srri" und „ti". **L** Parks, Mischwälder, bevorzugt Bergland. **V** BJ.

4 Gartenbaumläufer   G 13 cm

Certhia brachydactyla **K** Oberseite rindenfarbig wie 3, aber etwas düsterer, unterseits schmutzig weiß mit leicht bräunlich getönten Flanken, Überaugenstreif ver-
waschener und oft vor Schnabel endend, beiger Flügelstreif gleichmäßiger, ohne Stufe. **S** Singt kurz, holprig, hoch und leicht ansteigend „ti ti titerit sri"; ruft ähnlich Tannenmeise klar „tit" und „ti-tiü", auch in tropfender Serie, manchmal ähnlich 3 „srri". **L** Wälder, Parks, alte Gärten. **V** BJ.

MAUERLÄUFER

5 Mauerläufer   G 16 cm

Tichodroma muraria **K** Klettert an Felsen, wobei aus dem grauen Gefieder die roten Felder der runden Flügel hervorleuchten. ♂ im PK mit schwarzer Kehle. **S** Singt gepresst „tü trü zrjü"; ruft dünn „zui". **L** Steile Felswände, oft in Wassernähe, im Winter auch tiefere Lagen. **V** bj, in Deutschland nur Alpen.

KLEIBER

6 Kleiber   G 14 cm

Sitta europaea **K** Läuft auch kopfabwärts an Bäumen, durch kurzen Schwanz, Meißelschnabel, graue Oberseite, schwarzen Augenstreif und rostfarbenen Steiß unverwechselbar. Unterseite rostorange, beim ♂ Flanken kastanienbraun. Unterarten Nordost-Europas unterseits weißer, in Italien kräftiger orange. **S** Singt laut pfeifend „tiü tiü tiü" und „wiwiwiwiwi"; ruft voll „twitt" und leise „zit". **L** Wälder, Parks, Gärten, auch Futterhäuser. **V** BJ.

7 Felsenkleiber   G 15 cm

Sitta neumayer **K** Größer und heller als 6 mit längerem Schnabel und ohne Rosttöne auf der Unterseite. **S** Sehr stimmfreudig, Gesang und Rufe mit Variationen laut und klar pfeifend bis trillernd. **L** Klettert an Felsen, gerne an antiken Ruinen. **V** -.

8 Korsenkleiber   G 11 cm

Sitta whiteheadi **K** Nur auf Korsika; weißer Überaugenstreif, Scheitel beim ♂ schwarz, beim ♀ grau. Turnt meisenartig in Baumkronen, zimmert Nisthöhle selbst. **S** Singt trillernd „düdüdüdididi"; ruft heiser „tschäh tschäh". **L** Alte Kiefernwälder im Gebirge. **V** -.

9 Türkenkleiber   G 12 cm

Sitta krueperi **K** In Europa nur auf Lesbos brütender Kleiber mit arttypischem orangerotem Brustfleck; ♀ trägt weniger Schwarz auf Stirn. **S** Singt schnell und nasal variabel „tütitüti …"; ruft grünfinkenähnlich „dwüi" und heiser scheltend „tschä-tschä". **L** Kiefernwald auf Lesbos, sonst Türkei bis Kaukasus. **V** -.

1   2

♂   ♀   ♂   ♀

JK   JK

3

5

4

♀ / ♂ SK   ♂

♀

♂

6   7

9

♂   8

♂   Nordosten   ♂

SEIDENSCHWÄNZE

1 Seidenschwanz   **G** 20 cm

 Bombycilla garrulus **K** Ein unverkennbarer starengroßer, kakaobrauner Vogel mit auffallender Haube, schwarzem Kinnfleck und gelber Schwanzendbinde, außerhalb der Brutzeit meist in Trupps in Beerensträuchern. Im AK mit gelb und weiß gezeichnetem Winkel auf den Handschwingenspitzen, im 1. W ohne weißen Haken. Flugbild ähnlich 2, aber durch etwas schlankere Silhouette noch dreieckiger, Unterflügel hell (bei 2 dunkel), Schwanz gerade abgeschnitten (bei 2 leicht gekerbt). **S** Gesang einfach, langsam und leise mit klingelndem Triller und raueren Tönen; ruft silberhell klingelnd „sirrrr". **L** Nadelwaldtaiga, im Winter auch Gärten und Parks in Mitteleuropa, manchmal invasionsartig. **V** W 10-4.

STARE

2 Star   **G** 21 cm

 Sturnus vulgaris **K** In fast ganz Europa häufig und allgemein bekannt. Im SK schillernd schwarzes Gefieder mit hellen, im PK stark reduzierten Flecken. Schnabel im PK gelb (sonst schwärzlich), beim ♂ mit blauer Basis. Ungeflecktes JK variabel hell bis dunkel graubraun, während der Mauser zum 1. W seltsam zweifarbig. Dreieckiges Flugprofil. **S** Abwechslungsreicher Gesang zwitschernd, schwatzend, pfeifend, voller Imitationen; ruft schwirrend „tjürr" und heiser „staar". **L** Höhlenbrüter in Siedlungen, Gärten, Wäldern, Wiesen, außerhalb der Brutzeit oft riesige Schwärme, die in Schilf oder Bäumen übernachten. **V** BZ 3-10, auch W.

3 Einfarbstar   **G** 21 cm

 Sturnus unicolor **K** Vertritt 2 auf der Iberischen Halbinsel. Gefieder mit eher einheitlichem Purpurglanz, Beine heller rosa, im PK ohne weiße Flecke im Gefieder (♂ mit längeren Kehlfedern als 2), in anderen Kleidern nur kleine helle Flecke auf Unterschwanzdecken und Bauch, nie auf dem Scheitel, sowie schmalere helle Federsäume der Flügelfedern. Die ungefleckten JK durchschnittlich dunkler als 2 im JK. **S** Wie 2, Gesang etwas einfacher und durchdringender. **L** Siedlungen (dort meist Koloniebrüter), Gärten, Waldränder, Plantagen. **V** -.

4 Rosenstar   **G** 21 cm

 Sturnus roseus **K** Altvögel durch rosa Körpergefieder, schwarzen Kopf mit herabhängendem Schopf sowie schwarze Flügel- und Schwanzfedern unverkennbar. Im JK viel blasser als 2, Zügel hell (bei 2 dunkel), Bürzel noch heller als übrige Oberseite, Schnabel gelblich, kürzer, höher und stumpfer, Beine kräftiger. **S** Singt schwatzend mit rauen und knirschenden Tönen wie 2, aber ohne Imitationen, auch Rufe ähnlich. **L** Offene Landschaften Südost-Europas, gelegentlich bis Ungarn, folgt Heuschreckenschwärmen und brütet in oft gewaltigen Kolonien in Klippen, Steinbrüchen, auch Häusern und Ställen. **V** A.

5 Hirtenmaina   **G** 23 cm

Acridotheres tristis **K** Starengroß, aber robuster, Gefieder dunkel graubraun mit schwärzlichem Kopf, Schnabel, unbefiederte Augenpartie und Beine gelb, im Flug auffallender weißer Handflügelfleck. **S** Sehr lärmend, Gesang erinnert durch Wiederholungen an Singdrossel, aber rauer und krächzender; ruft u.a. „tschääk". **L** Asiatische Starenart, vielerorts eingebürgert (z.B. Moskau, östliche Schwarzmeerküste), meist in Gruppen in menschlichen Siedlungen. **V** Gefangenschaftsflüchtling, auch Freilandbruten.

ZAUNKÖNIGE

6 Zaunkönig   **G** 10 cm

 Troglodytes troglodytes **K** Ein winziger Vogel mit kurzem, oft steil aufgerichtetem Schwanz, dessen Gestalt durch die Kurzhalsigkeit oft kugelig wirkt. Gefieder braun mit feiner dunkler Bänderung, Schnabel recht lang. **S** Gesang erstaunlich laut und schmetternd mit Schlusstriller, etwa „ti lü ti-ti-ti-ti-ti türr-ju-tü-lü tell-tell-tell-tell-tell ju terrrrrrrrrrr-zill"; ruft schnurrend „zrrrr" und hart „zeck". **L** Wälder, Parks, Gärten mit Gebüsch, gern am Wasser. **V** BJ.

WASSERAMSELN

7 Wasseramsel   **G** 19 cm

 Cinclus cinclus **K** Immer am und im Wasser, wippend auf Steinen stehend und von dort tauchend oder schwimmend, folgt im schnellen Schwirrflug dem Bachlauf. Starengroß mit kurzem, oft gestelztem Schwanz, wirkt daher wie ein riesiger Zaunkönig. Großer weißer Brustlatz kennzeichnend, Bauch in den meisten Regionen rotbraun, besonders in Nordeuropa schwarzbraun. Im JK grau und rundum gebändert. **S** Auch im Winter leise zwitschernder Gesang; ruft durchdringend „zrrt". **L** Schnell fließende Bäche und Flüsse, besonders im Bergland. **V** BJ.

1

1. W

2

SK

JK

♂ PK

3

SK

♂ PK

4

JK

PK

5

6

7

Nordeuropa

JK

DROSSELN

1 Amsel   G 26 cm

Turdus merula **K** Bekannteste Drossel Europas, hat in fast allen Regionen den menschlichen Siedlungsbereich erobert. Beim Hüpfen über den Rasen typische Silhouette mit leicht angehobenem Schwanz und etwas hängenden Flügeln. ♂ ganz schwarz mit gelbem Schnabel und Lidring, ♀ dunkelbraun bis schwärzlich, unterseits variabel rostbraun, schiefergrau oder schwarzbraun, auf der Brust oft verwaschen gewölkt oder gestrichelt, Schnabel mehr oder weniger gelb. Im JK braun mit gelblichen Stricheln. Im 1. W und 1. S wie im AK, aber Schwungfedern zu Braun ausgeblichen. **S** Schön flötender, lauter, abwechslungsreicher, oft etwas trauriger Gesang mit hohen und tiefen Tönen, oft zwitschernd beendet, von erhöhten Punkten schon im Morgengrauen und Spätwinter vorgetragen; Rufe vielfältig, z.B. „tschack-ack-ack", tief „gock", sehr hoch „ziih" und rau „srri". **L** Gärten, Baumgruppen, Parks, Wälder. **V** BJZW.

2 Singdrossel   G 21 cm

Turdus philomelos **K** Kleine und häufige Drossel mit komplett lehmbrauner Oberseite und rahmweißer, mit dunklen Pfeilflecken versehener Unterseite. Geschlechter gleich gefärbt, im JK mit kleinen beigen Flecken auf Oberseite und Flügeldecken. Etwas heimlicher als 1, wirkt im ruckartigen Flug kurzschwänzig und zeigt ockerbraune Unterflügeldecken. **S** Schöner, lauter Gesang aus flötenden und gequetschten Motiven, die jeweils mehrfach wiederholt werden, z.B. „diudut-diudut-diudut kükliwi kükliwi krüü krüü kvi-kvi-kvi piopio", meist von Baumspitzen aus vorgetragen; ruft kurz „zip", auch während des nächtlichen Zugs, und warnt scharf scheltend „xixixixi". **L** Wälder, Parks, Gärten. **V** BZ 3-10.

3 Rotdrossel   G 21 cm

Turdus iliacus **K** Kleine nordeuropäische Drossel, von der ähnlichen 2 am typischen Kopfmuster mit rahmfarbenem Überaugen- und Bartstreif sowie den rostroten Flanken unterschieden, im Flug ferner an den rostroten Unterflügeldecken. **S** Einfacher Gesang individuell unterschiedlich aus zwei bis fünf Flötentönen und anschließendem leisem Gezwitscher, z.B. „dri drü dru drudro", „tjerre-tjürre-tjo"; ruft auch beim nächtlichen Zug hoch und gedehnt „zii". **L** Offene Wälder, zur Zugzeit Beerensträucher und Wiesen. **V** Z 3-4, 10-11, auch w.

4 Misteldrossel   G 28 cm

Turdus viscivorus **K** Große Drossel, oberflächlich ähnlich der viel kleineren 2 gefärbt, doch langschwänzig, oberseits grauer mit hellen Rändern der Flügelfedern, kräftiger quer getropfter Unterseite sowie im Flug rein weißen Unterflügeldecken und weißen Ecken an der Schwanzspitze. Eher aufmerksam und scheu. **S** Gesang ähnlich 1, aber Strophen kürzer, schneller, monotoner, meist ohne zwitscherndes Ende, etwa „truitrüvu tjuriitjuruu"; kennzeichnender Ruf hölzern schnarrend „zerrrr". **L** Wälder, Parks, oft Gebiete mit vielen Misteln. **V** BJZW.

5 Wacholderdrossel   G 25 cm

Turdus pilaris **K** Kräftige Drossel, am Kontrast zwischen kastanienbraunem Mantel zum Grau von Kopf und Bürzel leicht erkennbar, beige bis rostgelbe Brust sowie Flanken stark gefleckt; Unterflügel weiß. Meist in Trupps. **S** Gesang unscheinbar zwitschernd und zeternd, oft im Flug; Ruf elsterähnlich schackernd „tschack-tschack-tschack" und gepresst „giih". **L** Waldränder, Gehölze, Parks, brütet in lockeren Kolonien, zur Zugzeit oft auf Wiesen. **V** BJZW.

6 Ringdrossel   G 25 cm

Turdus torquatus **K** Drossel des Berglands, dunkel und daher ähnlich 1, aber in sämtlichen Kleidern mit halbmondförmigem hellem Brustband, beim schwarzen ♂ weiß, beim bräunlich schwarzen ♀ beige und im braunschwarzen 1. W zumindest angedeutet, ferner immer mit aufgehellten Säumen der Flügelfedern. Unterseite durch ebenfalls helle Federsäume geschuppt, wenig bei Unterart *torquatus* in Nordeuropa, stark bei *alpestris* in Mittel- und Südeuropa. **S** Einfacher, melancholischer Gesang aus 2-4 wiederholten Flötentönen, z.B. „trüb-trüb-trüb" oder „siwüh siwüh"; ruft härter als 1 „tjock". **L** In Nordeuropa bewaldete Fjälls, in Mitteleuropa Nadelwälder der Mittel- und Hochgebirge. **V** bz 4-10 in den Alpen, seltener in Mittelgebirgen.

7 Erddrossel G 29 cm

Zoothera aurea **K** Große goldbraune Drossel mit auffälligen dunklen, halbmondförmigen Flecken und langem Schnabel, im Flug schwarzweiß gebänderte Unterflügel kennzeichnend; Kleider nicht unterscheidbar. Oft werden 1 und 4 im JK für diese extrem seltene Art gehalten. Scheu, meist in Dickicht versteckt. **S** Gesang ein monoton wiederholter, langer Pfeifton. **L** Vom Westural ostwärts in feuchter, unterholzreicher sibirischer Taiga. **V** A.

JK

1

♀

♂

2

JK

3

4

5

6

7

torquatus ♂

alpestris ♂

♀

SCHNÄPPERVERWANDTE

1 Blaumerle G 22 cm

Monticola solitarius **K** Fast amselgroßer Felsbewohner mit langem, dunklem Schnabel und langem, langsam auf- und abwärts bewegten dunklem Schwanz. ♂ rundum dunkelblau, Flügel und Schwanz schwärzlich, ♀ oberseits insgesamt dunkelbraun, unterseits heller gebändert, doch wirken beide aus der Entfernung oft einfach nur dunkel. Scheu und aufmerksam, steht gern auf Steinen, versteckt sich aber auch schnell dahinter. **S** Traurig flötender, lauter, klarer Drosselgesang, dazwischen zitternde Töne, von Warte oder im Flug vorgetragen; ruft klagend „uib uib" und tief „tschuk". **L** Sonnige Felshänge in Südeuropa, auch Gemäuer. **V** -, aber kleines Brutvorkommen in der Schweiz (Tessin).

2 Steinrötel G 19 cm

Monticola saxatilis **K** Kräftig gebaut mit kurzem, rostbraunem Schwanz und recht langem Schnabel. ♂ unverwechselbar bunt mit weißem Rückenfleck, ♀ und JK braun und ähnlich 1, aber auch oberseits gebändert, unterseits mit Orangeton sowie rostbraunem Schwanz. **S** Flötender, amselartiger Gesang, weicher als 1 und oft mit abfallendem Triller beginnend, von Warte oder im hohen Singflug; ruft weich „djü" und „hü-dschak". **L** Steinige Bergwiesen und Blockhalden in Südeuropa bis Südalpen und Ungarn. **V** bz, sehr lokal im Allgäu, sonst österreichische Alpen und häufiger Südschweiz.

3 Grauschnäpper G 14 cm

Muscicapa striata **K** Unscheinbar graubrauner Vogel, steht meist aufrecht auf Warten, von denen aus er nach Fluginsekten jagt, und fällt durch den Ruf auf. Oberseits hell graubraun mit schwärzlich gestricheltem Scheitel, unterseits weißlich mit diffus gestreifter Brust. Im JK oberseits und auf Armdeckenspitzen ockerbraun gefleckt. **S** Unauffälliger Gesang hoch und spitz mit rauen und gepressten Tönen, z.B. „zi zwit tsrri …"; fast ständig geäußerte Rufe scharf und hoch zirpend „zrri", „zit". **L** Offene Wälder, Parks, auch Siedlungen, brütet in Halbhöhlen, auch Mauernischen an Häusern. **V** BZ 5-9.

4 Zwergschnäpper G 12 cm

Ficedula parva **K** Meist in Baumkronen versteckt und daher selten zu sehen. Klein und agil, in allen Kleidern mit blass brauner Oberseite, weißlichem Bauch, hellem Augenring und kennzeichnenden ausgedehnt weißen

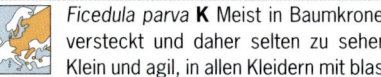

Partien an der Schwanzbasis. Nur ♂ im AK mit grauem Kopf und orangefarbener Kehle, ♀ auf Brust und Flanken beige getönt. Im 1. W wie ♀, aber mit hellspitzigen Großen Armdecken, auch ♂ im 1. S noch wie ♀, im 2. S mit wenig Orange an der Kehle und kaum Grau am Kopf, erst im 3. S ausgefärbt. **S** Gesang beginnt mit spitzen Tönen, gefolgt von rhythmischen zweisilbigen Elementen und abfallendem Schluss, etwa „sri sri wüd wüd eida eida dü dü düh"; ruft zaunkönigartig „srrrt", auch trocken „tck tck", warnt flötend „ilü ilü". **L** Alte Laub- und Mischwälder, oft Buchen. **V** bz 5-9, fast nur im Alpenraum und Osten.

5 Trauerschnäpper G 13 cm

Ficedula hypoleuca **K** Recht kräftig gebauter Fluginsektenjäger, zuckt oft mit Flügeln und Schwanz. In allen Kleidern unterseits weißlich, weißes Armflügelfeld und weiße Schwanzkanten. ♂ oberseits variabel gefärbt, von schwärzlich (besonders im Norden) bis graubraun (mittel- bis osteuropäische Unterart *muscipeta*). ♀ und 1. W oberseits braun, Brust und Flanken oft beige getönt, kein weißer Stirnfleck. **S** Rhythmischer Gesang mit verschiedenen Motiven, z.B. „ziwi ziwi tsüli tsüli wütie wütie züli sri"; ruft scharf „pit". **L** Laub- und Mischwälder, Parks, als Höhlenbrüter auch in Nistkästen. **V** BZ 4-9.

6 Halsbandschnäpper G 13 cm

Ficedula albicollis **K** Ähnlich 5, ♂ sofort am weißen Halsband erkennbar, ferner Oberseite immer schwarz mit weißlichem Bürzel, Stirnfleck größer, Schwanz ganz schwarz, ♀ etwas grauer als 5, weißes Feld auf Handschwingenbasen ausgedehnter. **S** Singt ganz anders als 5 langsam mit lang gezogenen, gepressten Tönen, etwa „trüh ziit tru sidi"; ruft lang saugend „hiiip". **L** Laubwälder, Parks in Südost-Europas. **V** bz 5-8, nur Süddeutschland.

7 Halbringschnäpper G 13 cm

Ficedula semitorquata **K** Vertritt 6 auf dem Südbalkan und wirkt wie eine Kreuzung aus 5 und 6. ♂ oberseits schwärzlich mit etwas mehr Weiß auf den Halsseiten als 5, mehr Weiß auf Schwanzbasis und -kanten, weißspitzigen Mittleren Armdecken und mehr Weiß auf Handschwingenbasen. ♀ oberseits graubraun, manchmal an den beiden letztgenannten Merkmalen von 5 und 6 unterscheidbar, ferner Schirmfedern oft heller und mit schmalerem weißem Saum als bei jenen. **S** Singt langsamer als 5, ruft tiefer als 6. **L** Laub-, Mischwälder und Obsthaine. **V** -.

1

2

3

JK

4

1. W

♀/♂ 1. S

♂ PK

5

muscipeta

♂

♀

6

♂

♀

7

♂

1 Rotkehlchen G 13 cm

Erithacus rubecula **K** Allgemein bekannter und beliebter kleiner, oft etwas rundlicher und häufig sehr zutraulicher Vogel. Stirn, Kopfseiten und Brust rostrot, Bauch weißlich, Oberseite einschließlich Schwanz einfarbig braun. Geschlechter gleich gefärbt, im nur kurz getragenen JK hell gefleckt und noch ohne Rot. Hüpft viel am Boden und „knickst". **S** Gesang silberhell, erst hohe Töne, dann plaudernde Laute, am Schluss perlender Triller, singt auch im Winter; ruft „tick, auch in schneller Folge, warnt hoch „tsi-ih". **L** Wälder, Gärten, Parks; besucht auch Futterhäuser. **V** BJZW.

2 Blaukehlchen G 13 cm

Luscinia svecica **K** In allen Kleidern durch deutlichen weißlichen Überaugenstreif und rostrote Felder an der Schwanzbasis gekennzeichnet, Gestalt sonst ähnlich 1. Kehle des ♂ im Prachtkleid metallisch blau, zum Bauch von schwarzem und rostrotem Band begrenzt, Kehlfleck verschieden groß, bei skandinavischen und hochalpinen Vögeln der Unterart *svecica* rostrot, bei der Unterart *cyanecula* im übrigen Europa weiß, aber oft klein. ♀ mit schwärzlich begrenzter cremefarbener Kehle, manchmal mit blauen und rostroten Federn. **S** Singt silberhell mit Imitationen, oft mit hohem „tri tri tri" einsetzend und sich wie eine Balalaikamelodie beschleunigend, auch nachts; ruft hart „track". **L** In der Ebene vegetationsreiche Feuchtgebiete, Schilf, Sumpf, Grabenränder, in Skandinavien und im Bergland feuchte Weidendickichte, Latschenbestände, Fjällbirkenwald. **V** BZ 4-9.

3 Blauschwanz G 13 cm

Tarsiger cyanurus **K** Heimlicher Taigavogel, in allen Kleidern dunkel begrenzte weiße Kehle, orangefarbene Flanken und mehr oder weniger blauer Oberschwanz. Oberseits blaues ♂ unverwechselbar, ♀ und unausgefärbte Vögel bis zum 1. **S** oberseits olivbraun mit weißlichem Augenring. **S** Singt meist von Baumspitze traurig „tjülü-tjülü-tjülürr"; ruft „huid" und „track". **L** Bergige, dunkle Taiga westwärts bis Ostfinnland. **V** A.

4 Nachtigall G 16 cm

Luscinia megarhynchos **K** Wie alle wirklich großen Sänger optisch eher unscheinbar, oben einfarbig warm braun, Schwanz rostbraun, unterseits bis auf die beige Brust weißlich. Bleibt meist im Dickicht versteckt.

Vgl. 5. **S** Singt auch nachts flötend, schluchzend, schmachtend, mit Crescendo und schmetternden Folgen, z.B. „diu-düt diu-düt tschurrtschrrtschurr diudi dü düü-duu-düü-diii diudüt"; warnt ansteigend „hijt" und knarrend „karr". **L** Unterholzreiche Wälder, Parks, feuchte Dickichte. **V** BZ 4-9.

5 Sprosser G 16 cm

Luscinia luscinia **K** Vertritt 4 im Nordosten, sehr ähnlich gefärbt, aber dunkler graubraun, Brust verwaschen grau gewölkt, am Schirmfedern acht (statt sieben) Handschwingenspitzen sichtbar. **S** Singt langsamer, tiefer und kräftiger als 4, ohne Crescendo, dafür mit tief schlagendem „tschuck-tschuck-tschuck"; ruft ohne Anstieg „hiit" und rollend „errr". **L** Wie 4, oft feuchtere Lebensräume, Bruchwälder. **V** BZ 5-9, nur Nordost-Deutschland.

6 Heckensänger G 16 cm

Cercotrichas galactotes **K** Erinnert etwas an 4, hat aber markantes Kopfmuster und längeren, oft gestelzten und gefächerten Schwanz mit schwarzweißen Spitzen. Unterart *galactotes* im Südwesten oberseits rostbeige, *syriaca* im Südosten braungrau. Steht oft frei oder hüpft offen am Boden. **L** Trockene, offene Landschaft mit Gebüsch. **S** Eiliger, kurzer Gesang drosselartig und wehmütig; ruft hart „tack" und summend insektenartig „bzzzzz". **V** A.

7 Hausrotschwanz G 14 cm

Phoenicurus ochruros **K** Durch häufiges Zittern des rostroten Schwanzes unverkennbar, alte ♂ sonst schwärzlich mit weißem Flügelfeld, einjährig aber oft noch wie ♀ düster graubraun. **S** Kurzer Gesang aus pfeifenden und klappernden Tönen, mit typischen knirschenden Lauten durchsetzt, oft in der Dämmerung, gern von Dächern und Antennen; Ruf „wisd tek-tek". **L** Menschliche Siedlungen, Häuser, Felsen; Nest oft in Mauernischen oder halboffenen Nistkästen. **V** BZ 3-10, vereinzelt w.

8 Gartenrotschwanz G 14 cm

Phoenicurus phoenicurus **K** Zittert ständig mit dem in allen Kleidern rostroten Schwanz. Das hübsche ♂ unverkennbar, SK und 1. W wie eine Pastellversion seines PK. ♀ heller, bräunlicher, wärmer getönt, unterseits heller beige als 7. **S** Kurzer, wehmütiger Gesang schon in der Morgendämmerung, variabel und mit Imitationen, z.B. „huid trüi-trüi-trüi-sürü"; warnt „huid tick-tick". **L** Offene Wälder, Gärten, Nest in Baumhöhlen oder Nistkästen. **V** BZ 4-9.

JK

1

2

♂ svecica

♀

cyanecula

♂

4

3

♀

♂

5

6

galactotes

syriaca

7

♀ / ♂ 1. S

♂ PK

8

♂ SK / 1. W

♀

♂ PK

1 Braunkehlchen G 13 cm

Saxicola rubetra **K** Steht gern auf leicht erhöhten Warten in feuchtem Wiesengelände. Überaugenstreif lang und weißlich, Kehle und Brust orangebraun, braune Oberseite mit schwarzen Fleckenreihen einschließlich Oberschwanzdecken, Schwanzbasis außen weiß. **S** Klarer, zwitschernder, kurzer Gesang mit Imitationen, auch nachts; ruft „jü teck-teck". **L** Feuchtwiesen, Weiden, Heiden, Brachflächen. **V** BZ 4-9.

2 Schwarzkehlchen G 12 cm

Saxicola rubicola **K** Gestalt und Verhalten ähnlich 1, Brust ebenfalls rostbraun, aber Kopf und Kehle dunkel, Halsseitenfleck weiß, Schwanz ganz dunkel, Bürzel aufgehellt. ♀ blasser gefärbt, im 1. W Kehle weißlich. **S** Kurzer, zwitschernder Gesang, ruft „wiiht track-track". **L** Brachland, Heide, Gebirge. **V** bz 3-10.

3 Pallasschwarzkehlchen G 12 cm

Saxicola maurus **K** Vertritt 2 vom Westural ostwärts. ♂ hat rein weißen Bürzel, schwarze (statt dunkelgraue) Unterflügeldecken, mehr Weiß auf Halsseiten, weniger Orange auf Brust. ♀ und 1. W im Gegensatz zu 2 blasser, mit ungestreift beigem Bürzel, heller Kehle und angedeutetem Überaugenstreif. **S, L** wie 2. **V** A.

4 Steinschmätzer G 15 cm

Oenanthe oenanthe **K** Häufigster Steinschmätzer Europas, steht gern auf niedrigen Warten in offenem Gelände. Weißer Schwanz mit typischem schwarzem Muster wie ein umgedrehtes „T". Im PK oberseits grau, ♂ kontrastreich und unverwechselbar, ♀ blasser gefärbt. Im SK und 1. W jedoch unscheinbarer, oben braun, unten braunbeige. **S** Kurzer, knirschender, harter Gesang mit eingeflochtenem saugendem Artruf „hiit"; ruft auch hart „tschak". **L** Offenes Gelände, Brachland, Felsen. **V** BZ 4-10.

5 Isabellsteinschmätzer G 16 cm

Oenanthe isabellina **K** Nur in Südost-Europa, kaum von schlicht gefärbtem 4 unterscheidbar, etwas größer, kurzschwänziger, kurzflügeliger, hochbeiniger, einheitlicher sandfarben, mit breiter Schwanzendbinde, vor dem Auge deutlicherem Überaugenstreif (bei 4 dahinter), aus einheitlich braunem Flügel schwarz hervorstechender Alula (bei 4 auch Armdecken dunkel) und hellen (statt dunkler grauen) Unterflügeln. **S** Lange plaudernder Gesang mit typischen Serien von Pfeiftönen und Imitationen; ruft hoch flötend „huit". **L** Steppen. **V** A.

6 Maurensteinschmätzer G 15 cm

Oenanthe hispanica **K** Südwest-europäische Art, schlanker als 4, Schwanzendbinde schmaler und ungleichmäßig, kommt gleich häufig in zwei Morphen vor, mit dunkler Kehle oder dunkler Augenmaske. Oberseits warm ocker, später zu zimtbeige verblassend, ♀ weniger kontrastreich und matter gefärbt. **S** Gesang auch im Flug kurz und trocken zwitschernd mit einigen Imitationen; ruft raspelnd „gschr". **L** Offene Landschaft, Macchie. **V** A.

7 Balkansteinschmätzer G 15 cm

Oenanthe melanoleuca **K** Südost-europäisches Gegenstück zu 6 und oft kaum unterscheidbar, aber Gefieder weniger warm getönt mit Graustich, beim ♂ im Sommer oft zu Weiß ausbleichend. ♂ ferner mit schmalem schwarzem Stirnband und entweder breiterer Maske oder weiter ausgedehnter schwarzer Kehle. **S** Wie 6. **L** Offenes, steiniges Gelände. **V** A.

8 Nonnensteinschmätzer G 15 cm

Oenanthe pleschanka **K** ♂ im PK sofort am schwarzen Mantel und der immer schwarzen Kehlfärbung erkennbar, die weit auf die im frischen Gefieder intensiv ockerrötliche Brust reicht. In allen anderen Kleidern dem nah verwandten 7 oft bis zur Ununterscheidbarkeit ähnlich, aber oberseits dunkler und kälter grau- bis erdbraun mit deutlicheren hellen Federspitzen, düster graubrauner, diffus begrenzter und weiter auf die Brust hinabreichender Kehlfärbung und oft dunkel ockergrauer Brust. **S** Wie 7, oft kürzer und gepresster. **L** Felsregionen Südost-Europas von Küstenklippen bis ins Gebirge. **V** A.

9 Zypernsteinschmätzer G 14 cm

Oenanthe cypriaca **K** Brütet nur auf Zypern und ist 8 extrem ähnlich, aber großköpfiger, mit kürzeren Flügeln und Schwanz, oft breiterer Schwanzendbinde, weniger Weiß auf Bürzel und Nacken, intensiver rötlichbeiger Unterseite. ♀ kaum matter gefärbt als ♂, SK und 1. W oberseits bräunlicher mit braungrauem Scheitel und Nacken, unterseits blass orange. **S** Singt zikadenartig „bizz bizz bizz bizz …"; ruft „bzrü". **L** Steiniges Gelände. **V** -.

10 Trauersteinschmätzer G 17 cm

Oenanthe leucura **K** Durch mit Ausnahme der weißen Schwanzfärbung komplett schwarzes Gefieder unverwechselbar, ♀ etwas matter braunschwarz. **S** Melodischer Gesang laut flötend und zwitschernd; Ruf abfallend „püip". **L** Felsiges Gelände. **V** -.

BRAUNELLEN

1 Alpenbraunelle   G 17 cm

 Prunella collaris **K** Lerchengroßer robuster Vogel der Hochlagen von Gebirgen, viel größer als 2. Auffallende schwärzliche Armdecken, grobe rostbraune Flankenstreifung, erst aus der Nähe gefleckte Kehle erkennbar. Flug leicht wellenförmig; im Winter auch vertraut in Gruppen an Berghütten. **S** Gesang lerchenartig mit tiefen Trillern; ruft gereiht „dschürr", „djürr-rrüp" und „tjüp". **L** Felsiges Gelände mit kurzrasigen Wiesen im Gebirge. **V** bj, nur Alpen, sonst A.

2 Heckenbraunelle   G 14 cm

 Prunella modularis **K** Weit verbreitet und häufig, aber unscheinbar und daher oft unbekannt. Oberseits sperlingsähnlich gestreift, doch mit schlankem Schnabel und viel Grau am Kopf und Brust. Läuft oft mäuseähnlich ruckartig am Boden, sucht aber schnell niedrige Deckung auf. **S** Zwitschernder, etwas quietschender schneller Gesang auf einer Tonhöhe, meist von Buschspitze; ruft metallisch „stiiih" und klingelnd „dsidsidsi". **L** Wälder, Parks, Gärten; besucht Futterhäuser. **V** BJZW.

SPERLINGE

3 Schneesperling   G 18 cm

 Montifringilla nivalis **K** Sehr großer Sperling alpiner Hochlagen. Viel Weiß in Flügel und Schwanz, grauer Kopf, brauner Mantel (an den beiden letzten Merkmalen immer von Schneeammer unterscheidbar). Schwarzer Kinnfleck nur im PK, dann auch Schnabel schwarz, sonst gelb. ♀ etwas blasser als ♂. **S** Stotternder, unscheinbarer Sperlingsgesang, auch im Flug, etwa „tschi-tui tschi-tui"; ruft unrein „pschieh" und rollend „prrt". **L** Felsgebirge über der Baumgrenze, auch an Berghütten. **V** bj, in Mitteleuropa nur Alpen.

4 Haussperling   G 15 cm

 Passer domesticus **K** Allgemein bekannt und häufig, bei näherer Betrachtung aber ganz hübsch. ♂ mit grauem Scheitel, rostbraunem Nacken, schwarzem Kehllatz und grauem Bürzel, Farbintensität und Schwarzausdehnung ändern sich mit dem Abnutzungsgrad des Gefieders. ♀ und JK an Kopf und Bürzel graubraun, Überaugenstreif gelblich. Fast immer in Trupps zu sehen. **S** Gesang eine Aneinanderreihung von „tschilp"- und „tschürrp"-Rufen,

ruft auch „tscherr", „tschetscherett", „kürr", meist aber „tschilp". **L** Überall im menschlichen Siedlungsbereich, brütet an Gebäuden. **V** BJ.

5 Feldsperling   G 13 cm

 Passer montanus **K** Weit verbreitet und häufig, in Europa aber kaum in Städten, wohl aber in Dörfern. Kleiner als 4, Geschlechter gleich gefärbt, Scheitel rostbraun, durch im Nacken unterbrochenes graues Halsband begrenzt, Kopfseiten weiß mit schwarzem Fleck. Typisches Kopfmuster bereits im JK angedeutet. Außerhalb der Brutzeit meist in Trupps, auch mit 4 vergesellschaftet. **S** Singt etwas höher und schneller als 4 „tschip tschip …"; ruft u.a. im Flug „tek-tek-tek" und „twit", nasal „töt", auch „tsuit" und „trrrt". **L** Kulturlandschaft, Dörfer, Wälder und Parks; brütet gern in Nistkästen. **V** BJ.

6 Weidensperling   G 15 cm

 Passer hispaniolensis **K** Sperling des Mittelmeerraums, kommt oft neben 4 vor und ist ihm sehr ähnlich. ♂ besitzt komplett kastanienbraunen Scheitel, weißen Überaugenstreif und ausgedehnteren schwarzen Brustlatz, ist auf Mantel und Flanken breit schwarz gestreift und hat weißere Ohrdecken. ♀ kaum von 4 unterscheidbar, aber mit angedeuteten Brust- und Flankenstrichelin, hellerem Bauch und kräftigerem Schnabel. **S** Ähnlich 4, aber etwas tiefer und teilweise komplizierter, oft zweisilbig ansteigend und am Schluss betont, im Flug z.B. typisch „tiefüid". **L** Siedlungen, offene Kulturlandschaft, Halbwüsten in Wassernähe; Koloniebrüter in Büschen **V** -.

7 Italiensperling   G 15 cm

 Passer italiae **K** Sieht wie eine Mischung aus 4 und 6 aus, ♂ von 4 unterschieden durch komplett kastanienbraunen Scheitel, reiner weiße Ohrdecken, meist deutlicheren weißen Überaugenstreif und kontrastreicher gemusterten Mantel. ♀ nicht von 4 unterscheidbar. Wird auch als Unterart von 6 betrachtet. **S** Wie 6. **L** Brütet von Italien bis zum Südalpenrand sowie auf Kreta; lebt wie 4 nur im menschlichen Siedlungsbereich. **V** -, aber bj in der Südschweiz.

8 Steinsperling   G 16 cm

 Petronia petronia **K** Kräftiger, robuster Sperling mit markanter Kopfstreifung, dickem Schnabel und weißer Schwanzspitze, typischer gelber Kehlfleck oft schwer erkennbar. **S** Gesang aus den vielfältigen Rufen zusammengesetzt, z.B. nasal ansteigend „bäi", „twäjüid". **L** Steiniges Gelände in Südeuropa. **V** -.

STELZENVERWANDTE

1 Wiesenpieper　　　　　　　G 15 cm

Anthus pratensis **K** Häufigster und weit verbreiteter Pieper, wie die meisten Verwandten leider ohne wirklich auffallende Kennzeichen. Je nach Abnutzungsgrad des Gefieders oberseits grau- bis grünlich braun mit deutlicher bis kräftiger Längsstrichelung, unterseits weißlich bis gelblich beige mit schwärzlicher Brust- und (außer im JK) Flankenstrichelung. Beine blass fleischfarben, im Flug weiße Schwanzkanten. Vgl. 2. **S** Singt meist im Flug hoch und etwas eintönig „tsip tsip tsip tsi tsi tsirr tsia tsjüp"; bestes Kennzeichen typischer hoher, dünner Ruf „hist hist", warnt „tsip tsrip". **L** Offenes, meist feuchtes Gelände, Wiesen. **V** BZ 3-11, w.

2 Baumpieper　　　　　　　G 15 cm

Anthus trivialis **K** In Europa weit verbreiteter und ebenfalls häufiger Pieper, sehr ähnlich 1 und am einfachsten an der Stimme erkennbar. Grundton sonst eher gelblich braun und insgesamt sauberer, Kopfmuster deutlicher, Flankenstrichelung dünner, oft stärkerer Kontrast zwischen gelblicher Brust und weißlichem Bauch, Schnabel kräftiger, Hinterkralle kürzer. **S** Schmetternder und trillernder Gesang, meist im Flug, mit „zi zi zi" beginnend und beim Herabgleiten mit „zia zija zija" endend; ruft typisch „psii", ganz anders als 1, warnt „süpp süpp". **L** Waldränder, Lichtungen, auch Streuobstwiesen und baumbestandene Heide. **V** BZ 4-9.

3 Waldpieper　　　　　　　G 15 cm

Anthus hodgsoni **K** Sibirischer Pieper, ähnlich 2, aber Oberseite kaum gestreift und mit intensivem olivgrünem Ton, Bruststrichel kräftiger, markanter Überaugenstreif vor dem Auge gelblich, dahinter weißlich, am Hinterrand der Ohrdecken auffallender schwarzweißer Fleck. Häufig pumpende Schwanzbewegungen. **S** Singt kürzer, schneller und trockener als 2; ruft etwas heller und rauer als 2 „psiit", auch ähnlich 4, aber kürzer. **L** Vom Westural ostwärts in der Taiga. **V** A, meist 10.

4 Rotkehlpieper　　　　　　G 15 cm

Anthus cervinus **K** Ein Pieper aus der Tundra, im Habitus ähnlich 1. Im AK durch ziegelrote Färbung von Kopfseiten, Kehle und Brust unverwechselbar (beim ♀ etwas schwächer), im 1. W im Unterschied zu 1 auf dem Mantel mit breiten weißlichen und dunklen Längsstreifen sowie gestricheltem Bürzel. **S** Singt

auch im Flug oft recht lang eine Folge von pfeifenden, trillernden, ratternden und schnarrenden Elementen; ruft hoch, scharf und lang „spiiih". **L** Brutvogel skandinavischer Fjälls, rastet in Feuchtwiesen. **V** Z 4-5, 9-10.

5 Bergpieper　　　　　　　G 16 cm

Anthus spinoletta **K** Alpiner Pieper mit dunklen Beinen, robuster gebaut als 1. Im PK ungestrichelte Brust rosa, Kopf grau mit weißem Überaugenstreif, Mantel bräunlich, im SK oben düster braun, unten verwaschen breit gestrichelt, Überaugenstreif und Flügelbinden deutlicher als bei 1, Schnabel länger. **S** Singt ähnlich 1, aber länger und kräftiger; ruft heiserer als 1 „wiist wiist". **L** Bergwiesen oberhalb der Baumgrenze, im Winter Feuchtgebiete und Gewässerufer im Flachland. **V** bz (nur Alpen, Böhmer- und Schwarzwald), W bis Norddeutschland.

6 Strandpieper　　　　　　G 16 cm

Anthus petrosus **K** Pieper nord- und nordwesteuropäischer Felsküsten, sehr ähnlich 5, ebenfalls mit dunklen Beinen, aber grauen (statt weißen) Schwanzkanten. Ganzjährig recht düster, PK weniger intensiv, SK und 1. W oberseits mit Olivstich. **S** Singt und ruft ähnlich 5. **L** Felsküsten Nord- und Westeuropas. **V** W 9-3 an Küsten, im Binnenland A.

7 Brachpieper　　　　　　G 17 cm

Anthus campestris **K** Großer, fahler Pieper von fast stelzenartigem Habitus, der oft mit dem langen Schwanz wippt. Im AK oberseits kaum, unterseits nur auf den Brustseiten fein gestrichelt, Mittlere Armdecken und Zügelstreif dunkel hervortretend. Im JK durch anfangs gestreiften Mantel und Bruststrichel ähnlich 8, aber mit Zügelstreif, schwächerem Schnabel und kürzerer gebogener Hinterkralle. **S** Monotoner Gesang eine Aneinanderreihung von „tsir-li"-Rufen, ruft sperlingsartig „tschilp". **L** Trockenes, sandiges, offenes Gelände. **V** bz (nur Alpen, lokal, besonders Osten.

8 Spornpieper　　　　　　G 18 cm

Anthus richardi **K** Größter Pieper, schlank, langhalsig und hochbeinig. Flanken rostbeige, Brustband aus kurzen Stricheln, im Gegensatz zum manchmal ähnlichen 7 im JK Zügel hell, Hinterkralle länger und gerade. Größte Verwechslungsgefahr jedoch Feldlerche. **S** Singt im Wellenflug monoton „dsch-dsche-dsche … tschia-tschia-tschia"; typischer Ruf plötzlich und laut tschilpend „tschriep", „rrürp". **L** Steppen in Sibirien. **V** A.

abgetragen

frisch

1

2

1. W

3

AK

1. W

4

1. W

PK

5

1. W

PK normal

PK bunt

6

PK

JK

7

1. W

8

1 Bachstelze G 18 cm

Motacilla alba K Allgemein bekannter und unverkennbarer kleiner, schlanker Vogel, der mit langem, ständig wippendem Schwanz über offene Flächen trippelt. Gefieder nur schwarz, weiß und grau. ♀ hat im PK weniger Schwarz im Nacken als ♂. Im SK und 1. W Kopf heller, Kehle weiß, nur Brustband schwarz, im JK Kopf und Brust grau. S Gesang eine zwitschernde Folge aneinander gereihter Rufe; ruft zweisilbig scharf „tsi-litt" und kürzer „zlit". L Feuchtgebiete, Wiesen, offenes Gelände, auch menschliche Siedlungen. V BZ 3-10.

2 Trauerbachstelze G 18 cm

Motacilla yarrellii K Vertritt 1 auf den Britischen Inseln, brütet gelegentlich auch an der Nordseeküste zwischen Norwegen und Nordwest-Frankreich. Im PK ♂ mit ganz schwarzer, ♀ und ♂ im 1. S mit grauschwarzer Oberseite, weiße Flügelbinden breiter. Im SK und 1. W oft an fast schwarzem (nicht grauem) Bürzel und dunkelgrauen Flanken erkennbar. L und S Wie 1. V z im Westen.

3 Gebirgsstelze G 19 cm

Motacilla cinerea K Langschwänzige Stelze der Fließgewässer, in allen Kleidern Kopf und Mantel grau, Bürzel und Steiß gelb, Beine braunrosa (bei allen anderen Stelzen schwärzlich), im Flug auch unterseits breit weißer Flügelstreif. Kehle nur beim ♂ im PK schwarz, sonst weiß bis grau meliert, Brust und Bauch weißlich im JK bis gelb im PK. S Einfacher, metallischer Gesang; ruft schärfer als 1 „zis-iss", warnt durchdringend, hoch und ansteigend „züüh-it". L Vorwiegend Fließgewässer. V BJ.

4 Zitronenstelze G 17 cm

Motacilla citreola K Östliche Stelze offener Feuchtgebiete, etwas langschwänziger und hochbeiniger als die ähnliche 5, in sämtlichen Kleidern mit breiteren weißen Flügelbinden und Schirmfederrändern, Mantel stets grau, Steiß nie gelb getönt. Brust und Bauch gelb, Kopf bei ♂ im PK gelb mit schwarzem Nackenband, bei ♀ und im SK gräulich mit geschlossener gelber Umrandung der Ohrdecken. Im 1. W noch ohne Gelb, aber an weißlicher Umrandung der grauen Ohrdecken, hellem Zügel und den Grundmerkmalen erkennbar. S Singt ähnlich 1, fällt oft durch den Ruf „psrri" oder „tsrip" auf, rauer und härter als 5. L Feuchtgebiete Osteuropas, breitet sich westwärts aus. V A, lokal bz 4-10.

5 Wiesenschafstelze G 16 cm

Motacilla flava K Relativ kurzschwänziger als die anderen Stelzen, bei Altvögeln Mantel grünlich, ganze Unterseite gelb, Kopf grau mit weißem Überaugenstreif, diese Färbung bei ♂ im PK am intensivsten, bei ♀ und im SK matter und blasser. Im 1. W oberseits blass olivbraun, unterseits beige mit Gelbton, besonders am Steiß, im JK zusätzlich mit schmalem dunklem Halsband. S Sehr einfacher Gesang kratzend „sri-srit sri …", von erhöhter Warte oder im Flug; ruft eher weich „psi" oder „tsrli". L Am weitesten verbreitete Schafstelzenform Europas, bewohnt Wiesen, Feuchtgebiete, gern bei Viehherden, bildet nach der Brutzeit oft große Schlafgemeinschaften im Schilf. V BZ 4-9.

6 Maskenschafstelze G 16 cm

Motacilla feldegg K Südöstliche Form, ♂ gut erkennbar an bis in den Nacken ausgedehnter schwarzer Kopfkappe, fehlendem Überaugenstreif und deutlichem Grünton des Mantels. Auch ♀ mit dunkelgrauer Kappe, aber weißem Kinn und insgesamt blasser, doch recht gut von den anderen Formen unterscheidbar. S Ruft rauer als 5 „zrri". L Vom Balkan bis zum Schwarzen Meer. V A.

7 Thunberg-Schafstelze G 16 cm

Motacilla thunbergi K Brütet in Nordskandinavien und Nordrussland, ♂ hat dunkelgrauen Kopf, schwärzliche Ohrdecken, oft weißen Wangenstreif. S Wie 5. V Z 5.

8 Gelbkopf-Schafstelze G 16 cm

Motacilla flavissima K Brutvogel der Britischen Inseln, lokal auch der benachbarten europäischen Küsten von Frankreich bis Norwegen. Kopf grünlich gelb mit gelbem Überaugenstreif, Mantel stärker gelb. S Wie 5. V z4.

9 Iberienschafstelze G 16 cm

Motacilla iberiae K Nur auf Iberischer Halbinsel. Kopf grau, Kehle und schmaler Überaugenstreif weiß. S Wie 6. V -.

10 Aschkopf-Schafstelze G 16 cm

Motacilla cinereocapilla K Bewohnt Italien bis Südfrankreich und Südschweiz. Kopf dunkelgrau, Kehle weiß, Überaugenstreif schwach oder fehlend. S Wie 6. V A.

11 Wolgaschafstelze G 16 cm

Motacilla lutea K Kommt von der Unteren Wolga bis Nordkasachstan vor. Kopf oft ganz gelb, aber kaum von 8 unterscheidbar. S Wie 6. V -.

♂ PK

♀ PK

1. W

SK

1

♀ PK

♂ PK

♂ SK

2

♂ PK

1. W

3

♀

♂

1. W

4

7

8

9

alles ♂ im PK

10

11

♂

♀

6

♀

♂

1. W

5

FINKEN

1 Buchfink   G 15 cm

Fringilla coelebs **K** Bekanntester Fink und einer der häufigsten Vögel Europas. Etwa so groß wie Haussperling und in allen Kleidern durch zwei Flügelbinden, weiße Schwanzkanten und grünlichen Bürzel gekennzeichnet. ♂ mit blaugrauem Scheitel und Nacken und braunem Mantel, Kopfseiten und Brust braunrötlich, im SK matter. ♀ und JK oberseits grünlich braungrau, unterseits grau. Außerhalb der Brutzeit oft in Trupps und viel am Boden. **S** Schmetternder Gesang mit abschließendem Schnörkel „dsedse-dsedserit-tscherrit", in vielen Regionen mit angehängtem buntspechtartigem „kick"; ruft u.a. „pink" (oder „fink"), rollend „rrrüh", lang „hiiip" und im Flug „jüpp". **L** Wälder, Parks, Gärten; besucht auch Futterhäuser. **V** BJZW.

2 Bergfink   G 15 cm

Fringilla montifringilla **K** Brutvogel nördlicher Wälder, als Wintergast aber in fast ganz Europa. Zeigt in allen Kleidern eine orangefarbene Brust und ein großes weißes Feld auf Bürzel und Rücken. Kopf des ♂ im PK schwarz (Schnabel ebenso), im SK durch helle Federränder meliert (Schnabel dann gelb). Kopf des ♀ immer braungrau. Meist in Trupps, manchmal in gewaltigen Schwärmen. **S** Gesang sehr schlicht und monoton, wie eine entfernte Säge „rrrrrhü"; typischer Ruf nasal quäkend „äähng", im Flug auch härter und nasaler als 1 „jäck jäck". **L** Brütet in nordeuropäischen Wäldern, überwintert gern in europäischen Buchenwäldern, besucht auch Futterhäuser. **V** ZW 10-4.

3 Kernbeißer   G 18 cm

Coccothraustes coccothraustes **K** Großer, kompakter, kurzschwänziger Fink mit gewaltigem dreieckigem Schnabel, großem Kopf und grauem Stiernacken, im Flug zwei Flügelfelder und Schwanzspitze weiß. Schnabel im PK blauschwarz, im SK hornfarben, Armschwingen beim ♂ blauschwarz, beim ♀ grau. Im JK blasser und unterseits gewölkt. **S** Singt sehr leise knirschend; ruft scharf „zick". **L** Wälder, Parks, Gärten; besucht Futterhäuser. **V** BJW.

4 Gimpel   G 16 cm

Pyrrhula pyrrhula **K** Rundlicher Finkenvogel mit kurzem, schwarzem Schnabel, leuchtend weißem Bürzel und Steiß, ganz schwarzem Schwanz, grauem Mantel und weißer Flügelbinde. Im AK Kopfplatte und Kinn

schwarz, ♂ unterseits rot, ♀ braungrau. Im nur kurz getragenen JK ganzer Kopf noch graubraun mit hervorstechendem schwarzem Auge. Wenig scheu, außerhalb der Brutzeit meist in kleinen Gruppen. **S** Unbedeutender, leise zwitschernder Gesang mit einigen tiefen Flötentönen; Ruf wehmütig flötend „düh" und „pjüh", bei skandinavischen Vögeln etwas trompetend und bei nordrussischen Populationen nasal „dääh". **L** Wälder, Parks, Gärten; besucht Futterhäuser. **V** BJZW.

5 Karmingimpel   G 14 cm

Carpodacus erythrinus **K** Östliche Art, die sich nach Westen ausgebreitet hat, schlanker und kleiner als 4 und ganz anders gefärbt. ♂ im PK (erst ab 2. S) an Kopf, Brust und Bürzel rot, Bauch weiß. ♀, ♂ im 1. S und JK dagegen unscheinbar braungrau mit Olivton, unterseits schwach und diffus gestrichelt, besitzen zwei angedeutete Flügelbinden und fallen oft durch das aus dem ungemusterten Kopf herausstechende schwarze Auge und den rundlichen, gestauchter Schnabel auf. Sehr heimlich, nur die zu Beginn der Brutzeit kurz singenden ♂ fallen auf. **S** Singt laut flötend „tüte-hütja" oder „widje-widjewü"; ruft „djüi" und warnt ähnlich Grünfink „djäi". **L** Gebüsch, Waldränder, Gehölze an Gewässern. **V** bz 5-8, hauptsächlich Ost- und Süddeutschland.

6 Hakengimpel   G 21 cm

Pinicola enucleator **K** Größter Fink und typischer Taigabewohner. Körper mit kurzem Hals untersetzt, aber Schwanz ziemlich lang, trotzdem bei der Nahrungssuche im Gezweig zu fast akrobatischen Bewegungen fähig. Flügel schwärzlich mit zwei weißen Flügelbinden und weißen Säumen der Schirmfedern, Schnabel kurz, hoch und rund. ♂ karminrot, ♀ und 1. W gelbgrün. **S** Heller, fast jodelnder Flötengesang „didelij djidelü pülipij"; ruft hell flötend „tjülidih" und leiser „bütt-bütt". **L** Nördliche Taiga, im Winter etwas südlich davon gern in Ebereschen. **V** A.

7 Wüstengimpel   G 13 cm

Bucanetes githagineus **K** Kleiner, dickköpfiger Fink mit hohem, hellem Schnabel. Gefieder blass braungrau, beim ♂ im PK (nur dann mit rotem Schnabel) stark, im SK und beim ♀ leicht und im JK noch nicht rosa getönt. **S** Singt nasal trompetend „äääääähp öööööööp", ruft wie Kindertrompete „ähp". **L** Nordafrikanische Wüsten, brütet in Europa nur in Südspanien (Almería, Murcia). **V** A.

♂ PK

SK

♂ SK

♀

1

♂ PK

♂ SK

♀

2

♀ SK

♂ PK

3

JK

♀

♂

4

♀

♂ PK

5

♀

♂

6

♀

♂ PK

7

1 Grünfink G 15 cm

Carduelis chloris **K** Kräftiger, sperlingsgroßer Fink mit kegelförmigem, hornfarbenem Schnabel, viel Gelbgrün auf Außenfahnen der Handschwingen und Schwanzbasis sowie überwiegend grünem Gefieder. ♂ im PK mit viel Grau auf Armflügel und Kopfseiten, ♀ dumpfer braungrün, leicht gestreift, JK unterseits beige mit starker Streifung. **S** Trillernder Gesang von Warte oder im gaukelnden Flug, mit zwitschernden und rollenden Tönen, einem nasalen „schwuu-insch" und oft sogar Imitationen durchsetzt; ruft „dschuit", „jüp" und „djürrürrürrt". **L** Gärten, Parks, Kulturlandschaft; besucht Futterhäuser. **V** BJ.

2 Erlenzeisig G 12 cm

Carduelis spinus **K** Kleiner Vogel mit relativ langem, spitzem Schnabel, kurzem Schwanz mit an der Basis gelben Seiten, gelbem Bürzel sowie auffallenden gelblichen Flügelbinden. Gefieder sonst gelblich grün mit weißlichem Bauch und schwärzlicher Flankenstrichelung, beim ♂ Scheitel und Kinn schwarz. Außerhalb der Brutzeit bei der Nahrungssuche meist im Trupp meisenartig turnend in äußeren Zweigen von Erlen und Birken. **S** Schneller, rollender, zwitschernder Gesang, auch mit Imitationen, oft mit „tlui" eingeleitet und „knäätsch" beendet; ruft „dliüh" und „tlui", abfliegend meist leise „tätätät". **L** Nadelwälder, im Winter Parks, Gärten mit Birken und Erlen. **V** B hauptsächlich im Bergland, JZW.

3 Zitronenzeisig G 12 cm

Carduelis citrinella **K** Kleiner Fink des Berglands, gelblich grün und ungestreift, mit einfarbig dunklem Schwanz, grünlich aufgehelltem Bürzel und zwei unauffälligen Flügelbinden. ♂ mit grauem Nacken und intensiverer Gelbtönung besonders im Gesicht, ♀ etwas blasser. **S** Kurzer, zwitschernder Gesang mit stieglitzähnlichem Beginn und gequetschtem Schlusston; ruft „djit", „dji-di-di", etwas nasal und metallisch klingelnd. **L** Lichte Nadelwälder bis zur Baumgrenze. **V** bjz, in Deutschland nur Alpen und Schwarzwald.

4 Korsenzeisig G 12 cm

Carduelis corsicanus **K** Außer am Beobachtungsort auch am im Vergleich zum verwandten 3 leicht gestrichelten braunen (statt graugrünen) Mantel und der lebhafter gelben Unterseite bestimmbar. **S** Singt besser gegliedert, tiefer, flötender, mehr an Bluthänfling erinnernd als 3; ruft gedehnter und klarer und warnt

gimpelartig „düh". **L** Ganzjährig nur auf Korsika, Sardinien und Elba. **V** -.

5 Girlitz G 11 cm

Serinus serinus **K** Kleinster Fink mit winzigem Schnabel am groß wirkenden Kopf, leuchtend gelbem Bürzel, ganz dunklem Schwanz und nur schmalen beigen Flügelbinden. Beim ♂ Kopf und Brust gelb, anfangs durch grünliche Federränder teilweise verdeckt, bei Abnutzung dann wie beim Kanarienvogel leuchtend. ♀ weniger intensiv gelb und stärker gestreift. **S** Singt von Warten und im gaukelnden Flug auf einer Tonhöhe klingelnd; ruft hell klingelnd „zirrrl" (oder „girr-litz"). **L** Parks, Gärten, Waldränder. **V** BZ 3-10, w.

6 Fichtenkreuzschnabel G 16 cm

Loxia curvirostra **K** Kräftiger Fink mit gekreuztem Schnabel und großem Kopf, Flügel und Schwanz dunkel, keine auffallenden Abzeichen im Gefieder. ♂ im AK ziegelrot, junge ♂ und ♀ graugrün mit gelblichem Bürzel. Meist im Trupp an Fichtenzapfen hängend. Mehrere Unterarten eher an Kiefern angepasst, daher mit kräftigerem Schnabel und ähnlich 7, so *scotica* (Schottland), *balearica* (Mallorca), *corsicana* (Korsika), *mariae* (Krim). **S** Singt von Fichtenspitze ähnlich 1 zwitschernd und trillernd, darin eingestreut der typische, etwas metallische Ruf „glipp-glipp" oder „kip kip". **L** Fichtenwälder; brütet auch im Winter. **V** BJZW, besonders im Bergland, manchmal Invasionen.

7 Kiefernkreuzschnabel G 17 cm

Loxia pytyopsittacus **K** Kaum vom in der Färbung identischen 6 unterscheidbar, aber Schnabel kräftiger und höher, gekreuzte Unterschnabelspitze nicht über Oberschnabel hervorragend, Kopf und Nacken dicker; bevorzugt Kiefernzapfen. **S** Singt wie 6; ruft etwas tiefer und kräftiger, eher wie „göp" oder „tüp". **L** Taiga Nord- und Nordost-Europas. **V** A.

8 Bindenkreuzschnabel G 15 cm

Loxia bifasciata **K** Immer durch zwei breite weiße Flügelbinden und weiße Spitzen der Schirmfedern gekennzeichnet (Vorsicht: beides manchmal schmal bei der Variante „rubrifasciata" von 6 vorhanden). Schnabel kaum dünner als bei 6, ♂ oft eher himbeerrot, ♀ gelblicher. **S** Gesang variabel, klappernd, klirrend, an 2 erinnernd; ruft ähnlich Birkenzeisig trocken „tjeck tjeck" und nasal trompetend „äääp". **L** Nordost-europäische Taiga mit vielen Lärchen. **V** A.

balearica,
scotica
u.a.

1 Stieglitz G 13 cm

Carduelis carduelis **K** Häufiger und hübscher Finkenvogel mit in allen Kleidern breitem gelbem Flügelstreif, weißem Bürzel und schwarzem Schwanz mit weißen Flecken vor der Spitze sowie langem, graurosa gefärbtem, pinzettenartig zugespitztem Schnabel. Im AK mit durch schwarzweiße Kopfzeichnung mit rotem Gesicht unverwechselbar, im JK Kopf noch unscheinbar grau gestrichelt (bis Frühwinter). Außerhalb der Brutzeit meist in Trupps und gern an Distelsamen. **S** Trillernder und zwitschernder Gesang, sofort erkennbar am ständig eingestreuten Artruf „stige-litt"; ruft seinen Namen „stigelit", auch nur „litt". **L** Offene Kulturlandschaft mit Gebüsch, Gärten, Parks, gerne Brachflächen. **V** BJZW.

2 Bluthänfling G 13 cm

Carduelis cannabina **K** Schlanker, recht langschwänziger kleiner Finkenvogel mit graubraunem Gefieder, Schnabel grau, Schwanzkanten und Außenfahnen der Handschwingen grau und beim Auffliegen als diffus helle Bereiche auf der sonst unmarkierten Oberseite auffallend. Brust und Stirn des ♂ himbeerrot (im SK durch beige Federränder teilweise verdeckt), Kopf grau, Mantel braun. ♀ ohne Rot, matter gefärbt und ober- wie unterseits diffus gestrichelt, Kopf braungrau, über und unter dem Auge sowie auf den Kopfseiten wie beim ♂ beige Aufhellungen, die einen charakteristischen Gesichtsausdruck hervorrufen. **S** Der hübsche Gesang aus schmetternden, zwitschernden, knöternden und rollenden Tönen wird von einer Gebüschspitze aus vorgetragen; ruft im Flug nasal „knetett", Kontaktruf fragend und weich flötend „piiu". **L** Offene Landschaft mit Gebüsch, Gärten, Parks. **V** BZ 3-10, w.

3 Berghänfling G 13 cm

Carduelis flavirostris **K** Der unscheinbarste kleine Fink, brütet nur im Norden. Ähnlich dem ♀ von 2, doch graues Handflügelfeld schwächer, helle Flügelbinde etwas deutlicher, ungestrichelte Kehle und feiner gestrichelte Brust ockergelb, Schnabel im SK horngelb, im PK schwärzlich, Beine schwarz. Alle Kleider sonst identisch, nur ♂ besitzen einen kaum erkennbaren rosa getönten Bürzel. Außerhalb der Brutzeit in Trupps an niedrigen Stauden. **S** Gesang zwitschernd und trillernd mit eingestreuten Artrufen und knatterndem „trrrt"; ruft nasal „twäjt" und „dschätt". **L** Nordeuropäische Küstenheiden. **V** W 10-4 an der Küste, im tieferen Binnenland A.

4 Birkenzeisig G 12 cm

Carduelis flammea **K** Sehr aktiver, geselliger, graubrauner und stark gestreifter kleiner Fink. Durch rote Stirn, schwarzen Kinnfleck und winzigen gelben Schnabel von allen anderen Arten unterschieden, ferner graubraune Oberseite dunkel gestreift, Flanken des weißen Bauchs gestrichelt, weißliche Flügelbinde recht breit und deutlich. Beim ♂ im AK Brust rot getönt. In weiten Teilen Europas lebende Unterart *cabaret* („Alpenbirkenzeisig") etwas kleiner, insgesamt dunkler und brauner mit beiger Flügelbinde und bräunlichem, gestricheltem Bürzel. Nordeuropäische Brutvögel der Unterart *flammea* („Taigabirkenzeisig") durchschnittlich größer (13 cm) und grauer mit weißlichem Bürzel und weißen Flügelbinden. Isländische Unterart *rostrata* zwar groß, aber dunkel. **S** Singt überwiegend im Flug „tettetett tsrrrr"; ruft metallisch „tschett-tschett-tschett" und rau „dschui". **L** Im Norden Fjällbirkenwälder und Heiden, sonst offene Bergwälder, hat sich inzwischen aber in die Ebenen ausgebreitet und besiedelt auch Gärten, Parks und Friedhöfe. **V** BJ, im Winter aus Skandinavien ZW.

5 Polarbirkenzeisig G 13 cm

Carduelis hornemanni **K** Arktischer kleiner, heller Fink. Der Unterart *flammea* von 4 meist so ähnlich, dass er kaum unterscheidbar ist, aber „überfroren" wirkendes und lockerer getragenes Gefieder, noch kleinerer Schnabel mit geradem (statt schwach abwärts gebogenem) First, ausgedehnter und ungestreifter weißer Bürzel, ungestrichelte Unterschwanzdecken, schwächere Flankenstrichel, Zimttönung von Gesicht und Brust bzw. beim ♂ im AK die lediglich rosa überhauchte (statt rote) Brust sind in der Kombination typische Merkmale. **S** Alle Lautäußerungen geringfügig weicher und höher als bei 4. **L** Tundra, Weidendickicht und Birken. **V** A.

6 Wellenastrild G 11 cm

Estrilda astrild **K** (nicht abgebildet) In Spanien und Portugal in Schilfgebieten eingeführte Art aus der Familie der Prachtfinken (Estrildidae), braungrau, rundum mit Wellenmuster, Schnabel, Zügel und Bauchfleck rot, Steiß schwarz.

7 Tigerfink G 10 cm

Amandava amandava **K** (nicht abgebildet) Weiterer in Spanien, Portugal und Norditalien eingeführter Prachtfink, Bürzel und Schnabel rot, beim ♂ übriges Gefieder ebenso, beim ♀ braunbeige, Zügel schwarz.

JK

1

2

3

4
cabaret

♀ PK

♂ SK

4
flammea

5

♀

♂

AMMERNVERWANDTE

1 Spornammer   **G** 15 cm

Calcarius lapponicus **K** Extrem lang-
flügelige Ammer des Nordens, Schnabel gelb mit schwarzer Spitze, Beine
schwarz mit sehr langer Hinterkralle (Name!).
Im AK immer mit rostbraunem Nacken, ♂ mit
typischer schwarzer Kopf- und Brustzeichnung,
diese beim ♀ schwächer und im SK allenfalls angedeutet. Dann und im 1. W auch an durch weiße
Flügelbinden begrenztem rostbraunem Feld auf
den Großen Armdecken, hellem Scheitelstreif und
zimtbraunen Kopfseiten erkennbar. **S** Gesang kurz
und typisch klingelnd; ruft trocken „prrrt", meist
gefolgt von „tju", auch rau „djüb". **L** Nordeuropäische Tundra, im Winter Brach- und Deichvorland.
V zw 9-4, besonders Küsten, im Binnenland A.

2 Schneeammer   **G** 17 cm

Calcarius nivalis **K** Ammer des Nordens, viel Weiß im Schwanz, auf dem
Armflügel etwas (♀ im 1. W) bis sehr viel
(♂) und daran im Flug sofort bestimmbar. ♂ im PK
bis auf schwarzen Mantel fast komplett weiß, beim
♀ Mantel schwarzbraun, Kopf mit graubraunen Flecken. Im 1. W und SK Schnabel gelb, weiße Unterseite auf Brustseiten und Flanken braungelb, ebenso Scheitel und Kopfseiten, Oberseite sandbraun
mit schwärzlicher Streifung. Meist in Trupps auf
vegetationsarmen Flächen, sehr vertraut. **S** Gesang kurz zwitschernd; Ruf „prirrrit", auch flötend
„tjü". **L** Nordeuropäisches Bergland und Tundra. **V**
W 10-3, hauptsächlich Küsten.

3 Grauammer   **G** 18 cm

Emberiza calandra **K** Größte und
schwerste Ammer, unscheinbar graubraun, oben gestreift, unterseits gestrichelt, kräftiger Schnabel mit rosa Basis, Schwanz
ohne weiße Kanten. Lässt im etwas schwerfälligen
Flug oft die Beine hängen. **S** Einfacher Gesang mit
tickender Einleitung und klingelndem oder rasseln-
dem Schluss „tick tick-tick-zick zsrrrrrs"; ruft kurz
und scharf „zick". **L** Offene Kulturlandschaft mit
Singwarten. **V** BJZ, stark abnehmend.

4 Goldammer   **G** 16 cm

Emberiza citrinella **K** Häufigste Ammer,
am mehr oder weniger gelben Gefieder, ungestreift rostbraunen Bürzel und
dem Fehlen eines markanten Kopfmusters leicht
erkennbar. ♂ leuchtend gelb, besonders am Kopf,
♀ blasser mit verwaschen grünlich braunen Kopf-
steifen, im SK ähnlich, doch im 1. W manchmal

sehr wenig Gelb. **S** Singt von erhöhter Warte
den ganzen Tag „zi-zi-zi-zi zi-zi züüüh"; ruft „zick",
„dsüh" und „zürrrl". **L** Offene Landschaft mit Hecken, Waldränder. **V** BJZW.

5 Fichtenammer   **G** 16 cm

Emberiza leucocephalos **K** Östliche Vertreterin
von 4, bei der die Gelbtöne durch Weiß und Braun
komplett ersetzt sind. ♂ durch Kopfmuster mit
weißem Wangenfeld unverwechselbar, dieses
beim ♀ angedeutet vorhanden. Im 1. W wie weißliche 4 ohne gelbe und grüne Töne. **S** Wie 4. **L** Wie
4, aber östlich des Ural. **V** A.

6 Zaunammer   **G** 16 cm

Emberiza cirlus **K** West- und südeuropäische Art, im Gegensatz zu 4 mit oliv-
grauem Bürzel. ♂ mit schwarzem Kinn
und Augenstreif, ♀ von 4 durch Bürzelfärbung,
deutlichere Kopfstreifung, feinere Unterseitenstri-
chel und rostbraune Schulterfedern unterscheidbar. **S** Singt monoton klappernd „tetetetete" und
etwas schwirrender „dsredsredsredsre"; ruft
singdrosselähnlich „dsib" und abfallend „zie". **L**
Offene Landschaft, gern an Hängen und in Weinbergen. **V** bjz, in Deutschland selten und nur im
Südwesten.

7 Weidenammer   **G** 15 cm

Emberiza aureola **K** Nordost-europäische Ammer, die im tropischen Asien
überwintert. ♂ mit schwarzem Gesicht,
kastanienbraunem Brustband, Scheitel und Mantel
und weißem Armdeckenfeld, aber oft erst im 3.
S komplett ausgefärbt. ♀ und 1. W oft schwer
bestimmbar, aber mit rosa Schnabel, sehr breitem
beigem Überaugenstreif und Scheitelstreif,
schwachem bis fehlendem Bartstreif, gelbem, nur
auf den Flanken schwach gestricheltem Bauch,
graubraunem Bürzel sowie beige und schwärzlich
getigerter Mantelstreifung. **S** Singt ähnlich Ortolan, aber weicher, melodischer, mit ansteigenden
Flötentönen, sehr variabel, z.B. „trutru trihtrih
trütratro-tri"; ruft kurz und scharf „zick". **L** Offene
Wälder, Wiesen, feuchte Dickichte. **V** A.

8 Zippammer   **G** 16 cm

Emberiza cia **K** In allen Kleidern durch
graue Färbung von Schnabel, Kopf und
Brust mit schwarzem Streifenmuster
unverwechselbar, Bauch rostorange, ♀ und 1. W
nur etwas matter. **S** Langer, schneller, klingelnder,
an Heckenbraunelle erinnernder Gesang; ruft hoch
und kurz „zip" und länger „zii". **L** Felshänge Südeuropas, Weinberge. **V** bz 3-10, nur Südwesten.

1

♀ PK

♂ PK

1. W

2

♀ 1. W

♂ SK

♂ PK

♀ 1. W

♂ SK

3

4

♀

♂

5

♀

♂

6

♀

♂

7

♀

♂ PK

8

♀ / 1. W

♂

1 Ortolan G 16 cm

Emberiza hortulana **K** Zwar weit, aber lückenhaft verbreitet. In allen Kleidern durch rosa Schnabel, auffallenden Augenring, gelbes Kinn mit dunklem Kinnstreif und rostorange Bauchfärbung charakterisiert. Beim ♂ Kopf und breites Brustband olivgrau, Unterseite ungestrichelt, beim ♀ und im SK Farben matter, graue Partien dunkel gestrichelt, im 1. W Kopf bräunlicher, Strichelung stärker und auf Flanken ausgedehnt. **S** Besitzt viele Gesangsdialekte, fast alle Strophen aber schwermütig klingelnd mit tieferer zweiter Hälfte, z.B. „zie-zie-zie drü-drü-drü"; ruft „plütt" sowie oft abwechselnd „sie" und „tjüh". **L** Offene Kulturlandschaft, oft Sandboden. **V** bz 5-9, stark abnehmend.

2 Grauortolan G 15 cm

Emberiza caesia **K** Brütet auf dem südlichen Balkan, wirkt wie ein intensiv gefärbter 1: Kopf und Brust blaugrau, Kehle und Unterseite rostrot, Augenring weiß. ♀ etwas blasser, im 1. W verglichen mit 1 Bürzel wärmer rostbraun, Augenring sauberer weiß, Unterflügel weiß mit Rost- statt Gelbton. **S** Gesang ähnlich südlichen Dialekten von 1, weniger wohltönend und mit nur einem langen Schlusselement, z.B. „si si si süüh"; ruft ähnlich 1 „dsip" und „djü". **L** Steinige Hänge, meist in Küstennähe. **V** -.

3 Türkenammer G 16 cm

Emberiza cineracea **K** Vorderasiatische Ammer von unscheinbarer Färbung mit überwiegend grauem Gefieder, grauem Schnabel und gelblichem Augenring sowie viel Weiß auf den Spitzen der äußeren Steuerfedern. **S** Singt ähnlich 1 „zizizi züza"; ruft „tsik" und „tschip". **L** Steinige Hänge, in Europa nur auf den griechischen Inseln Lesbos, Chios, Ikaria und Skyros. **V** -.

4 Kappenammer G 17 cm

Emberiza melanocephala **K** Große südost-europäische Ammer ohne Weiß im langen Schwanz, ♂ mit schwarzem Kopf, rotbraunem Mantel und komplett gelber Unterseite unverwechselbar. ♀ bedeutend blasser und matter gefärbt, Mantel leicht gestrichelt, im SK und 1. W noch kontrastärmer, Bürzel bräunlich, blass gelbe Unterseite ungestrichelt. **S** Gesang eine kurze, etwas abfallende, an Dorngrasmücke erinnernde Strophe; ruft vielfältig, z.B. „pit", „tschöp", „tschüh". **L** Offene, buschbestandene Landschaften, auch Anbaugebiete Südost-Europas. **V** A.

5 Braunkopfammer G 16 cm

Emberiza bruniceps **K** Asiatische Art, vertritt 4 in Mittelasien. Kopf und Brust des ♂ rotbraun, grünlicher Mantel gestrichelt, Bürzel gelb. ♀ und 1. W mit 4 nahezu identisch, manchmal an matt braunem und kaum gestricheltem Scheitel und oft grünlich getöntem Bürzel erkennbar. **S** Wie 4. **L** Offenes Gelände und Steppen östlich der unteren Wolga. **V** A bzw. Gefangenschaftsflüchtling.

6 Rohrammer G 15 cm

Emberiza schoeniclus **K** Häufige Ammer in Feuchtgebieten, nur braun, beige, schwarz und weißlich gefärbt. ♂ im PK durch schwarzen Kopf mit weißem Bartstreif und Halsring unverkennbar, ♀ braun gestreift mit deutlichem hellem Bart- und schwärzlichem Kinnstreif. Kopfmuster im SK und 1. W angedeutet. Mehrere einander sehr ähnliche Unterarten, aber im Süden deutlich dickschnäbeliger, z.B. *reiseri* (Südbalkan) und *tschusii* (Schwarzes Meer). Steht häufig auf Schilfhalmen, fällt am Boden durch das ständige nervöse Schwanzfächern auf. **S** Singt monoton „tsit tsrit tsrit tsrelitt" in Variationen; ruft gedehnt und abfallend „ziüh" sowie rau „dzü". **L** Schilfflächen, auch andere feuchte Dickichte. **V** BZ 3-10, vereinzelt w.

7 Zwergammer G 13 cm

Emberiza pusilla **K** Kleinste Ammer, alle Kleider sehr ähnlich: Kopfseiten und Scheitelstreif rostbraun, deutlicher weißlicher Augenring, feine Unterseitenstrichelung. Im Herbst manchmal schwer von 6 unterscheidbar, aber nicht bis zum Schnabel (mit geradem statt gebogenem First) reichender Wangen- und Augenstreif, rosa Beine. **S** Gesang kurz, hoch, melodisch, sehr variabel mit an andere Ammern erinnernden Motiven; ruft scharf und kurz „zick". **L** Arktische Weidendickichte. **V** A, oft 5 und 9-10.

8 Waldammer G 14 cm

Emberiza rustica **K** Nordöstliche Art, im PK durch schwarzweißes Kopfmuster, leberbraunes Brust- und Halsband und ebenso rostrote Flanken eindeutig gekennzeichnet, ♀ oft kaum blasser. Im 1. W ähnlich 6 und 7, beachte Schnabel mit geradem First und rosa Basis, ungestreift rotbraunen Nacken und Bürzel, weiße Flügelbinden, weißen Fleck auf hinteren Ohrdecken, weißen Bauch, rotbraune Brust- und Flankenstrichel. **S** Singt kurz und schön flötend mit Tonhöhenwechseln, z.B. „dideliö-dideliö didi-didu"; ruft „zick" wie 7. **L** Feuchte, lichte Wälder. **V** A.

1

♀

♂

1. W

2

♀

♂

3

♀

♂

4

♀

♂

5

♂

6

♀ 1. W

reiseri

♀

♂ PK

7

8

♀ PK

♀ 1. W

♂ PK

VOGELSTIMMEN

Zu den auffallendsten Eigenschaften der Vögel gehören ihre vielfältigen Lautäußerungen. Grundsätzlich unterscheidet man zwischen Gesängen und Rufen. Gesänge dienen der Abgrenzung eines Reviers, dem Anlocken von Weibchen und der Paarbindung. Oft sind sie kompliziert aufgebaut und bestehen aus zu Strophen zusammengefügten Elementen und Motiven, manchmal handelt es sich aber nur um die Aneinanderreihung von Rufen. Viele Arten sind in der Lage, die Stimmen anderer Vögel oder Geräusche aus ihrer Umgebung perfekt zu imitieren. Bei den meisten Arten singen nur die Männchen, bei einigen aber auch oder nur die Weibchen oder es gibt Duettgesang.

Gesang ist keineswegs nur auf die Sperlingsvögel („Singvögel") beschränkt, sondern kommt auch bei den anderen Vogelordnungen mit exakt derselben Funktion vor. Oft klingen deren Gesänge für unser Ohr sogar angenehmer und musikalischer als diejenigen vieler „Singvögel". Zwar sind die Gesänge hauptsächlich vor und während der Brutzeit zu hören, bei vielen Arten aber auch während des Zugs und sogar im Winter, wo sie der Abgrenzung von Nahrungsrevieren dienen.

Die Rufe sind meist einfacher aufgebaut und bestehen aus einem oder wenigen Elementen. Viele Arten besitzen unterschiedliche Rufe mit verschiedenen Funktionen, z.B. Art-, Kontakt-, Alarm-, Flug- oder Zugrufe. Bei der Bestimmung sollte man darauf achten, ob die Rufe ein- oder mehrsilbig sind und ob sie ansteigen oder abfallen.

Neben den Stimmlauten verfügen einige Vogelarten auch über so genannte Instrumentallaute, z.B. das bekannte Schnabelklappern des Weißstorchs oder das Trommeln der Spechte. Auch Schwung- und Steuerfedern können im Flug durch Vibration Geräusche erzeugen.

Für den Vogelbeobachter ist die Kenntnis der Lautäußerungen nicht nur hilfreich und wichtig, sondern für die Bestimmung oft sogar ausschlaggebend, denkt man nur an das Beispiel der fast identisch aussehenden Laubsänger Zilpzalp und Fitis, die zum Glück grundverschiedene Gesänge vortragen, oder an Baum- und Wiesenpieper, die im Flug ganz unterschiedlich rufen.

Natürlich dauert es sehr lange, bis man die einzelnen Rufe und Gesänge so gut im Ohr hat, dass man sie auf Anhieb wiedererkennt. Eine gute Lernhilfe können die inzwischen zahlreich verfügbaren CDs mit Vogelstimmen sein. Man darf sie übrigens nicht benutzen, um damit während der Brutzeit Vögel in der freien Natur anzulocken, da sie sonst bei der Fortpflanzung gestört werden. Viel lernt man auch auf gemeinsamen Wanderungen mit anderen Vogelfreunden, wie sie z.B. von Volkshochschulen angeboten werden. Der beste Weg ist jedoch, sich diese Kenntnis selbst zu erarbeiten. Es ist zwar mühsam, jeder unbekannten Vogelstimme so lange nachzugehen, bis man den Urheber endlich entdeckt hat und auch an seinem Aussehen bestimmen kann. Aber erfahrungsgemäß bleibt das Erlernte am besten im Gedächtnis haften, wenn es mit einem eigenen „Entdeckererlebnis" verbunden ist.

Etwas einfacher wird das Erlernen von Vogelstimmen, wenn man bereits im Winter mit den wenigen, noch überschaubaren Lautäußerungen beginnt und sich schrittweise mit der Ankunft weiterer Arten voranarbeitet, statt erst im Mai zu versuchen, den dann vollständig versammelten Chor des Vogelgezwitschers zu entwirren. Daher sind die nachfolgenden, als Lernhilfe und Gedächtnisstütze entworfenen Tabellen 1 bis 3 nach Jahreszeiten aufgebaut und behandeln die Arten, die man am Haus, im Garten, Park oder Wald hört. Arten anderer Lebensräume werden anschließend separat behandelt, wie auch nächtliche Gesänge und Zugrufe.

Der Schwerpunkt liegt dabei auf den Sperlingsvögeln, die in den Tabellen jeweils an erster Stelle stehen und von denen alle in Mitteleuropa regelmäßig brütenden Arten behandelt sind. Daran schließt sich jeweils eine Auswahl anderer auffallender Stimmen von Angehörigen anderer Ordnungen an, die aber nicht vollständig ist, da die Arten meist frei sichtbar und daher auch optisch gut bestimmbar sind. Eulenstimmen sind innerhalb des Haupttexts ausführlich behandelt.

Vogelstimmen auf dem Papier darstellen zu wollen, ist ein kaum lösbares Problem. Hinzu kommt, dass jeder Mensch sie subjektiv etwas anders wahrnimmt. Die hier gewählten, oft etwas seltsam aussehenden Buchstabenfolgen ergeben ein der tatsächlichen Stimme nahe kommendes Klangbild, wenn man sie nicht in normaler Sprechstärke, sondern in lautem Flüsterton liest. Zwischen den einzelnen Arten ist genug weißer Raum, um hier seine eigenen Höreindrücke niederzuschreiben.

**TABELLE 1: RUFE UND GESÄNGE IM WINTER
(HAUS, GARTEN, PARK, WALD)**

Einige bei uns überwinternde Arten lassen bereits im Winter ihre Gesänge ertönen, um Reviere abzugrenzen. Das ist ideal, um sich grundsätzlich mit dem Aufbau von Gesängen vertraut zu machen. Hauptsächlich sind jedoch die typischen, hier gleichfalls aufgeführten Artrufe zu hören.

Gesang ein wiederholtes, spitz gepfiffenes, rhythmisches „zididäh", auch „ti-ta ti-ta" oder „siehdäh"; ruft ferner buchfinkenähnlich hell „ping", oft doppelt:

Kohlmeise, S. 120

Heller, silbriger, abfallender Perltriller „ti-ti tjürrr" oder „zizi-sürrrr" als Gesang; ferner „tjerr err-err" und „zizizidü":

Blaumeise, S. 120

Wiederholung gleichartiger, voller Elemente, z.B. klappernd „tjüp-tjüp-tjüp-tjüp" oder eher niesend „pitschi-pitschi-pitschi-pitschi"; ruft explodierend „pitschü" und „tschi-ü":

Sumpfmeise, S. 120

An Waldlaubsänger erinnernd „tiu-tiu tiu-tiu" oder „tzih-tzih-tzih", auf gleicher Tonhöhe oder abfallend; ruft kennzeichnend nasal gedehnt „dääh dääh" oder scharf eingeleitet „zizi-dää-dää-dääh":

Weidenmeise, S. 120

Hoch und rhythmisch „wietze wietze wietze wietze …"; ruft klar „ti-eh"; nur Nadelbaumbestände:

Tannenmeise, S. 120

Spitz beginnend und brodelnd bis burrend endend „zizi-bürrrrl" oder „gürrrr", tiefer als andere Meisen, selten auch pfeifende Tonfolgen; nur Nadel- und Mischwald:

Haubenmeise, S. 120

Lautes, menschenähnliches Pfeifen „tiüh-tiüh-tiüh-tiüh", auch schneller „witwitwitwit"; ferner „twit twit", bei Erregung „wätwätwätwät":

Kleiber, S. 138

Kurzer, etwa 1 Sek. dauernder, holpriger Gesang „tit-tit-titeroit tri"; ruft hoch „tiht" oder etwas tropfend „ti ti titi":

Gartenbaumläufer, S. 138

Hoher, dünner, etwa 3 Sek. anhaltender, durch den Schlusstriller an Blaumeise erinnernder Gesang „titi-tzizerri tsrizirrr"; ruft hoch und dünn „srri":

Waldbaumläufer, S. 138

Sehr feines Wispern, glashell und außerordentlich hoch (für ältere Menschen oft nicht mehr hörbar), in der Tonhöhe an- und absteigend „sisihsisihsisihsisih"; ruft dünn „sri-sri-sri"; brütet nur in Nadel- oder Mischwald, zur Zugzeit auch andere Lebensräume (vgl. Sommergoldhähnchen in Tabelle 2):

Wintergoldhähnchen, S. 138

Mit klaren, hohen Tönen beginnend, dann schneller werdend, in Tonhöhe und Geschwindigkeit wechselnd, mit perlenden Trillern, zwar silberhell, aber stellenweise etwas wehmütig (im Winter singen auch Weibchen zur Abgrenzung von Nahrungsrevieren); ruft schnickernd „tick, tick", warnt hoch und dünn „siih":

Rotkehlchen, S. 146

Überraschend lauter, klarer, hoher, 5-6 Sek. dauernder Gesang mit schmetternden und leiseren Tönen sowie Schlusstriller, etwa „titi-türrr-lilitütü-türr-lülü-zett-zett-zett-türrrrrrr-ti"; ruft trocken schmetternd „zrrrrr" und metallisch kurz „zeck", oft gereiht; oft bodennah und in Deckung: Zaunkönig, S. 140

Tschilpende Rufe, allgemein bekannt, als etwas kunstloser Gesang auch aneinandergereiht; fast ausschließlich im menschlichen Siedlungsbereich: Haussperling, S. 150

Nasal „töjt", ratternd „trretrretrret", im Flug „täckäckäck"; Gärten, Siedlungs- und Waldränder: Feldsperling, S. 150

Ruft kräftig „pink pink", im Flug leiser „djüb djüb", auch rau und tief „rrrüf" („Rülschen" oder „Regenruf"):   Buchfink, S. 156

Weich flötend, recht leise und etwas klagend „djüh":   Gimpel, S. 156

Rau „dschuit" und „dschüüsch", klingelnd „gigigi":   Grünfink, S. 158

Nasal gequetscht „quäg"; meist im Trupp, Wintergast: Bergfink, S. 156

Sehr scharf, kurz und hoch „zck" oder „pix":   Kernbeißer, S. 156

Lang gezogen und hell „dlü-iih" oder „tsilüh", auch mürrisch „krrie" und auffliegend trocken „ketket", meist im Trupp an Samen tragenden Gehölzen: Erlenzeisig, S. 158

Etwas metallisch, aber eher leise „tschettschettschet"; oft im Trupp an Birken oder Stauden: Birkenzeisig, S. 160

An Grünfink erinnernder, zwitschernder Finkengesang mit eingestreuten „kip"-Rufen, z.B. „ziri-ziri tschrüt-tschrüt-schri kip-kip-kip trttrt tschiri"; kennzeichnender Ruf metallisch „kipp kipp" oder „glip glip glip", Warnruf tiefer „tück"; meist im Trupp, nur in Nadelwäldern: Fichtenkreuzschnabel, S. 158

Gesang nur an Fließgewässern zu hören, rau schwatzend und trillernd, leise und gepresst zwitschernd; ruft im niedrigen Flug über dem Wasser scharf und durchdringend „zrrz":   Wasseramsel, S. 140

Scharfer, hoher und durchdringender Ruf „zizi" und „ziziss"; nur an Fließgewässern: Gebirgsstelze, S. 154

Heiser, gedämpft krächzend oder rätschend „gschägschäh, räätsch", manchmal auch bussardartig miauend „hiää":   Eichelhäher, S. 116

Rau schackernd „tschak-tschak-tschak" oder „tschakerack":   Elster, S. 118

Kurz und hell „kjak":   Dohle, S. 118

Krächzend und rau „krrah" oder nur „krr":   Raben-, Nebel- und Saatkrähe, S. 118

Klangvoll, tief und laut „korrk", schallend „klong": Kolkrabe, S. 118

Hart und kräftig „kick" oder „tix"; ferner knapp 1 Sek. langer, lauter, schneller Trommelwirbel (durch rasches Schnabelhämmern auf morschem Holz o.ä.): Buntspecht, S. 114

Helle Reihe „kikikikikiki", an Turmfalke erinnernd; daneben über 1 Sek. langer, langsamer, schwacher Trommelwirbel, oft in kurzen Abständen wiederholt: Kleinspecht, S. 114

Quäkende und klagende Rufreihe von 4-10 Tönen „qüää quääg quääk quää quää"; ruft auch ähnlich Buntspecht „kük", aber oft gereiht, trommelt jedoch nur ausnahmsweise; meist in Eichenbeständen: Mittelspecht, S. 114

Laut schallend und lachend, zum Ende etwas abfallend und schneller werdend „glüh glüh glü glü-glüglüglü"; Flugruf „kjükjükjück"; trommelt seltener als Grauspecht, aber ähnlich: Grünspecht, S. 112

Dünner als Grünspecht, eher menschlichem Pfeifen als Lachen ähnlich, deutlich abfallend und zum Ende langsamer werdend, etwas klagend „kjükjükjü-kjü-kjü kjü kjü kjü"; Flugruf „kjück"; Trommelwirbel dauert gut 1 Sek., schwächer als beim Buntspecht: Grauspecht, S. 112

Grünspechtartiges Lachen, aber heller, wilder, auf einer Höhe „kwoikwikwikwikwikwikwi"; ruft lang gezogen und laut „kliöh", im Flug leiser schirkend „krikrikrikri"; Trommelwirbel sehr laut, aber langsam, 2-3 Sek. lang: Schwarzspecht, S. 112

TABELLE 2: GESÄNGE UND RUFE VON MÄRZ BIS MITTE APRIL (HAUS, GARTEN, PARK, WALD)

Zu den in Tabelle 1 aufgeführten Gesängen kommen nun weitere hinzu, da bei vielen Überwinterern die Gesangsaktivität einsetzt und erste Zugvögel zurückkehren. Zuerst ist jeweils der Gesang beschrieben, dann die Rufe. Gelegentlich sind Hinweise zum typischen Lebensraum oder Aufenthaltsort sowie zum Zeitpunkt des Gesangs enthalten.

Volles, abwechslungsreiches, lautes, schallendes Flöten, oft etwas traurig oder feierlich klingend, am Ende meist fistelnd und höher zwitschernd, schon im Morgengrauen und meist von erhöhter Singwarte; ruft u.a. „tschackschak", „srri", „gock": Amsel, S. 142

Laute, kurze Flötenmotive verschiedenster Art, ein- bis dreisilbig, auch schrille Töne, jeweils zwei- bis viermal wiederholt, z. B. „tatüh-tatüh-tatüh tüte-tüte diudit-diudit-diudit djackdjacktieh tlio-tlio …"; ruft kurz „zip", warnt scharf und durchdringend „xixixixixi": Singdrossel, S. 142

Amselähnlich, aber kürzere, schnellere Strophen, kein Zwitschern am Ende, insgesamt melancholischer flötend, singt kaum früh morgens, ist aber oft tagsüber als einziger Drosselgesang zu hören; ruft hölzern schnarrend „zerrrrrr": Misteldrossel, S. 142

Plärrend und zwitschernd, eher misstönend und ohne drosseltypische Flötentöne, kurz, meist im Flug oder im Baum umherflatternd; ruft etwas elsterähnlich „schackschackschack" und unrein „giääh":   Wacholderdrossel, S. 142

Von erhöhter Singwarte vorgetragenes kunterbuntes Geschwätz mit Pfiffen, Knattern und Plappern, schnalzend, zischend, teils unrein, teils klar pfeifend, durchsetzt mit Imitationen anderer Tierstimmen und technischer Geräusche, dazwischen immer wieder abfallend pfeifend „staaar"; ruft u.a. „djürr" und „stää":   Star, S. 140

Singt einprägsam und eintönig seinen Namen „zilpzalpzilpzalp", auch stammelnd „dilm delmdilmdelm", „zipzapzipzap, zapzapzipzap", dazwischen eingestreut leise „trrrt"; ruft fast einsilbig „huit"; Wälder, Gärten, Gebüsch: Zilpzalp, S. 126

Weicher, im Rhythmus fast buchfinkenähnlicher Gesang, aber zart, abfallend, mehr in Moll als in Dur „fitisifitisiwoidsisi" mit gleichhohen Schlusstönen, auch „diedi di düedüe dea deida"; ruft im Vergleich zum Zilpzalp deutlicher zweisilbig „hu-id"; Wälder, Parks, Gebüsch: Fitis, S. 126

Gesang wohltönend, fast amselartig flötend, aber leiser und höher, anfangs leise plaudernd und perlend, dann in lange, klare, laute, manchmal wehmütige oder sich überschlagende Flötentöne übergehend, kürzer als Gartengrasmücke, Ende nicht zwitschernd wie Amsel; ruft hart „teck" und schnalzend „tett-etetet"; Wälder, Gärten: Mönchsgrasmücke, S. 134

Schmetternder, kräftiger, kurzer Gesang, etwas abfallend und mit rollendem Schnörkel endend, „tsit-tsittsit-schitschitschitsu-schitsurria" („Es gibt noch viel schönere Mädchen als Rrrrosmarrrie"), regional mit einem angehängten, buntspechtähnlichen „kick":   Buchfink, S. 156

Aneinandergereihte volle Triller verschiedener Höhe und Geschwindigkeit, dazwischen oft gute Imitationen sowie nasal und gequetscht „dschu-i" und „dschääit"; von Singwarte und in schmetterlingsartigem Flug vorgetragen: Grünfink, S. 158

Finkengesang mit zwitschernden und rollenden Elementen, dem Grünfink oft ähnlich, aber mit eingestreuten „stigelitt"-Rufen; ruft seinen Namen „stige-lit" oder nur „glitt-glitt"; gerne in Gärten: Stieglitz, S. 160

An Kanarienvogel erinnernder, zwitschernder, rollender, teilweise flötender, abwechslungsreicher Gesang; Flugruf nasal und knöternd „knet-ett" sowie flötend „piiu"; Gärten, Waldränder: Bluthänfling, S. 160

Meist im Singflug in weiten Kreisen trocken „tetetet tsrrrr"; Gärten, Parks, Friedhöfe: Birkenzeisig, S. 160

Etwas quietschender, klingelnder, hoher Gesang von etwa 2 Sek. Dauer in hüpfendem Rhythmus auf fast gleich bleibender Tonhöhe „witzelitzeltitzelwitzelizwitz", meist frei stehend von einer erhöhten Warte aus vorgetragen; ruft etwas gebrochen „siih":   Heckenbraunelle, S. 150

Abwechselnd hell und dünn „titisri", klappernd „tülltülltüll", „zriwiwi",
dazwischen trocken knirschend „chrrrch, krrrrsch"; ruft trocken „wit,
tick-tick"; auf Hausdächern, oft vor Sonnenaufgang als erste Vogelstimme beginnend: Hausrotschwanz, S. 146

Sehr hoch und fein, eine Reihe anschwellender und am Schluss ansteigender Tönchen „si si si-si-sisissih" (Merksatz: Sommergoldhähnchen   Sommergoldhähnchen,
steigt, Wintergoldhähnchen wankt); nur in Nadel- oder Mischwald: S. 138

Typische dumpfe, gurrende Taubenstimme, 4-6 rhythmisch vorge-
tragene, tief und hohl klingende Elemente, etwa „grru-gruh gru, gru
gru":   Ringeltaube, S. 102

Hohl und monoton dudelnd, dreisilbig, höher als Ringeltaube „duduuh
du, duduuh du, ..."; im Flug heiser und nasal „chrää"; fast immer im
menschlichen Siedlungsbereich: Türkentaube, S. 102

Tief quorrende Laute, gefolgt von hohem, explosivem Ton, etwa
„uoort-uooort-uooort pitz", erst in der Dämmerung während eines
gaukelnden Balzflugs zu hören; feuchte Wälder mit Schneisen und
Lichtungen: Waldschnepfe, S. 76

TABELLE 3: GESÄNGE VON MITTE APRIL BIS JUNI (HAUS, GARTEN, PARK, WALD)

Ab Mitte April wird der Chor der Vogelstimmen für den Beginner
sehr verwirrend, wenn er sich in den vorangegangenen Monaten nicht
bereits mit einigen Arten vertraut gemacht hat. Nun kommen auch
viele Arten mit sehr schönen, teilweise aber komplizierten Gesängen
hinzu.

Singt ähnlich Mönchsgrasmücke wohltönend, gleichmäßig mittellaut
mit amselartigem Klang, aber Strophen länger, eher plappernd oder
plaudernd und ohne lange Flötentöne am Schluss; warnt heiser schnal-
zend „tscheck-tscheck"; Wälder, Parks mit Unterholz, alte Gärten: Gartengrasmücke, S. 134

Laut, schnell, monoton, hölzern klappernd „te-dededededede", manchmal kurzer, leiser, unterdrückt plaudernder Vorgesang (oft fehlend),
oft auch mäuseartig hoch „zizizizizizi"; ruft kurz „teck"; Waldränder,
Gebüsch, Gärten: Klappergrasmücke, S. 134

Silberhell schwirrender Gesang, bei dem einzelne, sich beschleunigende „zip"-Laute im Crescendo einem Schlussschwirren zueilen;
daneben alternativ ein an Intensität zunehmendes, traurig flötendes
„düh düh düh düh", auch kurze Singflüge; ruft scharf „zip" und warnt
„tüh"; alte Laubwälder, meist in den Baumkronen verborgen: Waldlaubsänger, S. 126

Gesang ähnlich dem Schlusstriller des Waldlaubsängers, aber langsamer, klappernder, an helles Klingeln des Grünfinken erinnernd „djüdjüdjüdjüdjü"; ruft auf beiden Silben betont „tu-it"; Bergwälder, fast nur
im Süden: Berglaubsänger, S. 126

Singt bachstelzen- oder zaunkönigähnlich, hoch, laut, hastig, zum Ende schneller werdend und plötzlich abbrechend; ruft bachstelzenartig scharf „zilit"; unterholzreiche Wälder, oft an Hängen, in Mitteleuropa nur ausnahmsweise: Grünlaubsänger, S. 126

Gesang ähnlich Sumpfrohrsänger, aber von hoher Warte und nur tagsüber vorgetragen, sehr abwechslungsreich und voller Imitationen und eiliger Wiederholungen, auch mit eingestreuten kratzenden, knarrenden und „tet"-Lauten und miauendem „giääh"; ruft typisch nasal „dide-roid", warnt schnalzend „tät tät"; Laubwälder, Parks, Gärten: Gelbspötter, S. 132

An Gelbspötter erinnernder Gesang, aber schneller, nicht so rau, oft weniger Imitationen, aber dafür immer sperlingsartiges Schilpen „trrt" enthaltend; ruft schmetternd „trrrt" und „tschet"; offene Wälder, Parks, Gärten, gern Gestrüpp an Bahndämmen, nur im Südwesten: Orpheusspötter, S. 132

Wehmütiger, kurzer Gesang, meist mit „sieh trüh-trüh" beginnend, sehr variabel und gelegentlich durch kurze Imitationen bereichert; warnt „huid tick-tick"; singt schon im Morgengrauen: Gartenrotschwanz, S. 146

Unbedeutende Aneinanderreihung scharfer, hoher, zirpender Laute, z.B. „zirr, zizzieht, zirt zrt"; ruft scharf und hoch „zirrt", warnt „zrrt-tek"; auch an Gebäuden: Grauschnäpper, S. 144

Dem Gartenrotschwanz ähnlich, aber kräftiger, rhythmischer, aus 3-6 Motiven zusammengesetzt, z.B. „si-tsüli-tsüli writje-writje-tsilili-tsilili wri"; warnt kurz und scharf „pit":   Trauerschnäpper, S. 144

Lang gezogene, zirpende und quietschende, gepresste Töne, dazwischen hoch „hiiip", ganz anders als Trauerschnäpper und eher an Gartenbaumläufer erinnernd; ruft lang gezogen „hiip" und warnt hart „pick"; fast nur im Süden: Halsbandschnäpper, S. 144

Beginn ähnlich Trauerschnäpper oder Waldlaubsänger, Schluss abfallend ähnlich Fitis, aber glockenrein, etwa „tink tink tink eideida eida dü dü dlüh"; ruft sanft und klar „tijü" und weicher als Zaunkönig „trrr"; alte Laubwälder, fast nur im Osten, erst ab Mai: Zwergschnäpper, S. 144

Schön flötend, laut, seelenvoll, großer Tonumfang, viele verschiedene Strophen, die durch Wiederholungen manchmal an Singdrossel erinnern, dabei zart einsetzende Crescendotöne kennzeichnend, die bei fallender Tonhöhe immer lauter und schwellender werden, ferner weitere schluchzende und schlagende Elemente, singt durchaus auch tagsüber; warnt leicht ansteigend „jihp" und tief „karr":   Nachtigall, S. 146

Der Nachtigall ähnlich, aber weniger schmachtend, lauter, tiefer, stoßender, kraftvoller, ohne das typische Crescendo, dafür mit tiefer „tschuck-tschuck-tschuck-tschuck …"-Serie (Nachtigall softie- und Sprosser machoartig); warnt auf gleicher Tonhöhe bleibend „iiiht" und tief „errr"; bewohnt feuchtere Dickichte als Nachtigall, fast nur im Osten: Sprosser, S. 146

Schmetternder Beginn mit Wiederholung mehrerer Elemente in unterschiedlicher Geschwindigkeit, von Baumspitze oder im Singflug, mit abfallender „zia"-Folge beendet, bei der der Singflug in fallschirmartiges Hinabgleiten übergeht, etwa „djidjidji tjatjatja trritrri trri wi wi wiii zia zia zia zia zia"; ruft etwas rau „psi"; Waldränder und Lichtungen: Baumpieper, S. 152

Hastiges, hohes Lied, das etwa wie das Knirschen von Glasscherben oder wie ein ungeölter Kinderwagen klingt, von hoher Singwarte oder im schmetterlingsartigen Balzflug vorgetragen; ruft klirrend „tirrlit" (oder „girr-litz"); gerne in Gärten: Girlitz, S. 158

Kurze, laut flötende Strophe, durchaus an Pirolpfiff erinnernd, etwa „wüdje-wü-wüdje", „tü-te-hütja"; ruft ähnlich Grünfink rau „dschuj"; Waldränder, Gebüsch, erst ab Ende Mai, fast nur im Osten: Karmingimpel, S. 156

Wohltönendes, lautes und volles Flöten, z.B. „didlio, düde-lio" (oder „Vogel Bülow"); ruft eichelhäherartig krächzend „chrää"; Laubwälder, kommt erst im Mai zurück (daher auch „Pfingstvogel" genannt): Pirol, S. 116

Hohl zweisilbig gurrend „oo-uo, oo-uo, oo-uo …"; meist in alten Laubwäldern und Parks: Hohltaube, S. 102

Rollend „turrr-turrr, turrr-turrr …"; offene Wälder, Parks: Turteltaube, S. 102

Lautes „kuckuck" oder „gugug, gugukuck", oft minutenlang; bei Verfolgungsjagden auch heiser „gug-chä-chä-chrä"; Weibchen äußert brodelnden, glucksenden Triller „blublublublublub": Kuckuck, S. 108

Sehr eigentümliche, nasal quäkende und etwas weinerlich klingende, eintönige Reihen, etwas an Mittelspecht erinnernd „wähd-wähd-wähd-wähd-wähd …"; Parks, Obstgärten, offene Wälder: Wendehals, S. 112

Nächtliches schnurrendes, lang anhaltendes „errrrrr örrrrrr", daneben manchmal klatschende Geräusche und lauteres „fiörr fiörr"; nur nachts an Waldrändern, über Lichtungen, Heiden und Mooren, selten: Ziegenmelker, S. 108

TABELLE 4: VOGELSTIMMEN DER FELDER, WIESEN, OFFENE LANDSCHAFT

Sofern sich hier größere Gebüsch- oder Baumgruppen befinden, kommen natürlich noch weitere Arten aus den vorhergehenden Tabellen hinzu.

Ununterbrochenes Tirilieren und Jubilieren, anfangs vom Boden, später hoch aus der Luft, schon im Morgengrauen beginnend; ruft trocken „trrülüt" und „bürrt": Feldlerche, S. 124

Schöner, langer Gesang vom Boden oder aus der Luft mit zum Ende etwas schneller und lauter werdenden, oft abfallenden Tonfolgen, etwa „lu lu-lulululula … dili dili dilililü"; ruft weich „didlui, tlüi"; offene Flächen, Heide, Lichtungen, gern auf Sandboden: Heidelerche, S. 124

Eine Folge schneller, scharfer Töne, oft im kurzen Singflug, z.b. „tsip tsip tsip tsip tsü tsü tsü zrr zrr sjü sjü sjü sjü"; ruft hoch „isst-isst":   Wiesenpieper, S. 152

Sehr monotone Aneinanderreihung ein- bis dreisilbiger Rufe, „zirlüh", „tsiri" oder „zirlüi", von erhöhter Warte oder im wellenförmigen Singflug, auch vom Weibchen; ruft sperlingsartig „schilp"; auf vegetationsarmen Flächen und Kahlschlägen, selten: Brachpieper, S.152

Am Schluss mit gedehntem Ton abfallendes „si-si-si-si-sisi süüür" („Ach-wie-hab-ich-Dich-so liiiieb"), meist von Leitungen und anderen Singwarten, auch während der sonst gesangsarmen Mittagshitze; ruft „zick" und „dzühr":   Goldammer, S. 162

Folge kurzer, scharfer Töne, gefolgt von an Schlüsselbund erinnerndem Klingeln, „zik zik zikzik zrrrrs"; ruft tief und hart „ztick":   Grauammer, S. 162

Monotoner, stotternd beginnender Gesang mit kurzem Schlussschwirren, etwa „zit zit zit zirirr" oder „srip srip srip-srip-sirrä"; ruft „ziü" und rauer „tschü"; schilfbestandene Gräben, Röhricht, feuchte Wiesen: Rohrammer, S. 164

Beginn ähnlich Goldammer mit 3-5 gleichen Elementen, aber gefolgt von 1-3 tieferen Elementen, sehr variabel und dialektreich, z.B. „zri zri zri zrö", „dri dri dri dri drö drö drö"; ruft u.a. spi-e"; warme, oft sandige Gebiete, auch landwirtschaftliche Nutzflächen: Ortolan, S. 164

Klappernder Gesang auf einer Tonhöhe, etwas surrender als Klappergrasmücke „dsredsredsre …" oder variiert „zirrzirrzirrzirr …"; ruft „sip"; sehr selten im Südwesten an trockenen Hängen und Weinbergen: Zaunammer, S. 162

Oft mit „zip zip" beginnend und dann ähnlich Heckenbraunelle klingelnd, schon ab Februar; ruft höher als Zaunammer „zip"; warme, oft steinige Hänge und Steinbrüche im Südwesten, sehr selten: Zippammer, S. 162

Mit dem Artruf „zi-lit" durchsetztes, lange anhaltendes Zwitschern, auch zur Feindabwehr eingesetzt: Bachstelze, S. 154

Gesang eine kurze Aneinanderreihung rauer Rufe, z.B. „psi sri tsürrl srit"; ruft „psi"; feuchte Wiesen: Wiesenschafstelze, S. 154

Kurze Folge rauer, gepresster und flötender Töne, auch Imitationen, von niedriger Singwarte aus vorgetragen; warnt „tek" und „jü tek-tek"; feuchte Wiesen, Brachflächen, ab April, auch nachts zu hören: Braunkehlchen, S. 148

An Heckenbraunelle erinnernde kurze Strophen; ruft „fid track-track"; Brachland: Schwarzkehlchen, S. 148

Kurze, schwatzende Strophe mit knirschenden Lauten, pfeifendem Ruf „hiit" und schmatzenden Tönen (Name!), variabel, auch im Flug und schon vor Sonnenaufgang; warnt „tck"; vegetationsarme Flächen mit Steinen: Steinschmätzer, S. 148

Singt oft frei stehend kurz und rau schwatzend, im häufigen Singflug lauter und länger, etwa im Rhythmus von „Wanderer, wo willst Du hin?"; ruft nasal „wäidwäidwädwäd" und neuntöterartig „dschäähr"; Gebüsch in offener Landschaft, Wegränder, gerne Dornenhecken:
Dorngrasmücke, S. 134

Singt ähnlich Gartengrasmücke, aber kürzer und rauer, im Klang ähnlich Dorngrasmücke, oft mit eingestreutem, ratterndem „trrrrr-at-atatat", oft frei stehend oder im Singflug; warnt knatternd „rrrt-t-t-t-t"; Dornenhecken in offener Landschaft, fast nur im Osten:
Sperbergrasmücke, S. 134

Eher an Gelbspötter als an andere Rohrsänger erinnernd, doch von niedrigerer Warte, auch nachts und weniger schneidend gesungen, voller meisterhafter Imitationen und mit regelmäßigen Tempiwechseln, dazwischen aber auch trockenere Töne und ein kennzeichnendes, nasales „tsäbih"; ruft „tjeck" und rasselnd „tschrrr"; erst ab Mitte Mai:
Sumpfrohrsänger, S. 130

Leiser, abwechslungsreich plaudernder Gesang mit vielen Nachahmungen, dazwischen auch die typischen Artrufe; ruft nasal gedehnt „wäähw" und etwas schmatzend „schackschackschack"; in Gebüsch und Hecken, erst im Mai:
Neuntöter, S. 116

Heuschreckenartig surrender, monoton auf einer Höhe schwirrender, trockener, minutenlang anhaltender, eher an ein Insekt als an einen Vogel erinnernder Gesang, etwa „sirrrrrrrrrrrrrrrr …"; warnt hart „tsik"; singt auch nachts aus dichter, bodennaher Vegetation oder Gebüsch in meist offenem, oft feuchtem Gelände:
Feldschwirl, S. 128

Scharf knarrend zweisilbig „kirrr-reck"; beim Auffliegen mit burrendem Flügelgeräusch „pick pick pit"; auch nachts zu hören:
Rebhuhn, S. 44

Laut krächzend „goook-gock", gefolgt von durch Flügelschlagen erzeugtem, leiserem „brrrt"; beim Auffliegen Flügellärm und lautes „böck":
Jagdfasan, S. 44

Flüssiges, lautes, ständig wiederholtes, dreisilbiges „pick-perwick" („Bück-den-Rück"); besonders abends, auch nachts:
Wachtel, S. 44

Ständig monoton wiederholtes, hölzernes „rrrrp-rrrrp, rrrrp-rrrrp, rrrrp-rrrrp", besonders nachts; feuchte Wiesen, gelegentlich auch Felder, ab Mai:
Wachtelkönig, S. 70

TABELLE 5: VOGELSTIMMEN IM GEBIRGE
Hier sind nur die typischen Vögel der Alpen sowie der Hochlagen einiger Mittelgebirge aufgeführt. Viele Arten des Flachlands steigen in den Bergwäldern aber bis zur Baumgrenze und höher hinauf.

Gesang vom Aufbau her durch Wiederholungen ähnlich Singdrossel, durch melancholischen Klang mehr wie Misteldrossel, z.B. „drüdrüdrü tjütjütjü dagagag tschiri tschiri"; ruft sehr hart „tack tack tack"; bewohnt den Bereich der Baumgrenze, auch in einigen Mittelgebirgen:
Ringdrossel, S. 142

Gesang ähnlich dem Schlusstriller des Waldlaubsängers, aber langsamer, klappernder, an helles Klingeln des Grünfinken erinnernd „djüdjüdjüdjüdjü"; ruft auf beiden Silben betont „tu-it"; offener Laub- und Mischwald: Berglaubsänger, S. 126

Entfernt an das Tirilieren der Feldlerche erinnernd, im Vergleich zur Heckenbraunelle langsamer und weniger hell, mit tiefen, harten Trillern; ruft rollend „drrür", „dscheb" und „tüje"; lebt oberhalb der Baumgrenze auf Matten: Alpenbraunelle, S. 150

Gesang dem des Wiesenpiepers ähnlich, doch meist länger und im Flug vorgetragen; ruft scharf, etwas gedehnter und heiserer als Wiesenpieper „wiist"; auf feuchten Wiesen oberhalb der Baumgrenze: Bergpieper, S. 152

Im gleitenden Balzflug oder im Stehen vorgetragener, stotternd zwitschernder, ammerähnlicher Gesang; ruft „qüää", „pschiü"; Felsen, oft bei Bergstationen: Schneesperling, S. 150

Endlos perlender, heller Gesang, durchsetzt mit guten Imitationen anderer Stimmen, meist mit sich beschleunigenden hellen Glockentönen einsetzend „tri tri tri ting-tingting"; ruft „track" und „hiit tschakschak"; feuchte Latschengebiete, lokal und selten, immer „rotsternig":   Blaukehlchen, S. 146

Kurze, klirrende Strophen, die an Girlitz und etwas an Stieglitz erinnern, teilweise im schmetterlingsartigen Balzflug vorgetragen, dazwischen „pipipit"; ruft klingelnd „dididi" und etwas nasal ansteigend „djai"; Nadelwälder: Zitronenzeisig, S. 158

Meist im Singflug in weiten Kreisen trocken „tetetet tsrrrr"; offene Nadelwälder, oberer Rand der Baumgrenze: Birkenzeisig, S. 160

Laute Flötentöne, einige an Pirol erinnernd, durchsetzt mit gepresstem Zwitschern, meist aus hohem Singflug mit gespreizten Steuerfedern; ruft laut und hell „djü", auch hart „tack"; selten auf steinigen Bergwiesen: Steinrötel, S. 144

Amselartig flötender, aber kürzerer Gesang von Warte oder im Flug; pfeift „düit", warnt auch drosselähnlich „tschack"; nur Südalpen: Blaumerle, S. 144

Vielfältige pfeifende bis schwatzende Rufe, z.B. rollend „krüh", durchdringend „tzzzieh", schneidend bis klirrend „tschirrl", „pyrr"; oft um Gipfel kreisend oder bei Berghütten: Alpendohle, S. 118

Im hohen Flug schneidend „kiaach"; extrem selten, nur Südschweiz: Alpenkrähe, S. 118

Hölzernes Krähen, manchmal schnell wiederholt „krräh, krraahkraahkraah", schnarrend wie altes Uhrwerk und nicht so rätschend wie Eichelhäher; im Nadelwald: Tannenhäher, S. 118

Langer Triller aus der Luft, der sich in Höhe und Geschwindigkeit verändert: Alpensegler, S. 108

Klingt wie Buntspecht „kick", manchmal etwas weicher, mehr „kjük"; trommelt etwas länger, aber langsamer als Buntspecht; alte Wälder, besonders Nadelbäume: Dreizehenspecht, S. 114

Einsilbige, harte Spechtrufe, leiser, tiefer und weicher als beim Buntspecht „kjöck"; Trommelwirbel etwa 2 Sek. lang und sich beschleunigend; ältere Laubbestände: Weißrückenspecht, S. 114

In der Dämmerung gimpelähnlich flötend „djüb djüb", im Herbst ansteigende Tonfolge „tjat tjet tjüt tji tjjt"; alte, offene Wälder, Lichtungen: Sperlingskauz, S. 106

Eigentümlich hohles, weithin hörbares Kollern und Burren, lauter als Tauben, aber klangverwandt, aus der Nähe Fauchen; im Morgengrauen an der Baumgrenze oder in Mooren: Birkhuhn, S. 44

Abfolge von sich beschleunigenden, hölzern klappernden, schluckenden und wetzenden Geräuschen; morgens in ruhigen Bergwäldern: Auerhuhn, S. 44

Sehr hoch, dünn, an ein Goldhähnchen erinnernd „ziuhi-tsitsitsitsitsitzerizieh"; Nadel-, Laub- und Mischwälder, gerne feucht, auch in einigen Mittelgebirgen: Haselhuhn, S. 44

Hölzern „aarrr arrrr"; oberhalb der Baumgrenze vom Boden, oft bei Schneefeldern: Alpenschneehuhn, S. 44

Wetzend „tschatzi-bitz, schatzi-bi", kleiberähnlich „wit-wit-wit"; im Flug „pitschi"; Steinhalden oberhalb der Baumgrenze, sehr selten: Steinhuhn, S. 44

TABELLE 6: NÄCHTLICHE VOGELSTIMMEN IM SUMPF, SCHILF UND AM SEE

Die hier vorgestellten Stimmen sind etwa von April bis Juni in der Dämmerung und nachts zu hören. Ihre Kenntnis ist besonders wichtig, da man die dazugehörigen Vogelarten wegen der Dunkelheit nicht sehen kann, viele von ihnen aber auch tagsüber völlig versteckt in der Vegetation leben. Je nach Lebensraum lassen sich mitunter z.B. auch Nachtigall oder Sprosser, Ziegenmelker, Kuckuck und Braunkehlchen vernehmen. Weitere hier ebenfalls tagsüber zu hörende Arten, z.B. Rohrammer, sind bereits in Tabelle 4 enthalten. Sämtliche Rallenarten sind separat an den Schluss gestellt, da sie oft untereinander, aber auch mit anderen Tierarten verwechselt werden.

Endlos perlender, heller Gesang, durchsetzt mit guten Imitationen anderer Stimmen (kann mit Sumpfrohrsänger verwechselt werden!), gekennzeichnet durch sich beschleunigende Glockentöne „tri tri tri ting-tingting", an eine Balaleikamelodie erinnernd; ruft „track" und „hiit tschakschak"; schon ab Ende März: Blaukehlchen, S. 146

Sehr laut, kraftvoll, knarrend, hart, metronomartig, zu Beginn froschartig quorrend, dann höher „korr korr karre karre kiet kjik kjih"; warnt laut „krek"; Schilfbestände, abnehmend: Drosselrohrsänger, S. 130

Leiser als Drosselrohrsänger, unermüdliche Aneinanderreihung rauer, mittelhoher, schnarrender, oft zwei- bis dreimal taktfest wiederholter Laute, etwa „tiri tiri trü trü trett trett trett zeck zeck", manchmal mit Imitationen; warnt „krsch" und „krrk"; Schilfbestände auch geringer Ausdehnung: Teichrohrsänger, S. 130

Voller meisterhafter Imitationen und mit regelmäßigen Tempiwechseln, dazwischen aber auch trockenere Töne und ein kennzeichnendes, nasales „tsäbih", insgesamt eher an Gelbspötter als an andere Rohrsänger erinnernd; ruft „tjeck" und rasselnd „tschrrr"; singt auch abseits von Gewässern im Gebüsch: Sumpfrohrsänger, S. 130

Ähnlich Teichrohrsänger, aber abwechslungsreicher, schneller, mit Imitationen durchsetzt, oft mit sich beschleunigenden Pfeiftönen und auch im Flug vorgetragen (Merksatz: *Schi*lfrohrsänger *sch*wungvoll, *Tei*chrohrsänger *tr*äge); ruft „tseck" und schnarrend „kerr"; Schilf- und Sumpfgebiete: Schilfrohrsänger, S. 128

Klingt wie ein monotoner Schilfrohrsänger kurz vor dem Einschlafen, ohne Schwung, Tempiwechsel und Imitationen, meist nur „err didi" oder "err pipipi tschrr didi", auch im kurzen Singflug; ruft schmatzend „tjeck" und trocken „err"; Feuchtwiesen und Seggensümpfe, nur im Osten, extrem selten: Seggenrohrsänger, S. 128

Ähnlich Teichrohrsänger, doch weicher und durch gelegentlich eingestreute ansteigende, melodische, an entfernten Brachvogel erinnernde Flötentöne wie „lülülüü lüüh" gekennzeichnet; ruft hart schmatzend „tscheck" und schnarrend „drr drr"; Binsen innerhalb von Schilfgebieten, nur im Süden, z.B. Neusiedlersee: Mariskenrohrsänger, S. 128

Heuschreckenartig surrender, monoton auf einer Höhe schwirrender, trockener, minutenlang anhaltender, eher an ein Insekt als an einen Vogel erinnernder Gesang, etwa „sirrrrrrrrrrrrrrrr …"; warnt hart „tsik"; singt auch nachts aus dichter, bodennaher Vegetation oder Gebüsch in meist offenem, oft feuchtem Gelände: Feldschwirl, S. 128

Gesang dem des Feldschwirls extrem ähnlich, klingt aber etwas tiefer, härter und schneller, oft mit rotkehlchenähnlichem Ticken eingeleitet, etwa „tik tik-tik sörrrrrrrrrrrrrrrr …"; ruft ähnlich Kohlmeise „tsching"; singt häufig nachts, oft auch frei auf Halmen stehend, in größeren Schilfgebieten: Rohrschwirl, S. 128

Monotoner, mechanisch wetzender, etwas nähmaschinenartig klingender Schwirlgesang, bei dem die einzelnen Töne aber deutlich voneinander getrennt sind, etwa „dze dze dze dze dze dze …"; ruft „dirr" und „tzick tzick"; singt besonders nachts in dichtem, feuchtem Gebüsch, meist an Gewässerrändern, fast nur im Osten: Schlagschwirl, S. 128

Verschiedene vom Wasser her erklingende Laute, z.B. gackernd „kek-kek-kek", bauchrednerisch „quorr", schnarrend „arrrr"; Jungvögel betteln „billibillibillibilli":   Haubentaucher, S. 46

Hoher, bibbernder Triller „bibibibibi", auch im Duett; vom Wasser oder aus der Ufervegetation:	Zwergtaucher, S. 46
Lautes, tiefes, dumpfes, weit zu hörendes „uh-pruumb", wie der beim Blasen über eine leere Flasche entstehende Ton, aus der Ferne nur kuhähnliches „uuhb" vernehmlich; Flugruf heiser bellend „kau"; in größeren Schilfgebieten:	Rohrdommel, S. 52
Alle 2 Sek. dumpf tropfend „wrö wrö wrö …"; bei Alarm „kekeke"; ab Mai, auch an kleineren, vegetationsreichen Teichen, sehr selten:	Zwergdommel, S. 52
Vom fliegenden Vogel ein froschähnliches, lautes „kwack"; nur im Süden:	Nachtreiher, S. 52
Laut und heiser krächzend „krääk" und „chrä":	Graureiher, S. 54
Die von Hausenten her bekannten Rufe, z.B. „rhääb rhääb":	Stockente, S. 36
Hell „krick", „krück":	Krickente, S. 36
Hölzern knarrend „krrrk, krrrk", nicht regelmäßig und rhythmisch wiederholt:	Knäkente, S. 36
Hoch pfeifend und laut, einsilbig „wiu":	Pfeifente, S. 36
Trompetend und sehr laut „kruh"; hauptsächlich Bruchwälder, überwiegend im Osten:	Kranich, S. 68
Klingt wie der Artname, teils schneidig, teils jämmerlich hervorgebracht „kie-wit, kju-wit-wit-witt":	Kiebitz, S. 72
Sich zu einem brodelnden Triller beschleunigendes, lautes und volles Flöten; ruft außerdem flötend „kurli" und „klui":	Großer Brachvogel, S. 76
Wie ein Uhrwerk „tike tike tike tike …", ferner ein wummerndes oder meckerndes Geräusch aus der Luft, das beim Balzflug durch die beim Hinabstürzen vom Luftzug in Vibration versetzten, abgespreizten äußeren Steuerfedern erzeugt wird (daher manchmal „Himmelsziege" genannt); auffliegend heiser „ätsch":	Bekassine, S. 76
Singt dumpf und relativ leise „dudududududu", dazwischen Flügelklatschen; ruft gedämpft kläffend „kjäffkjäff"; selten:	Sumpfohreule, S. 104

Besondere Probleme bereiten die Stimmen der **RALLEN**. Sie werden untereinander häufig verwechselt, da einige Arten mehrere und zudem vielen Vogelbeobachtern unbekannte Rufe besitzen. Außerdem ähneln manche Lautäußerungen denen anderer Vogelarten und einiger Amphibien. Daher werden sie hier im Überblick dargestellt.

Explodierend „kürrk" und „kjürrük", hart „keck keck", während der Balz auch im Flug „kreck kreck kreck …"; Gewässer aller Art:	Teichhuhn, S. 68

Hoch, scharf und explodierend „pix", fast gackernd „köck köck", bellend „kau" und „köw", bei nächtlichen Flugrunden nasal trompetend „päau"; Jungvögel betteln rau und ansteigend „frrjieh"; Gewässer aller Art: Blässhuhn, S. 68

Umfangreiches Stimmrepertoire, z.B. ganzjährig plötzliche, ferkelartig quiekende Töne „grruieh grruit grri grii", bauchrednerisch blähende und knurrende Laute wie „uuugh, würrrg", bei der Balz lange, rhythmische, monoton hämmernde Reihen wie „kipp kipp kipp kipp …", ferner kürzer „tik tik tjürrr" oder vom fliegenden unverpaarten Weibchen nur „tjürrrrl"; Ufervegetation verschiedener Art: Wasserralle, S. 70

Scharf peitschend in meist langen Reihen „quitt, quitt …"; Verlandungszonen, Seggenbestände, überschwemmte Wiesen, ab April: Tüpfelsumpfhuhn, S. 70

Männchen balzt mit sich zum Schluss beschleunigender und abfallender Reihe etwas quakender Laute „quek quek quek-quek-quek-quäg-uäguäguäguägägäg", unverpaartes Weibchen ruft mit Schlusstriller „pöck pöck pörrr" (oft mit weniger vollem Triller der Wasserralle verwechselt); größere Schilfbestände, fast nur Osten und Südosten, selten, ab April: Kleines Sumpfhuhn, S. 70

Männchen singt hölzern schnarrend, nicht sehr laut, auf einer Tonhöhe oder etwas schwankend alle 2-3 Sek. von etwa 2-3 Sek. Dauer „errrrrrr errrrrr trrrrrr …" (Verwechslungsgefahr u.a. Wasserfrosch, Knäkente), unverpaartes Weibchen ruft kurz und leise „schrrr", nicht unähnlich z.B. warnendem Rohrsänger; Seggenbestände, überschwemmte Wiesen, sehr selten, erst ab Ende Mai: Zwergsumpfhuhn, S. 70

Laut, hölzern und rhythmisch in endloser Folge „rrrp-rrrp rrrp-rrrp rrrp-rrrp …", wie wenn man mit einen Streichholz über einen Kamm streicht; ausgedehnte Wiesenflächen, meist feucht, gelegentlich auch Getreidefelder, ab Mitte Mai: Wachtelkönig, S. 70

   Einige Amphibien, deren nächtliche Stimmen mit denen von Rallen und anderen Vogelarten verwechselt werden können, sind Laubfrosch (geckernd „keckeckeckeckeck" oder „räbräbräbräb"), Wechselkröte (weich trillernd „ürrrrrrr"), Kreuzkröte (härter „ärrr ärrr"), Wasserfrosch (quakend „quorrrr quorrrr"), Seefrosch (sehr laut „ä ä ä ä …"), Grasfrosch (leise „orrrrr", sehr ähnlich Zwergsumpfhuhn), Geburtshelferkröte (hell klingend bis flötend „üg üg üg") sowie Rot- und Gelbbauchunke (wohlklingend tief „uh, uung"; die drei letztgenannten auch mit Zwergohreule und Sperlingskauz zu verwechseln). Auch Knäkente, Bekassine, Doppelschnepfe, Schwirle, Ziegenmelker oder Zwergdommel können ähnlich den Lautäußerungen einiger Rallen klingen, ferner die Maulwurfsgrille.

TABELLE 7: STIMMEN NÄCHTLICH ZIEHENDER VÖGEL

Viele Vogelarten ziehen nachts und lassen dabei ihre charakteristischen Rufe hören. Sie sind meist mit den in den Bestimmungstexten beschriebenen Rufen identisch. Vor allem im Herbst ist an der Küste und auf den Inseln während guter Zugnächte ein vielfältiges Stimmengewirr zu hören. Doch auch im Binnenland lassen sich besonders von September bis November selbst über den hell erleuchteten Großstädten einige auffallende Rufe vernehmen. Nachfolgend sind nur die häufigsten und typischsten Rufe zusammengestellt.

Kurz und scharf „zip":	Singdrossel, S. 142
Hoch und lang gezogen „ziih":	Rotdrossel, S. 142
Etwas unreiner als Rotdrossel „zrieh":	Amsel, S. 142
Flüssig rollend „djürrlü":	Feldlerche, S. 124
Flüssig „pick-perwick" (Frühsommer), seltener auch „gääh-wä":	Wachtel, S. 44
Traurig flötend „diüh":	Goldregenpfeifer, S. 72
Hoch und scharf „hididi":	Flussuferläufer, S. 82
Jodelnd „djdelü, tluit-wit-wit":	Waldwasserläufer, S. 78
Hart flötend „kjükjükjü":	Grünschenkel, S. 78
Voll flötend „kürlüh, tlaüh":	Großer Brachvogel, S. 76
Trocken schwirrend „tirrr, drrrd":	Alpenstrandläufer, S. 84
Pfeifendes Flügelgeräusch „vivivi", dazwischen auch „rääb":	Stockente, S. 36
Laut pfeifend „wiiu":	Pfeifente, S. 36
Wie Hausgans ordinär gackernd „gahng gagaga":	Graugans, S. 32
Fagottartig nasal trompetend „ahng":	Saatgans, S. 32
Musikalisch gackernd, dazwischen hell „kjüjü":	Blässgans, S. 32
Krächzend „kraark, chräk":	Graureiher, S. 54
Laut trompetend „kruh", meist im Trupp als Chor, dazwischen im Herbst leiser fiepende Rufe der Jungvögel:	Kranich, S. 68

WEITERFÜHRENDE HINWEISE

Wer sich noch intensiver mit der Vogelbeobachtung beschäftigen möchte, steht vor einem inzwischen kaum noch überschaubaren Produktangebot. Daher seien hier einige Titel besonders empfohlen.

BÜCHER

BERTHOLD, P. (2000): Vogelzug. 4. Aufl. Wissenschaftliche Buchgesellschaft, Darmstadt.
Einzige aktuelle Gesamtübersicht dieses faszinierenden Phänomens, fundiert und anspruchsvoll, aber dennoch gut lesbar.

BEZZEL, E. (1995): BLV Handbuch Vögel. BLV Verlag, München.
Ein mit Fotos und Zeichnungen illustriertes Buch voller Informationen über die Lebensweise der häufigeren Arten Mitteleuropas.

JONSSON, L. (1992): Die Vögel Europas und des Mittelmeerraumes. Kosmos, Stuttgart.
Hervorragende, sehr lebendige und große Farbzeichnungen, anschauliche Texte und die Behandlung der Urlaubsländer um das Mittelmeer herum haben dieses Buch rasch zu einem Standardwerk werden lassen.

MADGE, S., & H. BURN (1989): Wassergeflügel. Parey, Hamburg, Berlin.
Ausführliches Bestimmungsbuch über sämtliche Entenvögel der Erde, bei der Begegnung mit Gefangenschaftsflüchtlingen unentbehrlich.

MEBS, T., & W. SCHERZINGER (2000): Die Eulen Europas. Kosmos, Stuttgart.
Umfassende Darstellung der Biologie dieser beliebten Vogelordnung, hervorragend illustriert und gut verständlich geschrieben.

MEBS, T., & D. SCHMIDT (2006): Die Greifvögel Europas, Nordafrikas und Vorderasiens. Kosmos, Stuttgart.
Schön illustriertes Buch mit ausführlichen Texten über die Lebensweise der Greifvögel und Falken sowie Hinweisen auf weiterführende Literatur.

MONING, C., & C. WAGNER (2005): Vögel beobachten in Süddeutschland. Kosmos, Stuttgart.
Vorstellung interessanter Beobachtungsgebiete mit Karten und Artenlisten. Weitere Bände für Nord- und Ostdeutschland sind geplant.

RICHARZ, K., E. BEZZEL & M. HORMANN (2001): Taschenbuch für Vogelschutz. Aula, Wiebelsheim.
Hervorragendes, fachlich fundiertes und modernes Werk über sämtliche Aspekte der tatsächlichen Bedrohung und des Schutzes von Vögeln, von Schadstoffen über Landwirtschaft und Jagd bis zur Windkraft.

RUGE, K. (2005): Vogelschutz. Kosmos, Stuttgart.
Übersicht des traditionellen Vogelschutzes mit leicht umsetzbaren Bastelanleitungen.

SINGER, D. (2002): Welcher Vogel ist das? Kosmos, Stuttgart.
Als Ergänzung zu einem Bestimmungsbuch gut geeignete Zusammenstellung von schönen Fotos der meisten Arten, mit knappen Textangaben auch zu Verhalten, Fortpflanzung und Nahrung.

SVENSSON, L., P.J. GRANT, K. MULLARNEY & D. ZETTERSTRÖM (1999): Der neue Kosmos-Vogelführer. Kosmos, Stuttgart.
Für den Gebrauch im Freiland bestimmte handliche Ausgabe des nachstehenden Titels, Zeichnungen kleiner, Text kürzer.

SVENSSON, L., P.J. GRANT, K. MULLARNEY & D. ZETTERSTRÖM (2000): Vögel Europas, Nordafrikas und Vorderasiens. Kosmos, Stuttgart.
Großformatiges Standardwerk mit vollständiger Übersicht aller Arten, umfangreicher, sehr ansprechender und exakter Illustration sowie sehr ausführlichem, aktuellem, um neueste Erkenntnisse und spezielle Angaben zu Mitteleuropa ergänztem Text.

TONTRÄGER

BERGMANN, H.-H., & W. ENGLÄNDER (2005): Die Kosmos-Vogelstimmen-DVD. Kosmos, Stuttgart.
Auswahl von 100 Vogelarten, die während des Singens im Film auf dem Bildschirm betrachtet werden können und daher das Erlernen ihrer Stimmen erleichtern; hübsche Aufnahmen, auch nach Lebensräumen und Verwechslungsmöglichkeiten sortierbar.

Barthel, P.H., H. Frieling & J.C. Roché (2000): Was fliegt und singt denn da? 2 CDs mit Begleitbuch. Kosmos, Stuttgart.

Vorstellung mitteleuropäischer Singvögel nach Jahreszeiten und Lebensräumen auf 2 CDs mit dem Vorläufer dieses Buchs als Begleitmaterial.

Chevereau, J. (2002): Die Kosmos Vogelstimmen Edition. Kosmos, Stuttgart.

Stellt 442 europäische Arten auf 10 CDs mit langen und guten Aufnahmen vor.

ZEITSCHRIFTEN

Der Falke – Journal für Vogelbeobachter (Aula-Verlag, Industriepark 3, D-56291 Wiebelsheim; www.falke-journal.de)

Berichtet monatlich in leicht verständlicher Form über Neues aus der Welt der Vögel, sehr geeignet für Beginner.

Ornis – Zeitschrift des Schweizer Vogelschutzes (SVS, Postfach, CH-8036 Zürich; www.birdlife.ch)

Jährlich sechs sehr informative Hefte, in denen auch die Beziehung zwischen Vogel und Umwelt, speziell in der Schweiz, modern dargestellt wird.

Limicola – Zeitschrift für Feldornithologie (Limicola Verlag, Über dem Salzgraben 11, D-37574 Einbeck; www.limicola.de)

Fachzeitschrift für fortgeschrittene Vogelbeobachter, die über Bestimmung, Biologie und Vorkommen europäischer Vögel berichtet.

ANSCHRIFTEN

Mit Vogelschutz und Vogelbeobachtung beschäftigt sich auch der Naturschutzbund Deutschland, von dem es fast überall Kreis- und Ortsgruppen gibt. Deren Anschriften sind dem Telefonbuch zu entnehmen oder bei der Bundesgeschäftsstelle zu erfragen (NABU, Herbert-Rabius-Str. 26, D-53225 Bonn; www.nabu.de).

In der Schweiz hilft der Schweizer Vogelschutz (SVS/BirdLife Schweiz, Wiedingstr. 78, CH-8036 Zürich; www.birdlife.ch).

In Österreich arbeitet die Gesellschaft für Vogelkunde (BirdLife Österreich – Gesellschaft für Vogelkunde, Museumsplatz 1/10/8, A-1070 Wien; www.birdlife.at).

Ferner gibt es in vielen Regionen und Städten vogelkundliche Arbeitsgemeinschaften, zu denen man Kontakt suchen kann. Anschriften der einzelnen Landesverbände und Anregungen zur Mitarbeit erhält man auch über den Dachverband Deutscher Avifaunisten (Geschäftsstelle, Zerbster Str. 7, D-39264 Steckby; www.dda-web.de).

VOGELWARTEN

Wenn man einen zu wissenschaftlichen Zwecken beringten Vogel findet, sollte der Ring zusammen mit den genauen Funddaten an die nächste Vogelwarte geschickt werden, ebenso Ablesedaten farbig markierter Vögel. Für Norddeutschland ist dies die Vogelwarte Helgoland (An der Vogelwarte 21, D-26386 Wilhelmshaven; www.vogelwarte-helgoland.de), für Ostdeutschland die Beringungszentrale Hiddensee (Badenstr. 18, D-18439 Stralsund; www.lung.mv-regierung.de/beringung), für Süddeutschland und Österreich die Vogelwarte Radolfzell (D-78315 Radolfzell; www.ornithol.mpg.de) und für die Schweiz die Vogelwarte Sempach (Schweizerische Vogelwarte, CH-6204 Sempach; www.vogelwarte.ch).

WEITERE AUCH FÜR DIE ERSTELLUNG DIESES BUCHS BENUTZTE FACHLITERATUR

Adolfsson, K., & S. Cherrug (1995): Bird Identification. A reference guide. Anser Suppl. 37, Lund.

Barthel, P.H., & A.J. Helbig (2005): Artenliste der Vögel Deutschlands. Limicola 19: 89-111.

Bauer, H.-G., E. Bezzel & W. Fiedler (2005): Das Kompendium der Vögel Mitteleuropas. 3 Bde. Aula, Wiebelsheim.

Forsman, D. (1998): The Raptors of Europe and the Middle East. Poyser, London.

Glutz von Blotzheim, U.N., & K.M. Bauer (Hrsg.; 1966-1997): Handbuch der Vögel Mitteleuropas. 14 Bde. Aula, Wiebelsheim.

Hagemeijer, W.J.M., & M.J. Blair (Hrsg.; 1997): The EBCC Atlas of European Breeding Birds. Poyser, London.

Harris, A., L. Tucker & K. Vinicombe (1991): Vogelbestimmung für Fortgeschrittene. Kosmos, Stuttgart.

del Hoyo, J., A. Elliott & J. Sargatal (1992-2006): Handbook of the Birds of the World. Bd.1-10. Lynx, Barcelona.

Lewington, I., P. Alström & P. Colston (1991): A Field Guide to the Rare Birds of Britain and Europe. HarperCollins, London.

Malling Olsen, K., & H. Larsson (2004): Gulls of Europe, Asia and North America. Helm, London.

REGISTER DER VOGELNAMEN

Die Zahlen verweisen auf die Textseiten im Bestimmungsteil.
Wissenschaftliche Namen sind *kursiv* gedruckt

Bildnachweis

Mit 1 725 Zeichnungen von Paschalis Dougalis und 445 Verbreitungskarten von Christine Barthel.

Impressum

Umschlaggestaltung von eStudio Calamar unter Verwendung von vier Farbzeichnungen von Paschalis Dougalis. Das Bild auf der Vorderseite zeigt ein Gimpel-Paar. Die Zeichnungen auf der Rückseite zeigen (v. l. n. r.) eine Nachtigall, einen Zwergschnäpper und einen Hausrotschwanz.

Das Bild auf S. 2/3 zeigt Säbelschnäbler, gemalt von Paschalis Dougalis.

Unser gesamtes lieferbares Programm und viele weitere Informationen zu unseren Büchern, Spielen, Experimentierkästen, DVDs, Autoren und Aktivitäten finden Sie unter **www.kosmos.de**

Gedruckt auf chlorfrei gebleichtem Papier.

© 2006, 2008, Franckh-Kosmos Verlags-GmbH & Co. KG, Stuttgart
Alle Rechte vorbehalten
ISBN 978-3-440-11929-7
Lektorat: Rainer Gerstle, Christine Barthel
Grundlayout, Gesamtherstellung und Produktion:
Limicola Verlag, Christine Barthel, Einbeck
Reproduktion: Blackbit Viani GmbH, Göttingen
Printed in Italy/Imprimé en Italie

MIX
Papier aus verantwor-
tungsvollen Quellen
FSC
www.fsc.org
FSC® C015829

KLEIDERFOLGE AM BEISPIEL AUSGEWÄHLTER VOGELARTEN

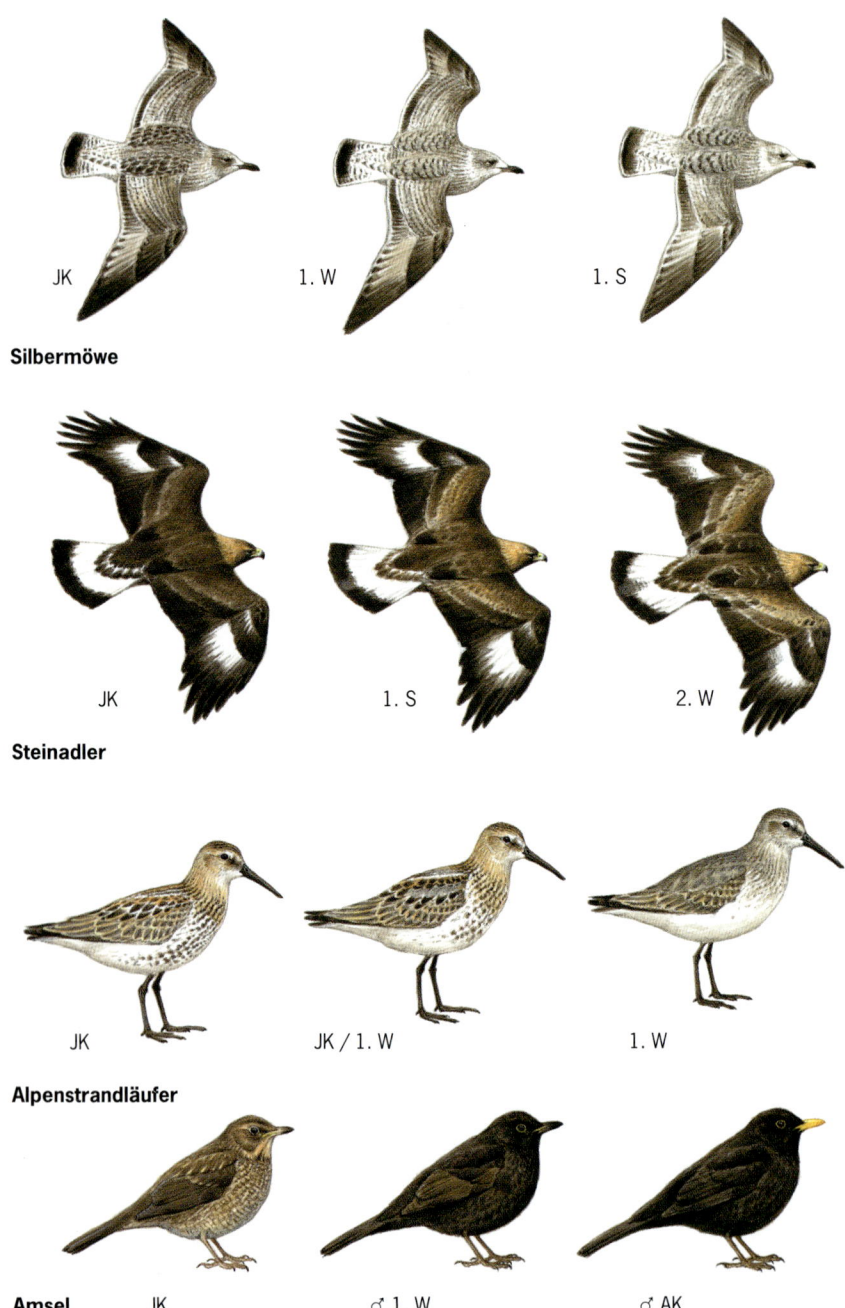

Silbermöwe   JK   1. W   1. S

Steinadler   JK   1. S   2. W

Alpenstrandläufer   JK   JK / 1. W   1. W

Amsel   JK   ♂ 1. W   ♂ AK